낚시 첫걸음 3

루어낚시 첫걸음

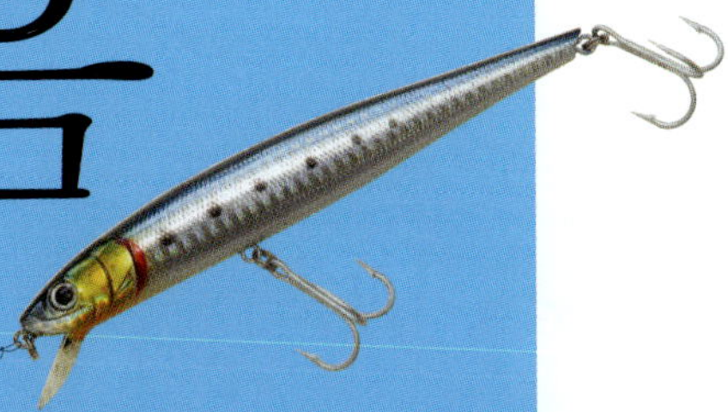

바다편

조홍식 지음

예조원

윈드 시어 블랙 핀 [WIND SHEAR BLACK FIN]

WIND SHEAR BLACK FIN

GRIP 330mm → SPINNING MODEL (S-9102XH)

GRIP 360mm → SPINNING MODEL (S-1092MH)

CTX
CARBON TAPE X-WARPING

CTX 공법
Uni-Direct 형 Carbon 원사의 최대 취약점인 압축강도를 보강하기 위하여 Blank 작업 시 최 외측에 24ton 또는 30ton Carbon Tape 를 X-자 형태로 일정한 Pitch로 감음으로서 압축 강도 및 외관을 화려하게 연출 할 수 있는 공법이다.

GUIDE SYSTEM	FUJI "K" GUIDE, SiC-S
REEL SEAT DESIGN	DPSSD 18GM + LOGR 18/AN 시트 사용 (릴 장착 시 풀림 방지 用 NUT 사용)
SPECIAL TECHNOLOGY	下 그립은 원그립(One Grip) 채용
BLANK TECHNOLOGY	CTX적용으로 초고강도와 최고 감도를 동시에 실현

WIND SHEAR BLACK FIN

윈드 시어 블랙 핀 [WIND SHEAR BLACK FIN]

규 격	전장 (m)	절수 (本)	접은길이 (cm)	무게 (g)	선경 (mm)	원경 (mm)	LURE wt. (g)	P.E LINE (호)	Guide (ea)	Grip (mm)	판매가 (원/₩)
S-9102XM	3.00	2	154	187	1.7	14.3	8~42	1.2~2.0	9	330	330,000
S-1092MH	3.28	2	168	210	1.9	14.5	10~50	1.5~2.5	9	360	340,000

CARBON 99%

※ 구매일로부터 1년 이내 1회 무상 A/S
※ 제품의 개선을 위하여 디자인 및 사양은 사전 예고 없이 변경될 수 있습니다.

N·S
주)엔에스 인천광역시 남동구 염전로411번길 38 Web: http://www.nsrod.co.kr
TEL 032)868-5427 A/S 문의처 032)868-1004 FAX : 032)868-5423

퓨리어스 티타늄 보론 [FURIOUS TITANIUM BORON]

FURIOUS TITANIUM BORON LAVA EDITION

티타늄 톱으로 초고감도를 실현, 보론 시리즈의 새로운 진화!

GRIP 415mm → CASTING MODEL (B-582RL)

GRIP 415mm → CASTING MODEL (B-602RRL)

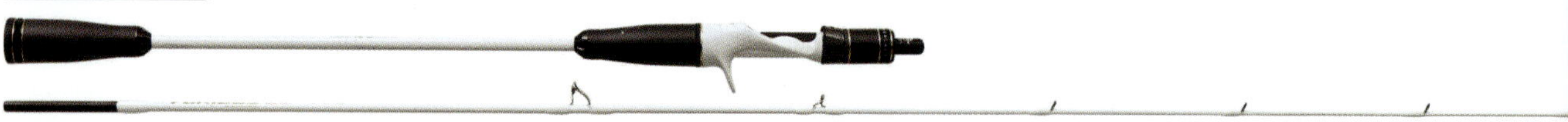

퓨리어스 티타늄 보론 [FURIOUS TITANIUM BORON]

품 명	전장 (m)	절수 (本)	접은길이 (cm)	무게 (g)	선경 (mm)	원경 (mm)	JIG wt. (g)	P.E LINE (호)	DRAG MAX (kg)	GUIDE (ea)	GRIP (mm)	TITANIUM BORON CARBON(%)	판매가 (원/₩)
B-582RL	1.72	2	123.0	104	0.7	8.4	40~200	0.8~1.5	5	12	415	8 : 15: 77	700,000
B-602RRL	1.83	2	133.5	108	0.7	8.4	30~180	0.5~1.2	5	13	415	8 : 15: 77	720,000

※구매일로부터 1년 이내 1회 무상 A/S

※제품 규격 및 디자인과 판매가는 품질향상 등의 이유로 사전 예고 없이 변경될 수 있습니다.

GUIDE SYSTEM FUJI TITANIUM TORZITE GUIDE
REEL SEAT DESIGN N · S REEL SEAT
SPECIAL TECHNOLOGY 고감도 CARBON SERSITIVE POWER GRIP
BUTT DESIGN TITANIUM SOLID + BORON FIBER

⚠ TITANIUM TIP 사용 시 주의사항

추운 날씨 5℃ 이하의 저온 환경에서는 티타늄 합금의 특성상 탄성 저하로 복원이 늦어지는 현상이 일어납니다.
더욱이 0℃ 이하 영하의 환경에서는 탄성 저하가 더욱 진행되며 복원이 안 되는 현상이 일어납니다.
단, 온도가 5℃ 이상으로 상승하면 본래의 초탄성으로 복원되며, 정상적인 사용이 가능합니다!
하지만, 위와 같은 상황이 수시로 반복될 경우 티타늄에 크렉(Crack)이 생겨 제품의 수명이 줄어들 수 있습니다.

허리케인-X 커틀피쉬TT [HURRICANE-X CUTTLEFISH TT]

HURRICANE-X CUTTLEFISH

고감도, 고성능, 경량화의 실현! 주꾸미 갑오징어 전용 모델

GUIDE SYSTEM	FUJI "K" + ALCONITE GUIDE / TITAN SOLID
REEL SEAT DESIGN	N · S 스마트시트(NS01C) 사용
SPECIAL TECHNOLOGY	하그립부 원그립 적용으로 편리성 및 선상낚시에서 홀더 사용시에 스크레치 현상 최소화
BLANK TECHNOLOGY	CTX적용으로 초고강도와 최고 감도를 동시에 실현

HURRICANE-X CUTTLEFISH

허리케인-X 커틀피쉬 TT
[HURRICANE-X CUTTLEFISH TT]

규 격	전장 (m)	절수 (本)	접은길이 (cm)	무게 (g)	선경 (mm)	원경 (mm)	추부하 (호)	P.E LINE (호)	Guide (ea)	Grip (mm)	판 매 가 (원/₩)
B-145/2 (8:2)	1.45	2	76	112	0.7	9.0	5~40	0.6~1.25	10	380	170,000
B-155/2 (9:1)	1.55	2	81	119	0.8	9.4	10~50	0.8~2	11	380	180,000
B-165/2 (8:2)	1.65	2	86	117	0.7	9.2	5~40	0.6~1.25	11	380	190,000
B-175/2 (9:1)	1.75	2	91	132	0.8	10.1	10~50	0.8~2	11	380	198,000

※구매일로부터 1년 이내 1회 무상 A/S
※제품 규격 및 디자인과 판매가는 품질향상 등의 이유로 사전 예고 없이 변경될 수 있습니다.

CARBON 85%

다크호스 II 커틀피쉬 [DARK HORSE II CUTTLEFISH]

DARK HORSE II

CUTTLEFISH

국민 로드의 세대교체!
강력한 감도와 조작성으로 광범위한 포인트를 탐색한다!

GUIDE SYSTEM	FUJI "BCKWAG + BCLDBOG" GUIDE
REEL SEAT DESIGN	N·S 스마트시트(NS01C) 사용
SPECIAL TECHNOLOGY	줄꼬임 방지를 위한 스파이럴 가이드(SPIRAL GUIDE) 시스템
BLANK TECHNOLOGY	고강도 CARBON SOLID TIP, CTX 적용으로 초고강도와 최고 감도를 동시에 실현

DARK HORSE II CUTTLEFISH

다크호스 II 커틀피쉬

규 격	전장 (m)	절수 (本)	접은길이 (cm)	무게 (g)	선경 (mm)	원경 (mm)	추부하 (호)	P.E LINE (호)	Guide (ea)	Grip (mm)	판매가 (원/₩)
B-155(8:2)	1.55	2	82	87	0.9	9.8	10~40	0.8~1.2	12	390	115,000
B-175(8:2)	1.75	2	92	89	0.9	10.1	10~30	0.6~1	13	390	120,000

※ 구매일로부터 1년 이내 1회 무상 A/S

※ 제품의 개선을 위하여 디자인 및 사양은 사전 예고 없이 변경될 수 있습니다.

CARBON 99%

N·S 주)엔에스 인천광역시 남동구 염전로411번길 38 Web: http://www.nsrod.co.kr
TEL 032)868-5427 A/S 문의처 032)868-1004 FAX : 032)868-5423

허리케인-X 옥토퍼스 TT [HURRICANE-X OCTOPUS TT]

HURRICANE-X Octopus

티탄 톱 채용 문어 로드의 실속형 모델!
상급 로드를 위협하는 성능!

GUIDE SYSTEM	FUJI "K" GUIDE, ALCONITE 적용
REEL SEAT DESIGN	N · S-01C / 02S REEL SEAT 적용
SPECIAL TECHNOLOGY	TITANIUM SOLID 적용
BLANK TECHNOLOGY	CTX 적용으로 초고강도와 최고 감도를 동시에 실현

HURRICANE-X Octopus

허리케인-X 옥토퍼스 TT
[HURRICANE-X OCTOPUS TT]

규 격	전장 (m)	절수 (本)	접은길이 (cm)	무게 (g)	선경 (mm)	원경 (mm)	추부하(MAX) (호/g)	P.E LINE (호)	Guide (ea)	Grip (mm)	판 매 가 (원/₩)
B-5112M-TT(7:3)	1.81	2	94	125	1.2	12.7	10~60(260)	1~3	11	430	170,000
B-622MH-TT(8:2)	1.88	2	98	130	1.3	12.8	20~80(330)	1.5~4	11	430	180,000
B-652H-TT(9:1)	1.96	2	101.5	141	1.5	14.3	20~100(400)	2~4	11	430	190,000
S-8112MH-TT(7:3)	2.72	2	140	160	1.3	13.9	10~45(60)	1.5~3	10	430	199,000

※구매일로부터 1년 이내 1회 무상 A/S
※제품 규격 및 디자인과 판매가는 품질향상 등의 이유로 사전 예고 없이 변경될 수 있습니다.

CARBON 99% CARBON 85%

대한민국 대표 낚시브랜드 Black Hole

다크호스II 옥토퍼스 [DARK HORSE II OCTOPUS]

DARK HORSE II OCTOPUS

한국형 문어 낚시를 위한 최적의 설계 실현!

GUIDE SYSTEM	FUJI ALCONITE GUIDE 시스템
REEL SEAT DESIGN	CASTING : N · S REEL SEAT + FUJI KDPS NET / SPINNING : VSS REEL SEAT
SPECIAL TECHNOLOGY	CASTING ROD GLASS SOLID TIP 채용 / 고품질 EVA TWO GRIP 채용
BLANK TECHNOLOGY	CTX 적용으로 초 고강도와 최고 감도를 동시에 실현

DARK HORSE II OCTOPUS

다크호스II 옥토퍼스

규 격	전 장 (m)	절 수 (本)	접은길이 (cm)	무 게 (g)	선 경 (mm)	원 경 (mm)	추부하(MAX) 호(g)	P.E LINE (호)	Guide (ea)	Grip (mm)	판 매 가 (원/₩)
B-632M-ST	1.91	2	100	112	1.2	12.5	10~60호(260)	1~3	12	400	120,000
B-672MH-ST	2.01	2	105	120	1.4	12.6	20~80호(330)	1.5~4	12	400	125,000
B-702H-ST	2.13	2	111	130	1.5	13.1	20~100호(400)	2~4	13	400	130,000
S-942H	2.84	2	147	204	2.0	15.9	Lure wt. 20g~100g	2~3	8	440	140,000

CARBON 99%

※ 구매일로부터 1년 이내 1회 무상 A/S

※ 제품의 개선을 위하여 디자인 및 사양은 사전 예고 없이 변경될 수 있습니다.

더 넓은 세계의 경험

낚시에는 여러 가지 장르가 있고 각 장르마다 독특한 묘미가 있습니다. 낚고자하는 대상어나 낚시기법이 날로 세분화되어 요즘의 낚시장르는 가짓수가 아주 많아졌습니다. 다양한 낚시장르 중에서 루어낚시는 조금 유별난 모습을 하고 있습니다. 흔히 낚시란 정적(靜的)이며 사색적인 것이라 연상하기 쉬우나, 루어낚시는 계속 돌아다니고 한 자리에 서서도 쉬지 않고 루어를 던지고 감아 들이는 매우 동적(動的)인 낚시입니다. 오히려 스포츠에 가까워 루어낚시를 스포츠피싱(Sports fishing)이라고 부르기도 하고, 생미끼가 아닌 가짜미끼를 사용하여 낚시인과 물고기, 인간과 자연 사이에 머리싸움을 하므로 게임피싱(Game fishing)이라고 표현하기도 합니다.

오늘날의 루어낚시터는 내수면만이 아니고 드넓은 바다까지 확대되었습니다. 한정적이던 장소를 벗어나 더 넓은 곳에서 스포츠와 게임을 즐기고 있습니다. 바다에서 루어로 낚는 물고기는 우리가 식탁에서 자주 만나는 우럭, 광어, 고등어, 갈치, 삼치, 볼락 같이 친숙한 물고기들부터 농어, 방어, 부시리와 같이 강력한 유영력을 갖고 있는 대어들까지 매우 다양합니다.

바닷고기들은 당길 힘이 민물고기와는 비교되지 않을 정도로 다이내믹하므로 '낚시는 손맛' 이라는 명제를 만족시키고도 남습니다. 더욱이 바다 루어낚시에 있어서는 낚은 물고기를 먹는 맛도 빼놓을 수가 없습니다. 대상어가 모두 고급 횟감이자 식도락 재료입니다. 이러한 요소들이 많은 낚시인들을 바다 루어낚시에 빠져들게 만드는 이유가 되리라 생각합니다.

하나의 장르에만 몰두하는 낚시인이 있는가하면 두루두루 여러 낚시장르를 즐기는 낚시인들도 있습니다. 내가 하는 낚시와 다른 장르의 낚시도 대자연과 하나가 된다는 면에서는 똑같지 않겠습니까? 낚시동호인들 모두 시선을 넓혀서 바다 루어낚시를 한번 경험해 보기를 기대하고 있습니다. 거친 갯바위에서 파도와 맞서는 멋진 경험을 해보길, 또 시원한 방파제에서 가족과 함께 아기자기한 즐거움도 맛보길 바라마지 않습니다.

우리나라의 루어낚시 참고서는 1978년에 처음 등장했습니다. 한국 루어낚시의 개척자이신 고 박현재님의 〈루어낚시입문〉입니다. 그 책에 바다 루어 대상어인 농어와 황어를 낚는 방법이 실려 있습니다. 그처럼 바다 루어낚시는 우리나라의 루어낚시 태동기부터 이미 일부분으로 다뤄지고 있었습니다만, 독립된 장르로 정리한 참고서는 그동안 나오지 않았습니다. 이번에, 아주 늦었지만, 바다 루어낚시 전문 단행본을 최초로 출간하게 된 것을 영광으로 생각합니다.

이 책의 취지는 초보자가 보다 쉽게 바다 루어낚시와 만날 수 있는 지름길이 되고자함에 있습니다. 필수적인 도구의 선택에서부터 포인트 찾는 방법, 물고기를 낚는 기술까지 가장 기초적인 사항들을 주로 시각적으로 간추렸습니다. 이 책이 바다 루어낚시를 시작하고자 하는 모든 사람들에게 궁금증을 풀어주는 시원한 해결방법이 되기를 기원합니다.

바다라는 낚시터는 민물과 비교하면 무한정한 것처럼 보이지만 지나친 남획에는 어자원이 손상될 수밖에 없습니다. 루어낚시는 스포츠이자 게임입니다. 낚고자 하는 대상어가 아니면 바로 놓아주고 대상어라도 몇 마리만 낚아서 가져오는 등 낚시인 스스로가 정한 규칙이 있어야겠습니다. 이미 법률로 정해진 금어기간과 채포금지 체장도 있으니 정해진 크기 미만이라면 바로 놓아주는 자세가 다음 세대에서 빌려 온 우리의 바다자원을 스스로 지키려는 21세기를 사는 낚시인의 모습일 것입니다.

끝으로 이 책이 세상에 나오도록 기획하고 물심양면 배려해주신 황금시간의 김국률 전무님, 제작에 땀을 흘린 허만갑 부장님과 낚시춘추의 기자님들, 미술부의 스태프 여러분께도 깊은 감사를 드립니다. 그리고 격려를 아끼지 않은 국내외의 조우들과 항상 어디로 며칠씩 사라졌다가 나타나도 이해해주는 아내에게 지면을 빌어 감사의 마음을 전합니다.

2009년 봄, 조홍식

루어낚시 첫걸음 -바다편

머리말

Part 1 첫걸음에 앞서
Simple! Sporty! Tasty!

약동하는 바다 루어낚시의 세계 • 26
바다 루어낚시 대상어종들 • 32
낚시도구 구입요령 • 38

Part 2 바다 루어낚시에 필요한 도구
Saltwater Lure & Tackle

① 낚싯대(Rod) • 42
② 릴(Reel) • 54
③ 낚싯줄(Line) • 60
④ 복장과 소품(Goods) • 64
⑤ 루어(Lure) • 68

Part 3 기초 훈련
캐스팅 / 낚싯대 다루기 / 낚싯줄 묶음법

① 캐스팅과 낚싯대 다루기 • 84
– 캐스팅
– 챔질부터 낚기까지
– 낚시장비 관리하기
② 각종 트러블과 그 원인 • 92
– 낚싯대를 부러뜨렸어요!
– 릴의 낚싯줄이 자꾸 엉켜요!
– 물고기가 낚이지 않아요!
③ 낚싯줄 연결법 • 104
– 릴줄과 쇼크리더 연결하기
– 쇼크리더와 도래 연결하기

Part 4 바다 루어낚시의 분류
3 Field & 8 Genre

① 3대 필드 • 118
- 방파제낚시/가장 대중적인 루어낚시터
- 갯바위낚시/약간 난코스지만 조과는 확실하다
- 배낚시/대형어를 가장 쉽게 낚을 수 있다

② 8대 장르 • 124
- 농어낚시
- 록피시낚시
- 연안 회유어낚시
- 수직지깅
- 보트캐스팅
- 라이트게임
- 에깅(두족류낚시)
- 경량급 트롤링

③ 초보자를 위한 방파제 루어낚시 ABC • 128
- 처음 가는 방파제에서 포인트를 찾는 법
- 실전에서 필요한 방파제낚시 기술

Part 5 바다 루어낚시의 실제
19 어종별 루어낚시 가이드

갈치 • 144
고등어 • 150
넙치 • 154
농어 • 160
대구 • 168
방어 · 부시리 • 172
볼락 • 180
삼치 • 188
우럭 • 192
전갱이 • 198
줄삼치 · 가다랑어 · 점다랑어 • 202
쥐노래미 • 208
참돔 • 212
황어 • 216
흰오징어 • 220
참오징어 • 226
창오징어 • 230
주꾸미 • 234
문어 • 238

Simple! Sporty! Tasty!

간편한 루어로 즐기는 스포티한 웰빙낚시

바다 루어낚시는 간편한 루어와 낚싯대만 있으면 생미끼 없이 물고기를 낚을 수 있는 편하고 깔끔한 낚시다. 여성도 어린이에게도 인기 만점인 최적의 패밀리피싱 코스.

맛있는 바닷고기를 입맛대로 골라 낚는 재미

우럭, 볼락, 갈치, 오징어 등 맛있는 바닷고기를 루어로 낚아보자. 루어에 낚이는 육식어종들은 그 종류도 다양하고 하나같이 맛있다. 낚는 재미에 먹는 재미까지 일품인 바다 루어낚시의 세계.

약동하는 바다 루어

루어를 때리는 강력한 어신! 수면을 솟구치는 농어의 도약! 심연으로 내달리는 다랑어의 질주…!
다이내믹한 해양스포츠로 각광받는 바다 루어낚시는
오늘날 우리나라는 물론 세계적으로도 빠르게 성장하는 낚시장르다.
인간이 자연 속에서 누릴 수 있는 가장 건강한 즐거움이 싱싱한 코발트빛 바다 속에 있다.

◀이렇게 좋을 수가! 싱싱한 넙치(광어)처럼 꾼의 심장도 펄떡인다.

◀서해 대길산도 해상에서 보트 라이트지깅으로 참돔을 낚아 올린 낚시인들의 환호. 간편한 루어를 사용해 고급어종을 낚을 수 있는 바다 루어낚시는 젊은 낚시인들 사이에서 인기가 높다.
▶소프트베이트(웜) 루어로 낚은 우럭.

낚시의 세계

수면까지 끌려나온 점다랑어. 폭발적 스피드를 자랑하는 다랑어(참치)과 어류다.

▼"이것이 바다의 야생마 농어입니다"

농어는 작은 물고기들을 한입에 삼키는 바다의 포식자다.

▲실리콘 재질로 만든 초소형의 볼락낚시용 웜. 미니 사이즈의 지그헤드와 결합해서 사용한다.
◀서해 선상 루어낚시로 굵은 농어를 올리는 순간. 오뉴월 농어는 최고의 맛을 자랑한다.

"최고급 횟감, 자연산 광어랍니다."

어뢰처럼 미끈하게 빠진 부시리. 대양을 누비는 녀석의 파워는 상상을 초월한다.

대형 농어의 바늘털이. 뜰채에 담는 마지막 순간까지 긴장을 늦출 수 없다.

젊은 그대, 바다로 오라!

출렁이는 수평선! 바다는 도전의 무대다. 수많은 앵글러들이 대어와의 승부를 꿈꾸며 출항한다.
미끈한 카본로드와 정밀커팅 릴, 기기묘묘한 루어들…
바다 루어낚시는 트렌디한 낚시장비부터 젊은 낚시인들의 마음을 빼앗는다.
지깅이나 보트플러깅 등 대형어를 상대하는 장르는 튼튼한 체력도 필요하다.
동해 서해 남해 그리고 제주도까지, 사계절 멋진 낚시대상어종을
만날 수 있는 바다가 영 피셔맨들에게 열려 있다.

부시리를 랜딩한 낚시인들의 환호. 1m가 넘는 부시리 낚시는 중량급 장비로 펼치는 힘의 승부다.

다양한 맛을 뽐내는 바닷고기들의 러브콜

루어에 낚이는 바닷고기들은 죄다 맛있는 고급 어류들이다.
직접 낚은 물고기로 풍성한 식탁을 연출하는 것은 민물낚시에 없는 큰 즐거움이다.
바닷고기엔 고혈압, 심근경색을 예방하고 두뇌를 좋게 하는 고도불포화지방산인 DHA, EPA가 풍부하고, 간기능과 시력 보호, 당뇨 예방에 효력이 있는 타우린도 다량 함유돼 있다.
즐거운 야외활동으로 건강을 지키고 우리 몸의 자기치유력까지 높일 수 있는 바다 루어낚시야말로 현대인의 웰빙레저다.

"녀석이 제 발로 입안으로 들어가요!" 주꾸미를 낚은 꾼의 장난기 어린 퍼포먼스.

볼락 마니아들의 씨알 겨루기. 앙증맞은 체구지만 최고의 맛을 자랑하는 볼락은 남해안의 바다 루어낚시 열풍을 이끈 주역이다.

▲서해 선상 러버지깅에 올라온 농어.
▶"사랑해요, 우럭!"

◀갯바위에 내려 장비를 점검하고 있는 루어낚시인들. 낚은 고기를 얼음에 채워 싱싱하게 보관할 수 있는 쿨러는 바다 루어낚시의 필수품이다.

▲"맛있는 오징어 나왔어요!" 충남 보령 앞바다에서 낚아 올린 참오징어.
◀"주꾸미가 불쌍해요. 그래도 맛있겠죠?"

바다 루어낚시 대상어종

바다에서 루어로 낚을 수 있는 물고기들은 록피시를 중심으로 한 정착성 어류와 등 푸른 생선들이 주로 속한 회유성 어류로 크게 나눌 수 있다. 그리고 최근에 에기로 낚는 오징어류와 전용 지그로 낚는 참돔도 루어낚시 어종에 편입되었다. ※전장(全長)은 각 어종별로 성어(成魚)의 길이를 표시했다.

농어

농 어

영 Sea bass
일 スズキ(스즈키)

●속 명 : 농에, 깔따구, 까지매기
●분 포 : 전국
●전 장 : 70~100cm
◎생 태 : 남해와 동해, 제주도 연근해에 서식하며 서해에선 점농어보다 얕은 갯바위 연안에서 낚인다. 초여름부터 늦가을까지 무리지어 회유하면서 루어에 달려든다.

점농어

영 Spotted sea bass
일 タイリクスズキ(타이리쿠스즈키)

●속 명 : 농어
●분 포 : 서해, 남해서부
●전 장 : 70~100cm
◎생 태 : 주로 서해와 남해서부 내만의 물색이 탁한 해역에서 낚인다. 강화도 등 서해중부 연안에서 대형어들이 출현. 일반 농어보다 맛이 좋다.

넙치농어

일 ヒラスズキ(히라스즈키)

●속 명 : 농어
●분 포 : 제주도
●전 장 : 80~100cm
◎생 태 : 난류성 어종으로 우리나라에선 제주도에서만 낚인다. 주로 밤에 루어에 낚이지만 파도가 높게 일면 낮에도 출현. 농어류 중 힘과 맛에서 최고!

우 럭

영 Black rockfish
일 クロソイ(쿠로소이)

●속 명 : 우럭 ※정식학명은 조피볼락
●분 포 : 전국
●전 장 : 50~60cm
◎생 태 : 서해를 대표하는 록피시 어종이다. 동해와 남해엔 서해보다 양이 적다. 서해 먼 바다 섬들과 남해서부 흑산도 해역 일대에선 대형 우럭을 루어로 낚을 수 있다.

쥐노래미

영 Greenling
일 アイナメ(아이나메)

●속 명 : 놀래미, 게르치
●분 포 : 전국
●전 장 : 50cm
◎생 태 : 우럭과 분포지역이 비슷하다. 닮았지만 더 소형종인 노래미가 있다. 노래미는 물이 맑은 남해동부에, 쥐노래미는 물이 탁한 남해서부와 서해에 많다.

볼 락

영 Dark banded rockfish
일 メバル(메바루)

●속 명 : 뽈락, 뽈래기
●분 포 : 남해, 동해, 제주도
●전 장 : 25~30cm
◎생 태 : 서해에는 없다. 남해안, 특히 남해동부에서 가장 인기 있는 록피시 어종이다. 여름철과 한겨울을 제외하면 연중 낚이는데 가을과 봄이 피크시즌이다.

쏨뱅이

영 Scorpion fish
일 カサゴ(카사고)

●속 명 : 삼뱅이, 빨간우럭
●분 포 : 남해, 동해, 제주도
●전 장 : 25~35cm
◎생 태 : 난류성 어종으로 남해 먼 바다와 제주도에 서식한다. 바닥층을 벗어나지 않는 전형적인 록피시로, 볼락과 어류 중 조림과 매운탕 맛이 가장 뛰어나다.

개볼락

일 ムラソイ(무라소이)

●속 명 : 돌우럭
●분 포 : 남해, 동해, 제주도
●전 장 : 25~30cm
◎생 태 : 난류성 어종으로 남해 먼 바다와 제주도에 서식한다. 방파제 테트라포드나 암초대 틈에서 낚이며 밤에는 상층에 떠서 물기도 한다.

능성어

영 Seven-banded grouper
일 マハタ(마하타)

●속 명 : 구문쟁이
●분 포 : 전국
●전 장 : 60~80cm
◎생 태 : 남해 먼 바다의 섬에서 드물게 낚이는 귀한 어종이다. 일본이나 열대해역에선 1m까지 자라지만 우리나라에서 주로 낚이는 것은 25~40cm 소형이다.

고등어

영 Common mackerel
일 マサバ(마사바)

●속 명 : 고망어, 고도리(치어)
●분 포 : 전국
●전 장 : 30~35cm
◎생 태 : 여름부터 늦가을까지 우리나라 전 연안에 출현하여 풍성한 마릿수 조과를 선사한다. 아무 루어에나 맹렬하게 달려들어 누구나 쉽게 낚을 수 있다.

갈 치

영 Cutlass fish
일 タチウオ(타치우오)

●속 명 : 풀치(새끼), 빈쟁이
●분 포 : 남해, 제주도
●전 장 : 100cm
◎생 태 : '맛있는 생선'의 대명사로 꼽힌다. 가을에 떼를 지어 연안으로 접근하여 내만 갯바위나 방파제에서 쉽게 낚을 수 있다. 야행성 어종이라 밤에 낚인다.

전갱이

영 Horse mackerel
일 マアジ(마아지)

●속 명 : 아지, 각재기, 매가리, 가라지
●분 포 : 남해, 동해, 제주도
●전 장 : 40cm
◎생 태 : 고등어보다 난류성 어종이며, 물이 맑은 남해동부와 제주도에 많다. 초밥의 고급 재료로 쓰이는 맛있는 생선이다. 야행성이라 주로 밤에 낚는다.

삼 치

영 Spotted mackerel
일 サワラ(사와라)

●속 명 : 마어(서해), 망어(동해), 고시(전남)
●분 포 : 전국
●전 장 : 60~70cm
◎생 태 : 약간 탁한 물색을 좋아하여 남해서부, 서해에 많이 회유한다. 가을엔 우리나라 전 연안에서 낚을 수 있다. 작은 것은 구이, 큰 것은 회가 맛있다.

방 어

영 Japanese amberjack
일 ブリ(부리)

●속 명 : 사배기, 마르미
●분 포 : 전국
●전 장 : 120cm
◎생 태 : 부시리와 외관이 흡사하지만 부시리보다 갯바위 접근성이 떨어진다. 따라서 낚시에 걸려들 확률은 부시리보다 낮다. 지방이 축적된 겨울에 가장 맛있다.

부시리

영 Asian Yellowtail
일 ヒラマサ(히라마사)

●속 명 : 히라스(히라마사의 일본 관서지방 방언)
●분 포 : 전국
●전 장 : 120cm
◎생 태 : 방어와 흡사하지만 암초대를 좋아하여 방어보다 낚시에 자주 걸려든다. 괴력을 자랑하는 최강의 파이터. 겨울에 씨알과 맛에서 최고조를 이룬다.

잿방어 | 영 Amberjack 일 カンパチ(칸파치)

●**속명** : 배기, 납작방어
●**분포** : 남해, 제주도
●**전장** : 100cm
◎**생태** : 남해와 제주도에 서식. 방어류 중 가장 맛있는 물고기다. 열대해역에선 1m 넘게 자라지만 우리나라에선 30~50cm급이 주로 낚인다. 가을이 주 시즌.

가다랑어 | 영 Skipjack tuna 일 カツオ(카쓰오)

●**속명** : 가다리, 강고등어(경남), 다랭이(포항)
●**분포** : 남해, 동해, 제주도
●**전장** : 60~70cm
◎**생태** : 제주도에 주로 회유. 추자도 여서도 등 남해 먼 바다에서도 종종 낚인다. 폭발적인 힘을 자랑한다. 급냉 후 참치처럼 반해동시켜 회로 먹으면 맛있다.

점다랑어 | 영 Kawakawa 일 スマ(스마)

●**속명** : 점다랭이
●**분포** : 남해, 동해, 제주도
●**전장** : 60~70cm
◎**생태** : 제주도에 주로 회유. 가다랑어와 마찬가지로 추자도 여서도 등 남해 먼 바다에서도 종종 낚인다. 지칠 줄 모르는 폭발적 스피드가 자랑이다.

줄삼치 | 영 Striped bonito 일 ハガツオ(하가쓰오)

●**속명** : 이빨다랑어
●**분포** : 남해, 동해, 제주도
●**전장** : 60~70cm
◎**생태** :다랑어 무리 중 남해 연안까지 바짝 접근하는 종이다. 여름~가을에 거제, 통영, 여수의 원거리 섬에서 종종 어군을 만난다.

만새기 | 영 Dolphinfish 일 シイラ(시이라)

●**속명** : 만배기
●**분포** : 남해, 동해, 제주도
●**전장** : 80~100cm
◎**생태** : 난류성 회유어종으로 제주도가 주 산지지만, 남해 먼 바다에서도 자주 발견된다. 루어에 걸리면 돌고래처럼 점프하는 파이팅이 일품이다.

두족류

참오징어

영 Edible cuttle fish
일 コウイカ(코오이카)

●속 명 : 갑오징어
●분 포 : 서해, 남해
●전 장 : 30~40cm
◎생 태 : 흰오징어보다 뻘이 섞인 사니질 바닥을 좋아하여 서해, 남해서부, 남해동부 내만에서 많이 잡힌다. 오징어류 중 가장 낚기 쉬워 에깅의 대중화를 이끌었다.

흰오징어

영 Big fin Squid
일 アオリイカ(아오리이카)

●속 명 : 무늬오징어
●분 포 : 전국(특히 남해와 제주도)
●전 장 : 30~50cm
◎생 태 : 난류성 오징어로서 제주도와 남해동부에 많다. 전용 루어인 에기를 사용한 약간 고난도의 테크닉을 요한다. 오징어류 중 대형종으로 맛도 가장 좋다.

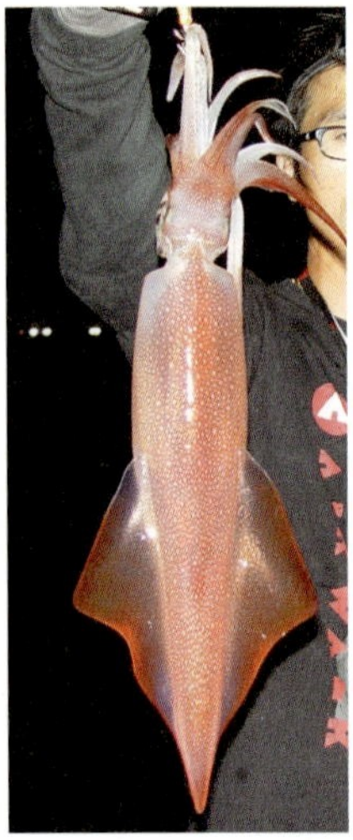

창오징어

영 Sword tip squid
일 ケンサキイカ(켄사키이카)

●속 명 : 한치, 제주한치
●분 포 : 남해, 제주도
●전 장 : 30~40cm
◎생 태 : 제주도에서 주로 낚이는 오징어로서 제주 낚시인들은 흰오징어보다 맛있다고 평한다. 여름철 야간에 주로 낚는데, 에기를 살살 끌어주면 쉽게 낚인다.

주꾸미

영 Ocellated octopus
일 イイダコ(이이다코)

●속 명 : 쭈끼미, 주께미, 금테문어
●분 포 : 서해, 남해
●전 장 : 10~20cm
◎생 태 : 서해와 남해 내만에서 잡히는 소형 문어 종류다. 봄철과 가을철 두 차례 잡히는데, 가을에 잘 낚이며, 봄에는 소라고둥으로 만든 통발조업에만 잡힌다.

왜문어

영 Octopus
일 マダコ(마다코)

●속 명 : 참문어, 돌문어, 피문어
●분 포 : 전국
●전 장 : 70~90cm
◎생 태 : 낚시로 잡는 문어는 대형종인 문어(물문어)에 비해 작은 왜문어(피문어)다. 끓는 물에 데치면 큰 문어보다 살이 쫄깃하고 더 맛있다.

넙 치

영 Flatfish
일 ヒラメ(히라메)

●**속 명** : 광어
●**분 포** : 전국(특히 서해에 많다)
●**전 장** : 90~100cm
◎**생 태** : 암초와 모래가 섞인 바닥에 살며 맹렬한 육식성으로 루어에 쉽게 걸려든다. 특히 근래 서해 갯바위와 배낚시에서 많은 양이 낚이고 있다.

대 구

영 Pacific cod
일 マダラ(마다라)

●**속 명** : 대구어, 대두어
●**분 포** : 전국(특히 동해에 많다)
●**전 장** : 100cm
◎**생 태** : 심해에 사는 대구는 배에서 수직지깅으로만 낚을 수 있다. 그러나 테크닉은 어렵지 않다. 묵호항을 중심으로 한 동해에 지깅 붐을 일으킨 주인공.

참 돔

영 Red sea bream
일 マダイ(마다이)

●**속 명** : 도미, 상사리(새끼)
●**분 포** : 전국
●**전 장** : 100cm
◎**생 태** : 깊은 물골을 회유하는 참돔은 배에서 참돔 전용 지그로 낚는다. 참돔 지깅은 고군산군도, 외연도, 왕등도 등 서해에서 출발해 남해로 확산되고 있다.

감성돔

영 Black porgy
일 クロダイ(쿠로다이)

●**속 명** : 감생이, 비되미(새끼)
●**분 포** : 전국
●**전 장** : 50~60cm
◎**생 태** : 가을철 강 하구나 얕은 여밭에서 루어에 종종 낚인다. 일본에선 본격적인 루어낚시 어종으로 개발돼 있지만 우리나라에선 시도 단계에 있다.

양 태

영 Indian flathead
일 コチ(코치)

●**속 명** : 장대, 낭태
●**분 포** : 전국
●**전 장** : 60~70cm
◎**생 태** : 물이 탁한 서해와 남해서부의 사니질대에서 많이 낚인다. 선상 우럭 · 광어 루어낚시 도중에 종종 올라오는 반가운 손님고기다. 찜이나 조림이 별미다.

황 어

영 Searun dace
일 ウグイ(우구이)

●**속 명** : 밀황어
●**분 포** : 동해, 남해
●**전 장** : 40~50cm
◎**생 태** : 바다에서 살다가 강으로 올라가 산란하는 황어는 동해의 각 하천에서 루어로 낚을 수 있다. 초겨울과 봄이 주 시즌이며 화끈한 손맛을 선사한다.

상품 선택과 구입의 센스!

무슨 고기를 어디에서 낚을 것인가?

낚시도구를 구입하기에 앞서서 가장 먼저 고려해야 할 사항이다. 볼락을 낚는 연질 낚싯대로 부시리를 낚으러 간다거나 부시리를 낚는 중장비로 볼락을 낚으러 간다는 것은 거의 불가능에 가깝다. 물론 전혀 낚지 못한다는 법은 없지만 힘만 들고 재미가 없는 낚시가 된다.

우럭을 낚으러 가는 경우에도 갯바위에서 낚을 것인가 배를 타고 낚을 것인가에 따라 낚싯대의 선택이 달라지기도 한다. 필요로 하는 낚싯대의 원투성능과 사용하는 루어의 무게가 달라지기 때문이다. 어종과 낚시터를 정했다면 베테랑에게 자문을 구하거나 믿을 만한 전문점에 문의하도록 하자.

만능장비를 살까, 전용장비를 살까?

하나의 장비로 볼락도 낚고 농어도 낚고 방어도 낚을 수 있을까? 실제 예를 든다면 우리나라 루어낚시의 표준태클이라고 할 수 있는 민물 쏘가리 루어낚시장비나 배스 낚시장비를 두루두루 활용하고자 하는 꾼들도 많다.

물론 우럭도 농어도 방어도 작은 크기라면 민물 루어대로 낚아낼 수 있다. 그러나 5~6kg 이상의 대물 방어나 부시리가 걸렸다면 도저히 낚아 올릴 수 없을 것이다.

또 물고기의 크기를 떠나 민물 루어대로는 20~30g이 넘는 무거운 루어는 사용할 수 없고, 높은 방파제에서는 길이가 짧아 사용이 불가능하게 될 것이다. 낚시의 효율을 생각해 본다면 역시 도구는 전용으로 구분되는 편이 쾌적한 낚시를 보장한다. 적절하고 가장 효과적인 장비와 채비를 준비하는 것이 좋은 조과로 이어지는 것은 당연지사다.

그렇지만 처음부터 각 어종별로 낚싯대와 릴까지 전부 전용으로 갖추는 것은 무리다. 타협점을 찾듯 낚시터의 성격과 어종의 크기를 고려해 본다면 한두 가지의 장비로 충분히 대응할 수 있는 범위를 정할 수 있다. 예를 들면 우럭도 낚고 농어도 낚고 싶을 때, 릴은 겸용으로 사용하고 낚싯대만 하나 더 구입하는 경우를 고려해 볼 수 있다.

고가품이냐 저가품이냐, 가격대는?

도구 구입에 실질적으로 신경 쓰이는 부분은 바로 예산 즉, 주머니사정이다. 가령 동일한 크기의 릴이라도 가격은 1만원대에서 100만원을 호가하는 것까지 있다. 여유가 있다면 보다 편리한(대개 값비싼) 도구를 살 수 있다. 편리한 도구를 사용하면 물고기를 낚기 쉬워지는 이점도 있다. 편리한 도구란, 같은 크기의 릴이라도 좀 더 가볍고 라인 트러블이 없고 내구성도 좋아 낚시에 집중하기 쉬운 것을 말한다. 낚싯대도 마찬가지다. 편리한 도구가 꼭 가격과 비례하지는 않지만, 고가품이 저가품보다 사용하기 편한 것은 사실이다.

'싼 게 비지떡'이란 후회를 하지 않기 위해서는 구입 전에 전문가의 의견을 구하고 심사숙고할 필요가 있다. 특히 최고급품을 구입할 때는 그 제품을 사용해본 사람들의 조언을 꼭 듣고 사는 게 좋다.

릴과 낚싯대의 밸런스가 맞아야 한다

도구의 밸런스를 맞추는 것은 낚시를 보다 쾌적하게 하기 위한 필수 요소다. 밸런스가 맞지 않으면 원하는 낚시를 할 수 없다. 극단적인 예를 든다면, 농어낚싯대에 볼락낚시에 사용하는 초소형 릴을 장치한다거나, 우럭낚싯대에 지깅용 대형 릴을 장치하는 부조화가 되겠다. 그밖에도 소형 릴에 굵은 낚싯줄을 감는 경우, 볼락낚싯대에 대형 루어를 쓰는 경우, 소형 루어에 대형 바늘을 다는 경우 등등이 밸런스가 깨진 경우다. 각 어종별 최적의 도구 밸런스는 제5장 어종별 낚시방법의 장비와 채비를 참고하면 된다.

밸런스가 나쁜 태클은 그 도구의 기능을 발휘하지 못하게 되어 물고기를 낚기도 어려울뿐더러 사용자가 쉽게 피로해진다.

적절한 태클밸런스의 예

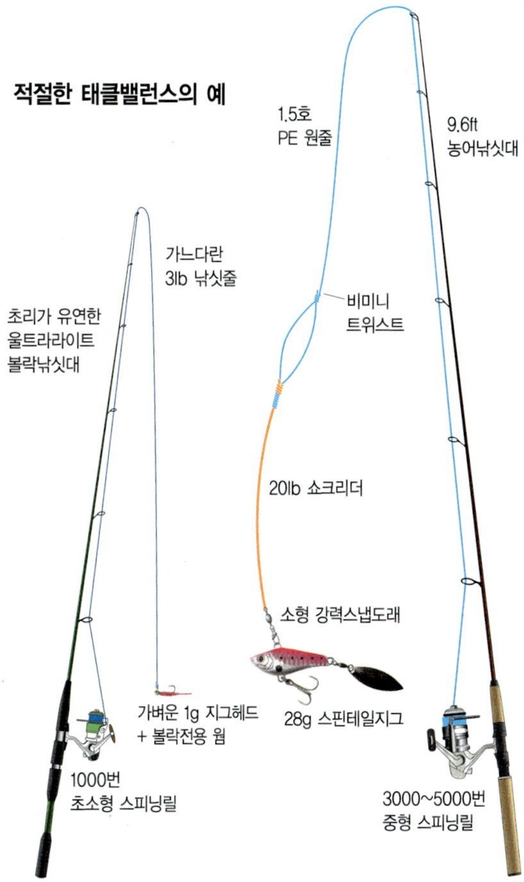

PART 2 바다 루어낚시에 필요한 도구

Saltwater Lure & Tackle

바다 루어낚시에 필요한 도구는 어떤 것이 있을까? 낚싯대, 릴, 낚싯줄, 루어는 꼭 필요한 낚시용품. 그 외에도 낚시를 편리하게 하는 여러 가지 소품과 바다에서 낚시인을 안전하게 지켜주는 안전장구들이 필요하다.

BC-67MH
NEW ATTEMPT ROD

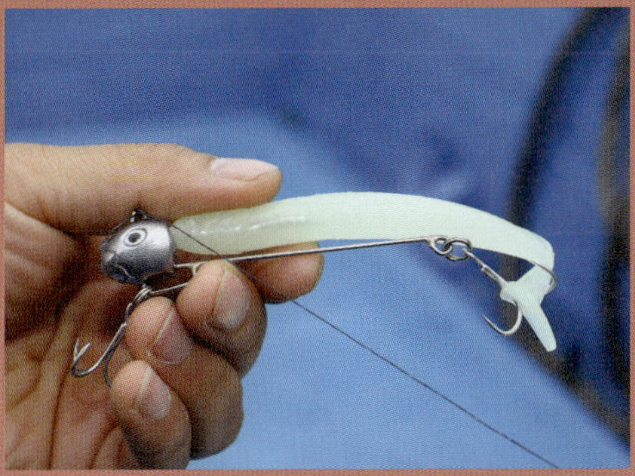

바다용 루어낚싯대는 크게 8가지 종류가 있다

실로 다양한 장르가 존재하는 21세기의 낚시! 바다 루어낚시 안에도 여러 낚시장르가 있고 그에 적합한 성능을 가진 낚싯대들이 있다. 바다 루어낚시는 전문화 성향이 커서 민물용 루어낚싯대로는 즐기기 어렵다. 민물대로도 바닷고기를 낚을 수는 있지만, 크게 불편해진다. 바다 루어낚싯대도 여러 대상어별로 적합한 모델이 구분되어 있어 한 낚싯대로 모든 바닷고기를 낚을 수는 없다. 대상어종을 기준으로 나누어 보면 바다 루어낚싯대는 크게 8가지 종류로 나뉜다. 그중 몇 가지는 최근 출현한 것으로, 낚싯대의 진화는 계속되고 있다.

바다 루어낚싯대의 종류 및 활용도

종류	특징	세분화	대상어
우럭루어낚싯대	바다루어 만능낚싯대(중량급 록피시낚싯대)		우럭, 쥐노래미, 광어, 소형농어, 기타
볼락루어낚싯대	볼락 전용(경량급 록피시낚싯대)		볼락, 소형우럭, 전갱이, 기타
농어루어낚싯대	농어 전용	갯바위낚시용 / 배낚시용	농어, 대형우럭, 광어, 삼치, 기타
갯바위캐스팅낚싯대	쇼어지깅용		다랑어, 삼치, 부시리, 방어, 기타
보트캐스팅낚싯대	플러그 및 지그 캐스팅용	만새기용	만새기, 다랑어(참치)
		다랑어, 부시리용	다랑어, 부시리
참돔지깅낚싯대	참돔지그(카부라) 전용		참돔, 농어, 넙치, 우럭, 갈치
지깅낚싯대	수직지깅 전용	라이트급 ~ 헤비급 단계별 구분	부시리, 대구, 방어, 기타
에깅낚싯대	흰(무늬)오징어 전용		오징어, 농어, 기타

우럭 루어낚싯대

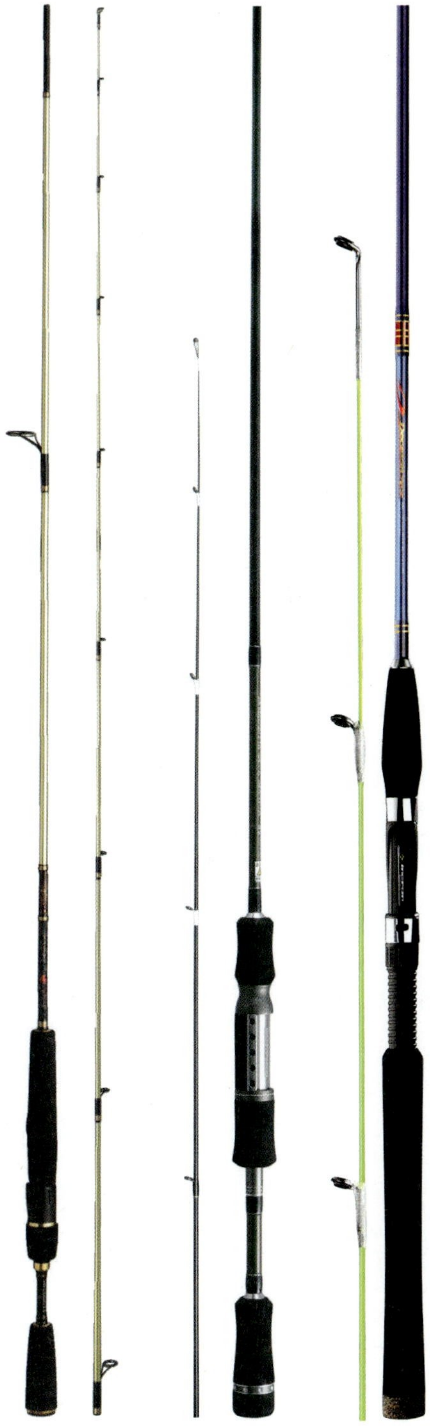

볼락 루어낚싯대

우럭 루어낚싯대 – 쓰임새 많은 만능형 '록피시 전용대'

우럭, 광어 등 록피시용. 주된 낚시터인 방파제, 테트라포드, 갯바위의 높이를 고려해 7~8ft(2.1~2.4m) 길이로 약간 길게 만들어져 있다. 6.6~7ft(1.98~2.1m) 길이의 라이트급 민물 쏘가리 · 배스용 루어낚싯대로도 우럭 루어낚시를 할 수는 있지만, '록피시 전용대' 라는 이름의 우럭 루어낚싯대가 훨씬 편리하다.

볼락 루어낚싯대 – 전용대가 아니면 볼락을 못 낚는다!

아주 가벼운 루어를 사용하는 볼락낚시에 적합하게 개발된 울트라라이트급의 낚싯대로서 이 낚싯대가 없이는 볼락 루어낚시가 거의 불가능하다고 할 정도의 완벽한 전용 대다. 바다 루어낚싯대 중에서 가장 연약한 편에 속한다. 길이는 6~8ft(1.8~2.4m), 가는 초리와 볼락의 저항을 이겨낼 탄탄한 허리힘이 조화된 낚싯대로, 초리가 아주 가는 솔리드 구조를 하고 있는 형태도 많다. 또한 초리만 살짝 휘어드는 '극한 패스트 휨새' 를 갖고 있다.

농어 루어낚싯대 – 중대형어에 적합한 표준 낚싯대

처음부터 농어용이라고 구분 지어져 있는 전용대지만 중대형 록피시 낚시에도 쓰인다. 길이는 갯바위용이라면 8~13ft(2.4~3.9m) 정도고 배낚시용이라면 5.5~8ft(1.65~2.4m) 정도다. 캐스팅 부하량(사용가능한 루어의 무게)이 약 30g이다. 일반적으로 농어낚싯대라고 말하면 주로 갯바위용을 지칭한다. 2토막이나 3토막으로 되어 있다.

갯바위 캐스팅 낚싯대 – '쇼어지깅대' 로도 불리는 헤비급 로드

농어 루어낚싯대를 좀 더 강력하게 만든 형태로 갯바위에서 부시리나 줄삼치와 같은 회유어를 낚기 위해 사용하는 낚싯대다.

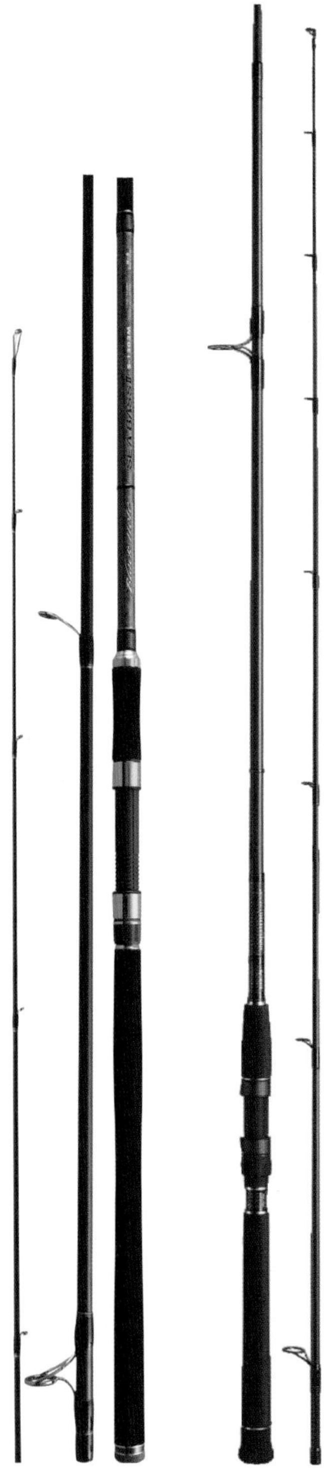

농어 루어낚싯대

갯바위 캐스팅 낚싯대

참돔지깅 낚싯대

쇼어지깅(Shore jigging) 낚싯대라고 부르기도 한다. 길이는 9.6~11ft(3~3.3m) 전후이고 캐스팅 부하량이 100g 정도로 튼튼한 낚싯대다.

보트 캐스팅 낚싯대 – 호쾌한 파워피싱에 어울리는 액션

배를 타고 포퍼 등의 루어를 원투하는 보트 캐스팅 낚시에 사용되는 낚싯대를 말한다. 길이는 5~9ft(1.5~2.7m)로 다양하다. 만새기 낚싯대, 참치 낚싯대, GT 낚싯대 등이 여기에 속한다. 농어 루어 낚싯대 중에서 배낚시용은 여기에 해당한다고도 말할 수 있다.

참돔지깅 낚싯대 – 참돔지그 전용

카부라(타이라바)를 사용하는 선상 참돔 러버지깅에 편리하게 끔 초리는 유연하고 허리는 강하게 만든 낚싯대다. 길이는 6.6ft(2.1m)전후 이며 사용가능한 카부라의 무게는 30~90g이다.

지깅낚싯대 – 짧지만 상어도 끌어낼 만큼 튼튼하다

수심이 매우 깊은 장소에서 무거운 메탈지그를 사용하는 수직 지깅에 적합하게 개발된 낚싯대이다. 길이는 5~6ft(1.5~1.8m)로 다른 낚싯대에 비해 짧고 튼튼하게 만들어져 있다.

에깅낚싯대 – 흰오징어를 위한 전문 루어대

오징어낚시(주로 흰오징어)에 사용하는 전용 낚싯대다. 길이는 주로 8ft(2.4m) 전후로 만들어져 있다. 외관상으로는 농어낚싯대와 비슷하지만, 초리 쪽에 가이드 링의 구경이 작은 소구경 가이드가 부착되어 있는 제품이 많다.

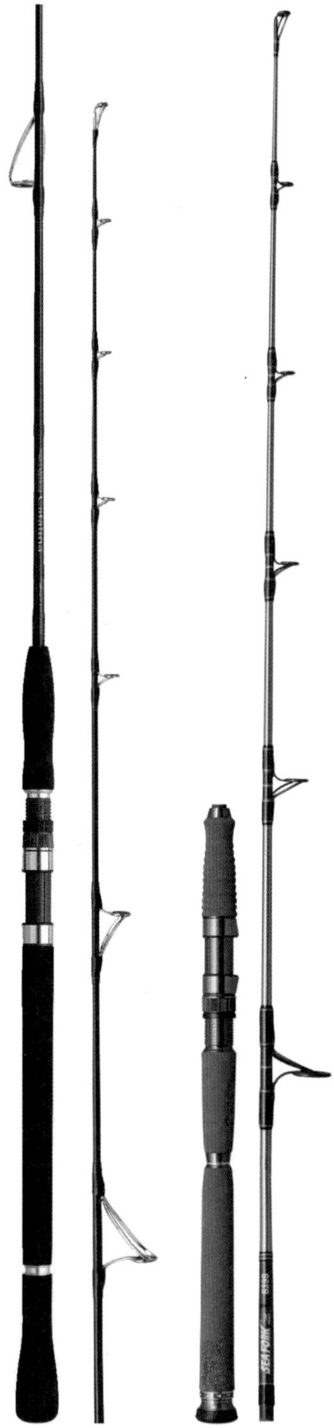

지깅낚싯대

에깅낚싯대

낚싯대의 구조와 부분 명칭을 알아보자

루어낚시용 로드의 기본 구조와 각 부분별 명칭을 알아두자. 낚싯대에 관한 정보를 주고받을 때 이 용어들을 알아야 빠르고 정확히 이해할 수 있다.

●블랭크(Blank 몸통) : 낚싯대의 몸통을 이르는 말이다. 카본(탄소)섬유로 만든 천 모양의 원단을 둥근 철봉(맨드럴)에 말아서 소성로에 넣어 구운 다음 철봉을 빼내면 블랭크의 기본 형태가 만들어진다.

●가이드(Guide) : 릴에서 나온 낚싯줄이 통과하는 고리와 같은 부품. 초리 끝에 달려있는 것은 톱가이드(Top guide)라고 따로 부른다. 낚싯줄과 직접 접촉하는 링 부분의 재질에 의해 품질이 좌우되는데, 고급품은 링이 SiC(탄화규소) 재질이다.

●로드 팁(Tip 초리) : 블랭크의 앞쪽 끝부분을 말한다. 낚싯대 종류에 따라서는 이 부분만 다른 소재를 사용하거나 구조가 다르게 만들어진 경우도 있다. 대개 낚싯대 몸통 부위보다 낭창거리게 만들기 위해서 그렇게 설계하는 수가 많다.

●로드 벨리(Belly 허리) : 블랭크의 중간부분을 이르는 말로 몸통이라고도 부른다. 실제로 물고기를 낚을 때 가장 많이 사용되는 부위다. 또한 휨새가 결정되는 부분이다.

●로드 버트(Butt) : 손잡이 바로 윗부분을 말한다. 낚싯대의 힘을 결정하는 곳으로, 이 부분이 강해야 큰 고기가 걸려도 대가 부러지지 않고 쉽게 끌어 올릴 수 있다. 이곳이 힘없이 구부러지

낚싯대의 각 부위별 명칭

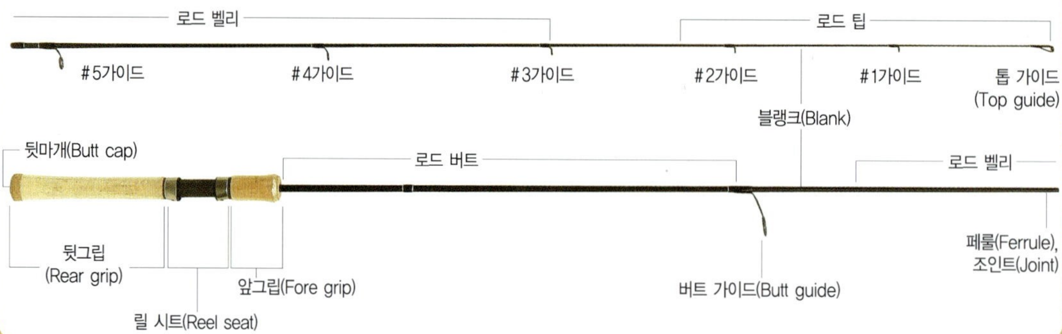

낚싯대의 몸통인 블랭크.

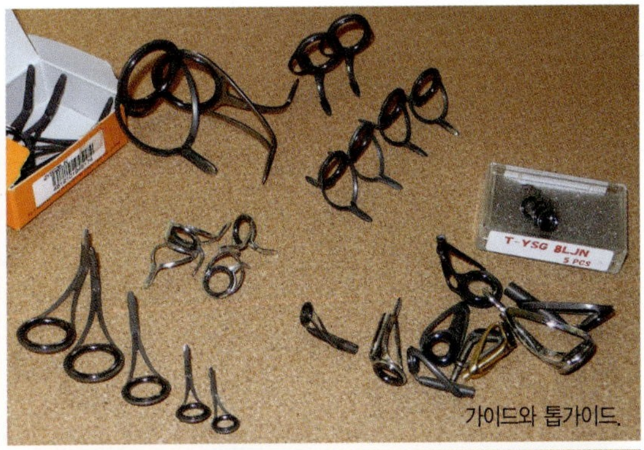

가이드와 톱가이드.

파이프 형태의 스크루 릴시트.

버트캡과 김발(사진 중 십자 모양의 홈이 파진 것).

는 낚싯대로는 대물을 낚을 수 없다.

●**조인트(Joint) 또는 페룰(Ferrule)** : 낚싯대 토막끼리 연결하는 접속부위다. 각 마디를 뽑아내는 텔레스코픽(일명 안테나식) 낚싯대에는 이것이 없지만, 루어낚싯대의 90%는 꼽기식이기 때문에 조인트 또는 페룰이 있다. 스피곳 페룰(Spigot ferrule, 印籠式)과 페랄라이트 페룰(Feralite ferrule) 등 몇 가지 방식이 있다.

●**릴 시트(Reel seat)** : 릴을 부착하는 부분이다. 릴의 다리를 고정시키는 부품으로 이루어져 있다. 슬라이드 시트와 스크루 시트 두 종류가 있는데 스크루 시트가 더 튼튼하다. 바다루어낚싯대는 대부분 스크루 시트(나사식)다.

●**그립(Grip 손잡이)** : 릴 시트의 아래위 부분으로, 손으로 잡을 수 있도록 만들어진 부분이다. 주로 코르크(Cork)나 EVA와 같은 합성수지로 만들어져 있다.

●**버트 캡(Butt cap 뒷마개)** : 낚싯대의 맨 뒷부분의 마개다. 금속이나 고무 등 여러 가지 재질로 마감되어 있다. 바닥에 닿을 때 낚싯대의 손상을 막는 정도의 별 기능이 없는 것으로 간주되기도 하지만 실은 적당한 무게로 낚싯대 전체의 밸런스를 잡아주는 기능이 숨겨져 있다.

로드 액션이란 무엇이며, 어떤 액션들이 있는가?

먼저 소재에 따라 로드 액션이 달라진다

블랭크가 무슨 소재로 만들어졌는가에 따라 낚싯대의 성격이 달라진다. 자세히 구분한다면 대나무부터 시작해야 하겠지만, 현대의 낚싯대는 주로 카본 그라파이트(Carbon graphite)와 글라스 파이버(Glass fiber) 두 종류의 소재를 기본으로 하고 있다. 글라스 파이버가 먼저 개발되었으나 오늘날엔 훨씬 가볍고 탄성이 좋은 카본 그라파이트 소재가 주류를 이루고 있다. 그리고 이 두 가지를 혼합한 소재들도 많이 사용한다.

일찍 개발된 글라스파이버는 상대적으로 부드럽고 잘 부러지지 않는 특성이 있지만 무겁고 둔한 면이 있다. 카본 그라파이트는 감도가 좋고 가볍고 경쾌하지만 충격에 약한 면도 있다. 소재간의 차이를 알아보려면 직접 손에 들고 흔들어보면 쉽게 느낄 수 있다.

동일한 카본 그라파이트 소재를 사용해 만든

낚싯대 흔들어보기(저탄성 고탄성 구분)

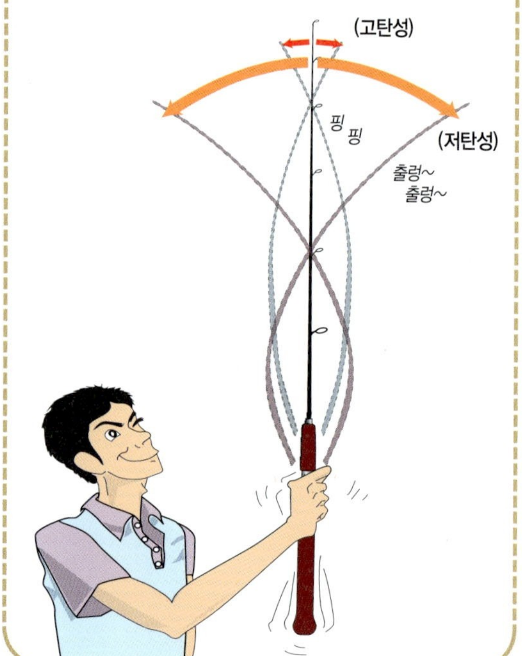

휨새 표시

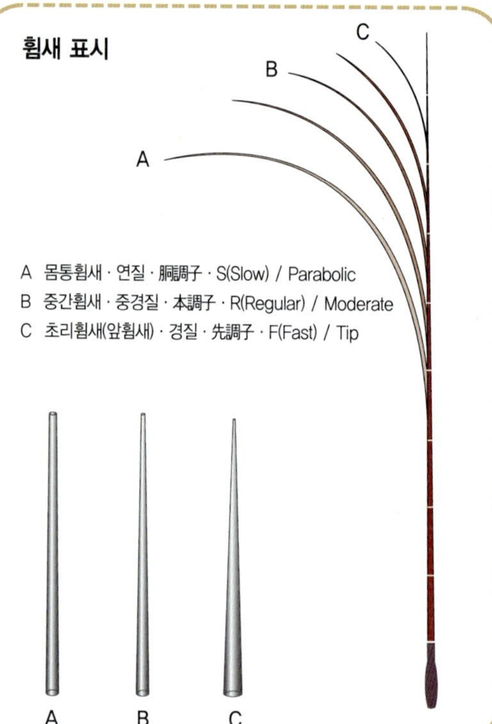

낚싯대도 원료인 카본섬유의 밀도나 강도에 의해 차이가 생긴다. 저탄성카본은 마치 글라스파이버의 특성처럼 잘 구부러지고 끈기가 있는데 비해 고탄성카본이 될수록 빳빳하고 날렵한 성격을 보인다. 탄성은 30톤, 40톤 등 카본섬유의 압축강도로 표시하거나 또는 브랜드마다 특수한 기호를 단위로 하여 나타낸다.

민물용 루어낚싯대 강도 표시(참고사항)

표시	리프팅 파워	비고
울트라라이트 (UL)	약함	5g 이하 소형 루어
라이트 (L)	⬆	10g 이하 루어
미디엄라이트 (ML)		대부분의 중소형 루어
미디엄 (M)		중대형 루어
미디엄헤비 (MH)	⬇	약 30g 안팎의 중량급 루어
헤비 (H)	강함	대형 지그 등 대물용 강도 우선

테이퍼(Taper)에 의해서도 액션이 달라진다

낚싯대의 휨새 즉, 구부러지는 정도를 테이퍼(Taper)라 부른다. 그림과 같이 구부러지는 정도에 따라 다른 명칭으로 불리는데 나름대로 장단점을 갖고 있다. 이 표시는 어디까지나 낚싯대의 휘어지는 상태나 모양을 나타내는 것이지 낚싯대가 갖고 있는 힘을 표시하는 것이 아님에 주의해야 한다.

우럭낚싯대, 농어낚싯대, 볼락낚싯대 등이 패스트테이퍼를 갖고 있고 지깅낚싯대와 같이 고부하량에 견디도록 되어 있는 낚싯대는 슬로우~레귤러테이퍼를 갖고 있다.

낚싯대의 표기를 신뢰할 것인가?

낚싯대의 표면에는 품명 이외에도 낚싯대의 스펙(spec)이 기입되어 있다. 스펙이란 길이, 액션, 허용 낚싯줄의 굵기, 캐스팅할 수 있는 루어의 무게 등을 말한다.

여기에서 주목해야 할 사항은 적정한 낚싯줄의 굵기와 루어의 무게이다. 그렇다면 꼭 표기된 허용범위 내로만 낚싯줄과 루어를 사용해야 하는가? 초심자이거나 이제 갓 새로 구입한 낚싯대라면 표시허용 내에서 낚싯줄과 루어를 선택하는 것이 바람직하다. 그러나 어느 정도 경험을 쌓게 되면 낚싯대를 한번 흔들어보고도 조금 더 무거운 루어를 달아도 던지는데 문제가 없을 것 같다거나, 몇 호 줄 이하라면 챔질하다 끊어질 것 같다거나, 우럭대지만 농어도 충분히 끌어낼 수 있겠다는 등의 감이 오게 된다. 즉, 낚싯대에 표기되어 있는 수치와 자신의 감각에 차이가 나게 마련이다. 낚싯대에 표기된 내용은 어디까지나 무리가 없는 한도의 여유가 있는 숫자임을 알아두자. 자신이 있다면 표기내용보다는 감각을 믿어도 크게 문제는 없을 것이다.

낚싯대 표면에 인쇄된 스펙. 길이 6.5ft에 1토막, 미디엄(M)강도란 뜻이지만, 모델명칭에 지나지 않을 수도 있다.
옆에 작은 글씨로 라인과 루어의 적정부하량이 적혀 있다.

●슬로우테이퍼(Slow taper) : 낚싯대 전체에 힘이 분산되는 구조. 고하중시에 낚싯대 허리를 기점으로 전체가 고르게 휜다.

●레귤러테이퍼(Regular taper) : 가장 기본적이라고 부를 수 있는 무리가 없는 휨새. 어느 장르의 낚시에서도 사용할 수 있으므로 초보자에게도 무난하다.

●패스트테이퍼(Fast taper) : 낚싯대 전체로 보아 초리부분만 유연하다고 느껴지는 휨새. 루어에 기민한 동작을 부여할 수 있고 감도가 좋으므로 웜과 같은 소프트루어 사용에 적합하다.

강도표시에 의한 액션의 분류도 있다

부드러운 정도나 휘는 정도를 나타내는 것이 아니라 낚싯대가 갖고 있는 강도, 실제로는 낚싯대에 함축된 끌어올리는 힘(리프팅 파워=추부하량)으로 구분하는 말이다. 울트라라이트 액션, 미디엄 액션, 헤비 액션과 같은 말로 표현된다. 그러나 이 액션 분류는 주로 민물용 루어낚싯대에 적용되는 경우가 많고, 정확히 구분된 기준이 없는 상대적인 개념이다. 현대의 바다 루어낚시와 같이 장르가 세세히 구분된 낚싯대에서는 의미가 크지 않다.

낚싯대에 표시되어 있는 경우도 있지만 어디까지나 참고적인 숫자로 여기면 좋다. 가령 동일한 울트라라이트 액션 낚싯대라도 재질이나 테이퍼에 따라 사용가능한 루어의 무게 차이가 크게 벌어진다.

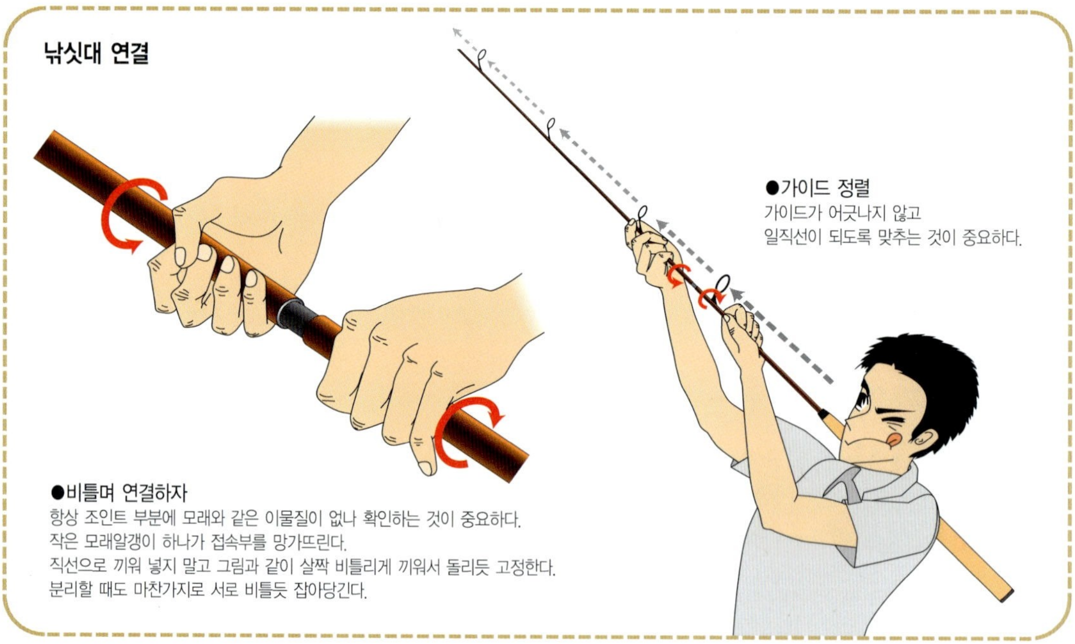

참돔지그(카부라, 타이라바)를 물고 나온 대형 참돔.
참돔지깅의 확산으로 참돔도 바다 루어낚시 어종에 편입되었다.

REEL 릴

릴은 낚시에서 사용하는 유일한 기계다. 21세기의 릴은 작고 가벼우면서도 강한 조력을 갖춘 낚시장비로 발전하였다. 릴에는 어떤 종류가 있고, 어떻게 사용해야 하는가?

입문자라면 역시 스피닝 릴부터!

릴은 크게 스피닝 릴과 양축 릴(베이트캐스팅 릴, 흔히 베이트 릴이라 부른다) 두 가지 형태로 나눌 수 있다. 바다 루어낚시에서는 90% 스피닝 릴이 쓰인다. 간단한 사용방법만 익히면 남녀노소 누구나 마음대로 쓸 수 있고, 원거리 캐스팅이 쉽고, 가벼운 루어도 사용할 수 있고, 라

스피닝 릴의 각 부위별 명칭

인 엉킴(트러블)도 거의 없다. 또 릴링 속도가 빨라 여러모로 편리하다. 혹자는 '대물낚시에는 조력(釣力)이 뛰어난 양축 릴이 우월하다' 고 하지만, 현대의 스피닝 릴은 결코 양축 릴에 비해 조력이 뒤지지 않는다. 첫 선택은 당연히 스피닝 릴이다.

스피닝 릴의 구조와 명칭

●**다리** : 스템(Stem)이라고도 부른다. 낚싯대와 연결되는 부분이면서 직접 손에 쥐는 부분이다. 낚싯대에 부착하고 손에 쥐었을 때 불편하지 않게 인간공학적 배려가 필요한 부분이기도 하다.

●**핸들 & 핸들노브** : 릴을 감기 위해 돌리는 부분.

●**ON/OFF 레버** : 릴의 로터와 핸들이 역회전하지 않도록 하는 스위치 역할을 한다. 릴의 뒷부분에 달려있기도 하고 밑부분에 달려있는 경우도 있다. 최근의 릴 중에는 이 레버가 없어 아예 역회전이 되지 않는 것도 있다.

●**로터(Rotor)** : 핸들을 돌리면 회전하는 부분.

●**베일(Bail)** : 열거나 닫을 수 있다. 열면 줄이 풀려나가고 닫으면 줄을 잡아 라인롤러로 이동시키는 역할을 한다.

●**라인롤러(Line roller)** : 낚싯줄이 직접 닿는 부품으로 낚싯대의 가이드를 통과한 낚싯줄이 여기를 거쳐 스풀에 감긴다.

●**스풀(Spool)** : 낚싯줄이 감겨있는 부분으로 몸체와 분리 가능하다.

●**드랙노브(Drag knob)** : 드랙의 강약 조절을 위한 다이얼.

릴에 낚싯줄 감는 방법

그림과 같이 먼저 낚싯줄을 낚싯대의 가이드에 통과시킨 후 스풀에 묶는다.

낚싯줄에 적당한 장력을 유지하면서 릴의 핸들을 돌려 감는다. 혼자 하기는 어려운 작업이므로 다른 사람의 도움을 받도록 하자. 스풀에 감는 낚싯줄의 양에 주의한다.

스풀에는 낚싯줄을 약간 모자라게 감으면 줄엉킴이 줄어든다.

릴 스풀 묶음

안돌리기 – 원줄 끝을 스풀에 1회 감고, 원줄 끝을 되집어 고리줄을 축으로 3~4회 감아 돌린 후, 본줄과 겹쳐져 생긴 고리 속으로 원줄 끝을 빼낸다.

임프루브드 클린치 노트 – 원줄 끝을 스풀에 1회 감고, 원줄 끝을 되집어 고리줄을 축으로 3~4회 감아 돌린 후, 본줄과 겹쳐져 생긴 고리 속으로 원줄 끝을 빼낸다.

스피닝릴의 크기는 대상어의 크기에 맞춰라

스피닝 릴의 구조와 명칭

릴은 편의상 크게 소형, 중형, 대형 3가지 크기로 적당히 나눈다. 릴 크기의 기준은 대개 릴에 감기는 낚싯줄의 양으로 삼는데, 원줄 3호(=약 12파운드)가 150~200m 감기는 릴을 중형 릴로 보고 그보다 작은 릴은 소형, 그보다 큰 릴을 대형으로 친다. 한국 연안의 바다루어낚시에선 소형 릴이 가장 많이 쓰인다. 릴 메이커마다 다르지만 왼쪽 도표의 모델번호가 릴의 크기를 나타내는 경우가 많다.

스피닝릴의 크기 구분

크기	모델번호	기준중량	용도
소형	2500 이하	280g 이하	우럭, 볼락, 에깅 기타 소형어
중형	3000~5000	350~550g 전후	농어 및 중형 회유어
대형	5000~6500 또는 6000~20000	600g 이상	대형 회유어

루어낚시에 더 고급 릴이 필요한 이유

루어낚시는 생미끼낚시보다 릴의 사용빈도가 높다. 생미끼낚시는 입질을 기다리는 동안 릴을 가만히 놔두지만 루어낚시는 낚싯줄을 던

포장상자나 카탈로그에 나와 있는 릴의 제원표 이해하기

스피닝릴의 제원표 예시

상품기호	X-2000	X-3000
㉠기어비	5.1:1	5.1:1
㉡표준자중 (g)	250	300
㉢조력/드랙 내력 (kg)	3	5
㉣권사량	8/160, 12/110 (1/200, 1.5/150)	16/160, 20/110 (3/200, 4/150)

㉠핸들을 한 바퀴 돌릴 때, 낚싯줄을 감아주는 로터의 회전수 비율을 나타낸다. 5.1:1이라면, 핸들 한 바퀴에 로터가 5.1바퀴 돌며 줄을 감아준다는 의미다.

㉡낚싯줄을 감지 않은 상태의 릴 무게.

㉢물고기가 당기는 힘에 대해 견디는 한계치를 나타낸다.

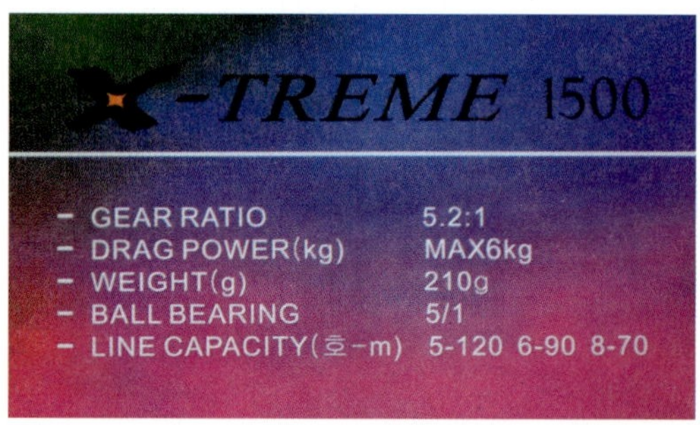

'조력3kg'이란 릴의 드랙을 꽉 조여도 3kg의 힘으로 당기면 드랙이 역회전하며 줄이 풀려나간다는 의미다.

㉣스풀에 감기는 낚싯줄의 양을 나타낸다. 파운드/야드, 혹은 (괄호 안)호수/미터로 표기된다.

지고 감는 동작이 쉴 새 없이 반복되기 때문이다. 그래서 루어낚시용 릴이 많은 하중을 받는다. 더욱이 바다루어낚시는 대상어들의 힘과 크기가 민물 어종에 비해 좋은 것은 물론 사용 환경도 매우 거칠어 릴에 상상 이상의 부담이 가해진다. 즉, 바다루어낚시용 릴은 내구성이 매우 중요하다. 또 힘이 좋은 바닷물고기를 제압하기 위해서는 드랙 성능도 우수하여야 한다. 그러므로 저렴한 제품보다는 중급 이상의 신뢰할 수 있는 등급을 선택해야 한다.

중급 기종이라면 내부의 부속이나 드랙 성능은 보장이 된 제품이다. 다만, 지깅낚시용 대형 스피닝 릴을 구매한다면 금전적인 부담이 크더라도 최고급품을 사야 안심하고 사용할 수 있다. 저렴한 대형 릴은 대물의 강력한 당길 힘에 견디지 못하고 쉽게 망가져버린다.

드랙은 빡빡하지도 헐렁하지도 않게 조여두자

드랙이란 갑작스런 대어의 당김이나 큰 부하가 걸렸을 때 스풀 자체가 스스로 회전하여 낚싯줄이 풀려나가도록 함으로써 낚싯줄이 끊어지는 것을 방지하는 릴의 기능이다.

드랙노브를 돌려서 조이거나 푼다. 어느 정도의 힘이 걸렸을 때 풀려나가느냐는 사용자가 임의로 조절해 두는 것이다. 헐렁하게 조여서 너무 쉽게 풀려나가도 좋지 않고 너무 단단히 조여서 풀려나가지 않도록 해도 좋지 않다. 베테랑이라면 직접 손으로 스풀을 돌려 보거나 낚싯줄을 당겨보아 경험치로 적당히 드랙을 조절한다. 그러나 초보자에게는 힘든 문제가 아닐 수 없다. 출조 전에 조금 신경을 써 오른쪽 그림과 같은 작업을 해 두는 것도 좋다.

실제로 물고기가 차고 나갈 때에는 위험하다 싶을 때 조금 더 풀고 너무 풀린다고 생각되면 조금 조이는 것의 반복이다.

조그마한 우럭이나 볼락낚시라고 너무 안이하게 생각하지 말자. 갑자기 대물 농어가 덮치는 수도 있다. 다가온 행운을 놓치지 말자.

대상어가 3~4kg이 넘어가는 대물낚시에 도전한다면 필수사항!

스풀 앞의 드랙노브를 돌려 드랙장력을 조정한다.

대물낚시 드랙 장력 조정하기

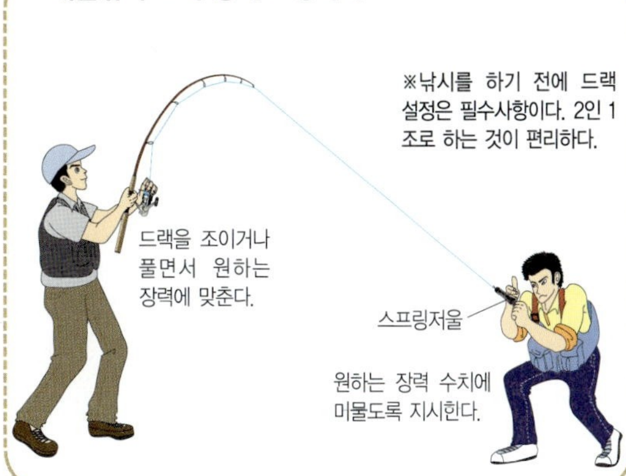

양축 릴은 무엇이며 어떤 때 사용하나?

양축(兩軸) 릴은 '장구통 릴', '드럼 릴' 이라고도 불리는 것처럼 외형이 둥근 원통모양을 하고 있는 릴이다. 양축 릴은 투척성능에 따라 크게 베이트캐스팅 릴(Bait casting reel)과 컨벤셔널 릴(Conventional reel)로 구분한다. 그중 루어낚시에 사용하는 릴은 루어를 멀리 던질 수 있는 베이트캐스팅 릴이다. 컨벤셔널 릴은 채비를 배에서 수직으로 내리거나 흘리는 형태의 낚시(수직지깅, 외줄낚시, 트롤링 등)에 사용되는 릴이다. 이외에도 돌돔낚시에 사용하는 것과 같은 대형 베이트캐스팅 릴을 '서프캐스팅(Surf casting) 릴' 이라고 따로 부르기도 한다..

양축 릴은 왜 초보자가 사용하기 어려운가?

양축 릴은 핸들의 회전력이 그대로 스풀의 회전으로 전달되는 구조로 스피닝 릴과 달리 스풀 자체가 회전해서 줄이 감기거나 풀린다. 릴의 핸들을 돌려 감을 때는 돌아가는 스풀에 별 문제없이 줄이 감기지만, 루어를 캐스팅할 때는 줄이 풀려감에 따라 고속으로 역회전하는 스풀 때문에

문제가 간단하지가 않다. 공중을 날아가는 루어는 점점 빨라지다가 다시 느려지는 속도변화가 있지만 스풀의 회전속도는 관성 때문에 루어의 비행속도에 잘 맞아 들어가지 않는다. 이때 스풀의 회전 관성력을 어떻게 제어하는가가 중요하다. 그냥 방치하면 스풀 위로 낚싯줄이 엉망진창으로 얽히고설키는 현상(백래시, Back rash)이 생긴다. 기계적으로 이를 보완하는 장치(원심력 브레이크, 마그네틱 브레이크 등)가 부착되어 있지만, 완벽하지 않아서 사용자에게 어느 정도의 기술을 요한다. 이외에 스풀에 낚싯줄을 평평하게 감아주는 기능의 레벨와인더에 쇼크리더의 매듭이 걸리는 등의 불편함이 나타나기도 한다.

이와 같이 스풀의 회전속도를 손가락으로 마찰해서 감각적으로 조절해 주는 기술의 숙달에 시간이 필요한 점이나 기타 사용 시의 불편함 때문에 낚시입문자에게 베이트캐스팅 릴은 까다롭다고 말한다.

양축 릴이 더 적합한 경우는?

베이트캐스팅 릴은 구조적으로 너무 가벼운 루어는 던지기가 어렵다. 비거리도 나오지 않고 줄 엉킴 현상도 심해진다. 루어의 무게가 10g이 넘어가는 경우, 베이트캐스팅 릴의 사용에 자신이 있다면 사용해도 아무 문제는 없으나 민물의 배스낚싯대는 몰라도 바다 루어낚싯대로서 베이트캐스팅 릴에 적합한 낚싯대는 많지 않다.

참돔지깅 전용 낚싯대에 세팅된 양축 릴.

실제로는, 우럭이나 광어를 노리는 록피시낚시에서 텍사스리그와 같은 조금 묵직한 봉돌이 달린 루어로 대물을 노리는 경우에 베이트캐스팅 릴이 적합하다. 이외에 참돔러버지그(일명 타이라바)로 참돔을 낚을 때도 일정하게 저속으로 릴링이 가능한 베이트캐스팅 릴이 적합하다. 그밖에 부시리나 대구를 노리는 수직지깅에 있어서 지그를 쇼트피치로 움직이기에 수월한 면도 있어서 양축 릴이 선택되기도 하지만, 양축 릴의 사용은 사용자인 낚시인의 기호에 따르는 면도 크다.

양축 릴을 쓸 때 종종 발생하는 백래시.

나일론 → 플로로카본 → PE로 소재 발전

낚싯줄로 사용되는 소재는 역사적으로 따진다면 다양하지만, 현대에 사용되고 있는 것은 몇 가지 화학섬유와 금속(와이어) 등이다. 이중 가장 보편적인 것이라면 역시 화학섬유로서 나일론, 플로로카본, PE(고분자량폴리에틸렌)의 3가지 종류가 있다.

낚싯줄의 소재에 따른 비중

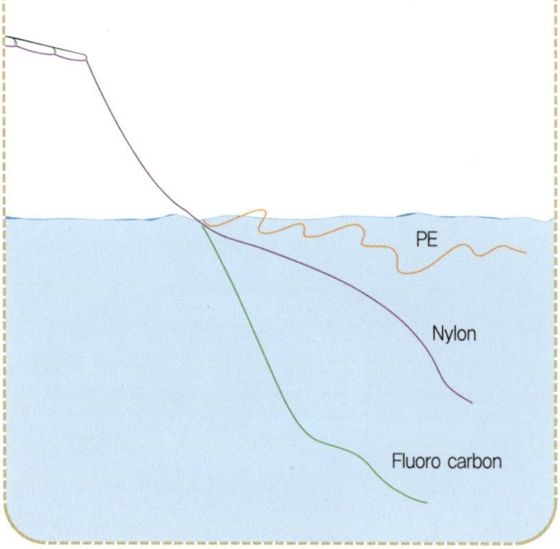

나일론 – 싸고 부드러워 여전히 스테디셀러

화학섬유 중에서 가장 긴 역사를 갖고 있는 낚싯줄의 대명사다. 적당히 부드러워 릴에 잘 감기고 종류도 다양하며 가격도 싸다. 한 가닥의 긴 실이라는 의미의 '모노필라멘트(Mono filament)' 라는 단어가 와전되어 나일론 낚싯줄을 '모노줄' 이라고 잘못 부르는 사람도 더러 있다.

플로로카본 – 강하고 무거워 나일론보다 감도 우수

마찰에 강한 낚싯줄로 잘 끊어지지 않으며 비중이 무거워 물에 잘 가라앉는 특징이 있다. 더욱이 일정한 힘으로 당길 때 처음에는 잘 늘어나지 않는 성질이 있어서 나일론보다 감도가 우수하다. 그러나 나일론에 비해 뻣뻣하고 가격이 조금 비싸다. 낚싯줄 케이스에 'Flouoro carbon' 이라고 적혀 있다.

PE – 여러 가닥의 섬유를 합쳐서 꼰 합사

폴리에틸렌(Polyethylene)의 약자이며 아주 가는 여러 가닥의 폴리에틸렌 모노필라멘트를 합쳐서 꼰 줄이다. 1990년대에 등장한 신형 낚싯줄로서 인장강도가 다른 낚싯줄에 비해 3~4배 이상 강한 것으로 유명하다. 그러나 비중이 작아 물에 뜨고 너무 부드러워 사용에 주의를 기울여야 엉키는 트러블이 없다. 또한 마찰에도 약해 통줄로 사용하기에는 무리가 있어 목줄(쇼크리더)을 연결해서 사용해야 한다. 가격이 매우 비싸지만 내구성이 좋아 오래 사용할 수 있다.

낚싯줄 표기방법 이해하기

낚싯줄의 포장에는 줄의 제원이 표시되어 있다. 메이커마다 조금씩 다른 방법으로 표현하기도 하지만 낚싯줄의 굵기(강도), 길이 등이 나타나 있다. 낚싯줄을 보는 관점이 동양과 서양이 달라 동양은 굵기를 나타내는 호수(號數)로, 서양은 강도를 나타내는 lb.(파운드)나 kg의 무게 단위로 표기한다. 단위는 일반적으로 미터법과 야드파운드법을 병기하고 최근에는 호수도 모두 같이 표시하고 있는 것도 많다.

낚싯줄 종류별 특성 비교

	플로로카본	나일론	PE
가격	○	△	×
당김강도	○	○	◎
마찰강도	○	◎	×
늘어남	×(늘어남)	○	◎(늘어나지 않음)
가라앉는 정도	△	○	×
취급용이성	◎	○	△

낚싯줄 소재의 종류와 물리적 특성

일반명칭	성분명칭	상품명	비중	인장강도	신축성(%)	마찰강도	흡수성	구조	낚시 사용례
나일론	polyamide	Nylon	1.13~1.15	강함	14~30	보통	있음	단사	원줄 목줄
플로로카본	polyviny-lidenfluoride	–	1.78	보통	23~30 초기신도 낮음	강함	없음	단사	원줄 목줄
PE	굴곡성 초고분자량 polyethylene	다이니마 · 스펙트라	0.91~0.98	매우 강함	합사에는 거의 없음	약함	없음	합사	원줄 목줄
케블러	aramid	Kevlar	1.45	매우 강함	1.5~4.4	매우 강함	없음	합사	목줄
데이크론	polyester	Dacron · Tetron	1.37~1.49	보통	합사에는 거의 없음	보통	없음	합사	원줄 목줄
와이어	비섬유(금속)	–	6.45~9	매우 강함	5~13	매우 강함	없음	단사/합사	원줄 목줄

쇼크리더와 라인시스템이란 뭔가?

쇼크리더(Shock leader)란 흔히 붕어낚시나 갯바위낚시에서 말하는 '목줄'이다. 즉 줄의 종류가 아니라 그 용도에 따른 이름이다. 붕어낚시나 갯바위낚시의 목줄은 일반적으로 원줄(릴줄)보다는 가늘게 사용한다. 하지만 루어낚시에서는 반대로 원줄보다 목줄을 굵게 사용한다. 날카로운 물고기의 이빨이나 장애물과의 접촉에 대비하는 것이다. 또 캐스팅 시의 강한 충격으로 인해 낚싯줄이 매듭부위에서 끊어져버리

낚싯줄의 수명과 교환 시기

낚싯줄은 소모품이므로 너무 아낄 필요가 없다. 손상된 낚싯줄을 아끼다가는 루어를 분실한다거나 물고기를 놓치는 결과를 초래한다는 것은 당연한 사실.

2~3회 출조했다면 미련 없이 새 낚싯줄로 바꾸도록 하자. 물론 낚시를 가지 않더라도 낚싯줄은 서서히 성능이 떨어지므로 새 낚싯줄이라도 1년 이상 지나면 버리는 것이 현명하다. 다만 PE 낚싯줄은 내구성이 좋아 새 것이라면 3~4년 정도는 문제가 없다.

선상 농어 루어낚시. PE 라인 1.5호나 나일론 8~12파운드를 릴줄로 사용한다.

는 것을 예방하기도 하고 PE 낚싯줄과 같이 신축성이 없고 마찰에 약한 원줄의 결점을 보완하는 역할도 한다.

라인시스템(Line system)은 '원줄+목줄' 이다. 원줄(릴줄)에 쇼크리더를 연결해 놓은 것을 라인시스템이라 부른다. 이때 매듭 부위의 강도가 아주 약해지는 것을 보충하기 위해 그림과 같이 여러 가지 형태로 보강하는 방법이 사용된다. 쇼크리더의 길이와 강도(굵기)는 대상어와 사용하는 루어, 낚시터 여건 등에 따라 달라진다.

라인시스템(쇼크리더) 연결

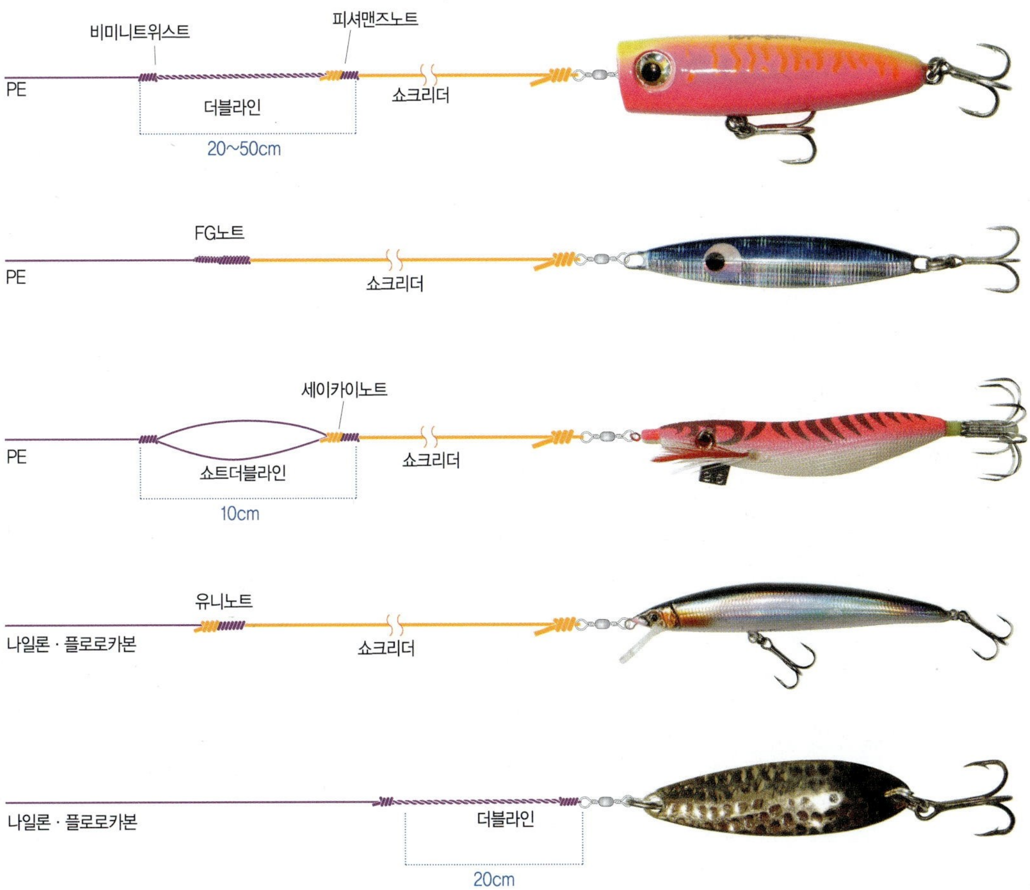

생명을 지켜주는 안전장구들

구명동의

구명동의를 착용치 않고 바닷가에 서는 것은 생명을 내건 도박과 다름이 없다. 낚시용 구명동의는 크게 두 가지 형태다. 먼저 낚시조끼 형태로 안쪽에 부력재가 들어 있는 제품이다. 주머니도 많이 있어 낚시조끼 대용으로 사용해도 좋다. 또 하나는 가스봄베가 내장되어 있는 팽창식 제품이다. 착용 시에 부담이 없는 어깨띠 형태나 벨트형태도 있다.

두 가지 중 어느 것이 좋은가는 단정하기 곤란하다. 일반적인 예를 들자면, 거친 갯바위나 방파제와 같은 장소에서는 부력재가 들어있는 조끼형태가 적합하고 배낚시의 경우나 모래사장에서 발을 적시며 물에 들어가는 웨이딩(Wadding)시에는 가스 팽창식이 적합하다고 말할 수 있다.

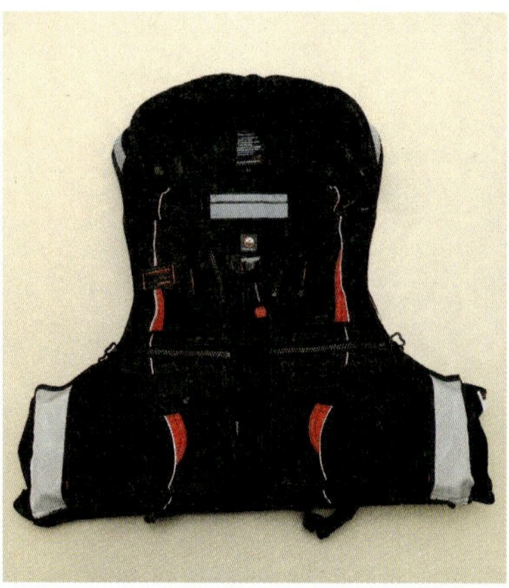

여러 가지 형태의 구명동의.
왼쪽은 고형 부력재식, 오른쪽은 어깨걸이 가스봄베식 구명동의다.

갯바위 신발

갯바위나 테트라포드에서 미끄러짐 없이 서있기 위해서는 스파이크 핀이 박힌 밑창이 달린 갯바위 신발이 필수다. 목이 긴 장화 형태도 있고 운동화처럼 생긴 제품도 있다.

바다 루어낚시의 복장과 소품

갯바위신발. 스파이크 핀이 박힌 제품(좌)과 펠트 밑창 제품(우)이 있다.

낚시조끼(Vest) 또는 허리 백

루어가 들어있는 작은 박스나 소도구 일체를 수납할 수 있는 주머니가 많은 전용조끼다. 조끼식 구명동의로 대신할 수 있다. 휴대량이 적다면 간단히 허리에 차는 백을 사용해도 무난하다.

모자와 장갑

모자는 강한 자외선은 물론 안전사고로부터 머리를 보호한다. 장갑은 거친 환경에서 손의 보호는 물론 겨울엔 손 시림을 덜어준다. 잘 젖지 않고 젖어도 빨리 마르는 인조가죽 소재가 좋다. 목면이나 천연 가죽은 바닷물에 젖으면 냄새도 나고 무용지물.

편광안경

강한 자외선으로부터 눈을 보호하기 위해서는 꼭 선글라스를 착용해야 한다. 일반 선글라스보다는 렌즈에 편광필터가 장착된 편광안경이 난반사가 심한 수면을 계속 바라보게 되는 낚시에 효과적이다.

렌즈색상은 회색이 기본. 햇살이 강한 한여름에는 진한 회색을 선택한다. 한편 흐린 날이나 아침저녁과 같이 광량이 적은 경우에는 물체의 윤곽이 더 뚜렷하게 보이는 갈색계통이 좋다. 선글라스 선택에는 꼭 렌즈의 자외선 차단 정도를 확인하고, 믿을 수 있는 제품을 선택하여 눈을 보호하여야 한다.

스냅도래, 스플릿링

루어를 교환하는데 편리한 스냅도래는 사이즈별로 적당히 구비한다. 스냅도래는 또 줄꼬임 방지의 역할도 한다. 다만 가능한 한 작은 크기를 사용하여 루어의 동작에 해를 주지 않는 것을 선택한다. 스플릿링도 갖춰두면 편리하다. 스플릿링은 연결하는 바늘의 크기를 참고하여 적절한 크기여야만 한다. 너무 작으면 사용할 수 없고 너무 크면 역시 루어의 기능을 저해한다.

스냅도래와 스플릿링은 물고기 저항의 부하가 집중되는 부분으로 의외로 파손되기 쉬운 약한 장소다. 그러므로 싸구려의 조악한 제품은 사용하지 않느니만 못하다. 고급품이라야 작은

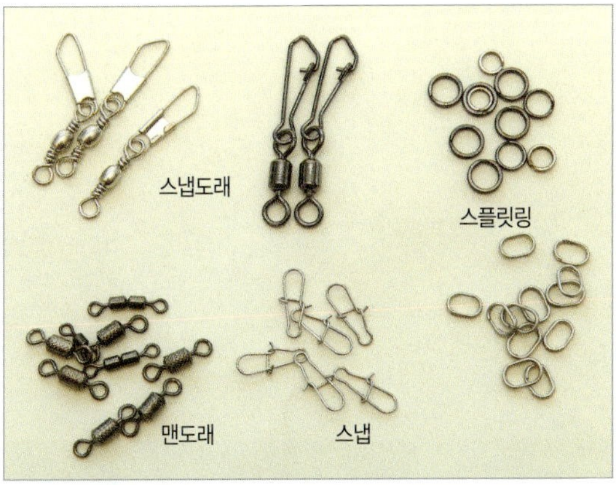

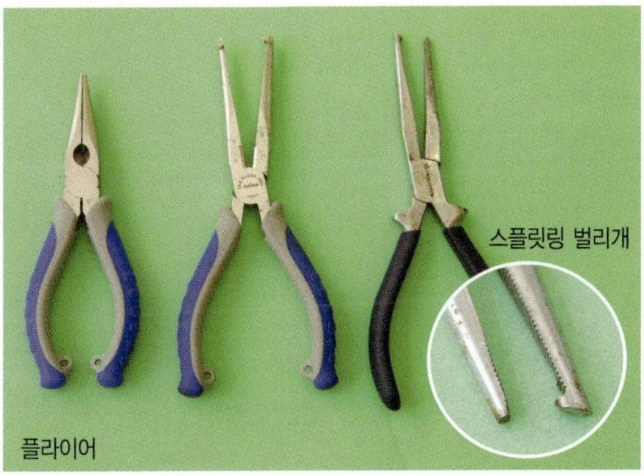

크기에도 만족할 만한 강도가 보장된다. 사용 중 자주 체크하여 변형되어 있다면 주저 없이 새것으로 교환하자.

플라이어

물고기의 입에서 바늘을 뺄 때 편리하다. 또 커터부분으로 목줄을 자르거나 PE라인을 자르는데 사용한다. 굵은 목줄의 매듭을 맨손으로 당기기 어려울 때도 도움이 된다. 제품에 따라서는 주둥이 끝부분이 스플릿링 벌리개 역할을 하는 것도 있다. 이빨이 날카로운 어종이거나 바늘이 물고기의 입속 깊숙이 박혔다면 없어서는 안 될 필수품.

뜰채 / 가프 / 피시그립

소형 우럭이나 볼락을 낚는 경우라면 필요치 않다. 그러나 사이즈가 큰 물고기를 노리는 경우, 바늘에서 떨어지기 쉬운 오징어낚시 등에는 뜰채나 가프를 준비해야 한다.

기타 편의품

없으면 아쉽고 있으면 편리한 만능 칼, 거칠고 젖어있는 갯바위에도 안심하고 걸터앉을 수 있는 히프커버, 야간에 필수인 헤드랜턴, 비와 파도를 막아주는 우비도 필수.

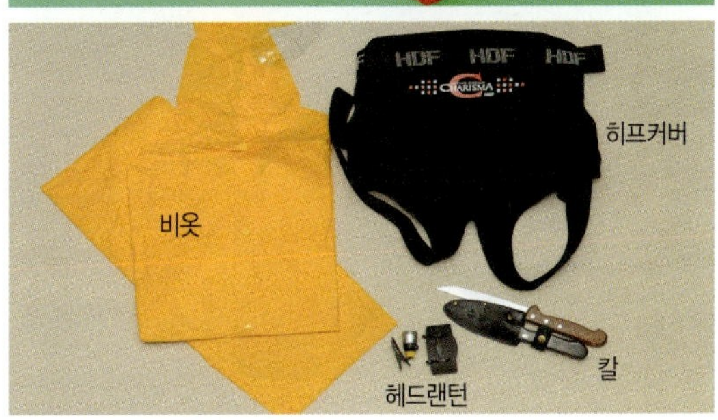

바다 루어낚시에 필요한 도구 5

LURE 루어

루어는 크게 플러그, 지그, 스푼 등의 하드베이트(Hard bait)와 웜이라 불리는 소프트베이트(Soft bait) 두 가지로 구분할 수 있다.

바다 루어낚시에 사용되는 다양한 루어들.

바다에서 쓰는 대표적 루어들은 무엇인가?

배스낚시나 그 밖의 민물낚시에 쓰는 루어는 모두 바다낚시에서도 쓸 수 있다. 그러나 약간의 차이가 있다면 바다에선 민물보다 더 넓은 범위와 더 깊은 수심을 탐색해야 하므로 루어가 더 무겁고 사이즈가 조금 더 크다는 것이다. 특히 농어와 부시리처럼 큰 고기를 상대하는 루어는 아주 튼튼해야 한다. 그러나 볼락용 웜처럼 민물낚시에선 잘 쓰지 않는 초소형 마이크로 웜도 있다.

●**플러그(Plug)류** : 플라스틱 수지나 목재를 이용해 물고기 형상을 흉내 내어 만든 루어

●**지그(Jig)나 스푼(Spoon)류** : 몸통 전체가 금속으로 만들어진 단순한 형태의 루어

●**소프트베이트(Soft bait)류** : 주로 웜(Worm)이라 불린다. 연질 수지재질의 루어로 단독으로는 사용할 수 없고 여기에 전용의 바늘이나 봉돌을 결합해야 한다.

루어의 부분 명칭

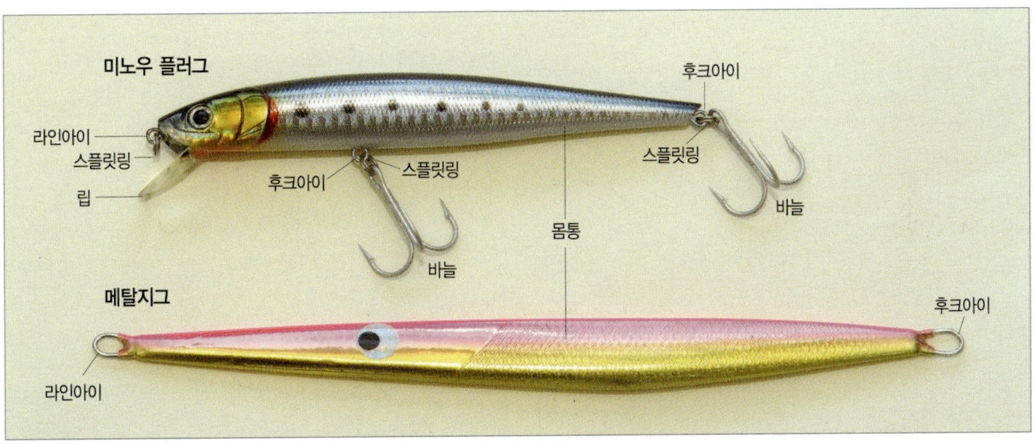

• **라인아이(Line eye)** : 낚싯줄을 묶는 장소. 낚싯줄을 직접 매듭짓기도 하고 스냅과 같은 연결구를 사용하기도 한다.

• **몸통(Body)** : 루어의 몸통. 루어의 종류에 따라 재질은 여러 가지다.

• **후크아이(Hook eye)** : 바늘이 연결되는 장소. 십중팔구 스플릿 링이 연결되어 있다.

• **스플릿 링(Split ring)** : 후크아이와 바늘을 연결해주는 연결구.

• **바늘(Hook)** : 외바늘(Single hook), 두바늘(Double hook), 세바늘(Treble hook) 등의 형태가 있다.

• **립(Lip)** : 미노우 형태의 플러그에 부착되어 있는데, 잠수판의 역할을 한다.

플로팅 미노우 Floating minnow

하드베이트인 플러그(Plug) 루어 중에서 대표 격이다.
가만 놔두면 몸통의 부력으로 인해 떠있어서 플로팅미노우라고 부른다.
작은 물고기(미노우)를 본떠 만든 루어로,
립(lip)이라 불리는 저항판이 머리 아래에 부착되어
릴링하면 물속으로 파고들며 물고기의 움직임을 연출한다.
이 립의 각도와 길이에 의해 잠수 깊이와 동작이 달라진다.

종류 : 플러그

주요 대상어 :
9cm 이상 중대형 크기 – 농어, 가다랑어, 부시리, 방어, 기타 중대형 회유어
9cm 이하 소형 크기 – 볼락, 고등어, 기타 소형 회유어

플로팅 미노우 사용방법

단순 릴링 – 일정한 속도로 감아 들이면 립의 길이에 따라 일정한 수심(주로 표층)을 유지하며 자동적으로 움직인다.

저킹(Jerking) 및 트위칭(Twitching) – 낚싯대를 강하게 잡아당기면(저킹) 돌발적으로 양옆으로 미끄러지는 동작을 연출한다. 낚싯대를 짧게 치듯 당기며 릴링(트위칭)하면 비틀거리는 불규칙한 동작을 보인다.

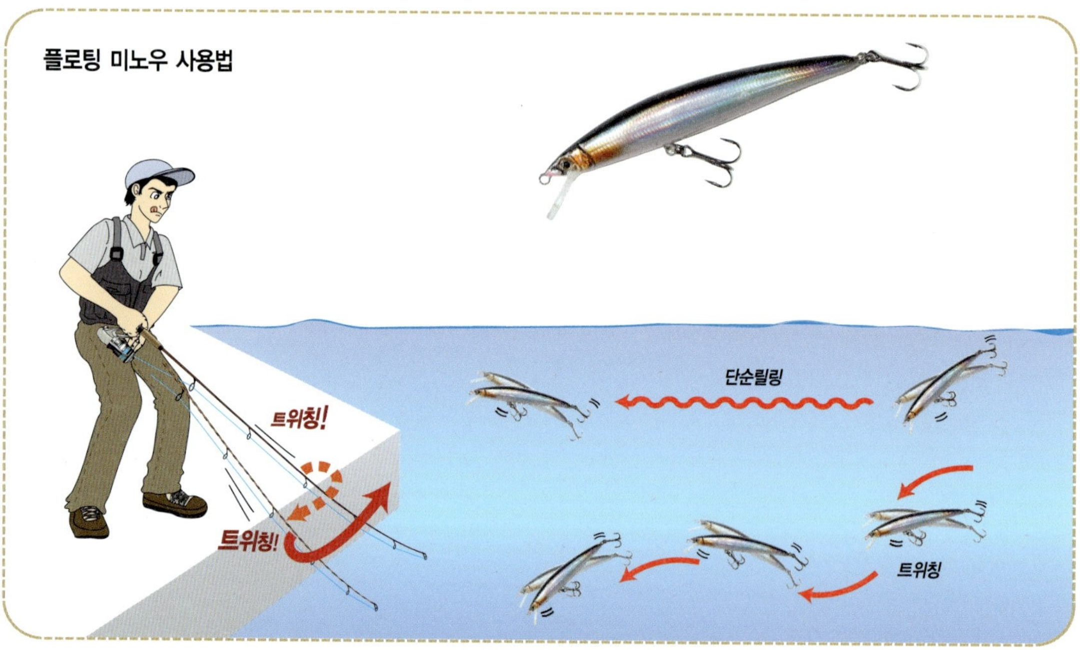

싱킹 미노우 Sinking minnow

플로팅미노우와 거의 동일한 외형을 갖고 있어
단순히 겉모습만 봐서는 특별히 구분할 수 없지만,
플로팅미노우와 다른 점이라면 몸통이 무거워
자체적으로 물에 가라앉는 것이다. 같은 크기라면
플로팅미노우에 비해 무거우므로 캐스팅하기가 유리하다.
플로팅미노우보다 더 깊은 수심을 노리기에 알맞다.

종류 : 플러그

주요 대상어 :
9cm 이상 중대형 크기 – 농어, 넙치, 가다랑어, 부시리, 방어, 기타 중대형 회유어
9cm 이하 소형 크기 – 농어, 우럭, 볼락, 고등어, 갈치, 황어, 기타 소형 회유어

싱킹 미노우 사용방법

카운트다운(Countdown) 및 단순 릴링 – 원하는 수심까지 가라앉히고(카운트다운) 릴링하면 자동적으로 움직인다. 카운트다운으로 공략수심을 결정한다.

바이브레이션 Vibration

플러그의 한 종류로 납작하고 매우 간단한 형태를 갖고 있다.
마치 민물에 사는 붕어나 납자루의 겉모습과 닮아있다.
원래 민물의 배스낚시용 루어지만,
농어낚시에도 자주 사용한다. 작고 묵직하므로 잘 던져지고
사용하기도 간편한 바다 루어낚시의 필수 루어다.
수중에서는 단순히 천천히 릴링해도 폭이 짧고 강한 진동을 한다.

종류 : 플러그

주요 대상어 : 농어, 넙치, 우럭 등

바이브레이션 사용방법

리프팅&폴링(Lifting & falling) – 깊은 장소에서는 릴링을 멈추어 갑자기 가라앉는 동작(폴링)과 낚싯대를 치켜들어 솟아오르는 동작(리프팅)을 연출하는 것도 좋다.

바이브레이션 사용법

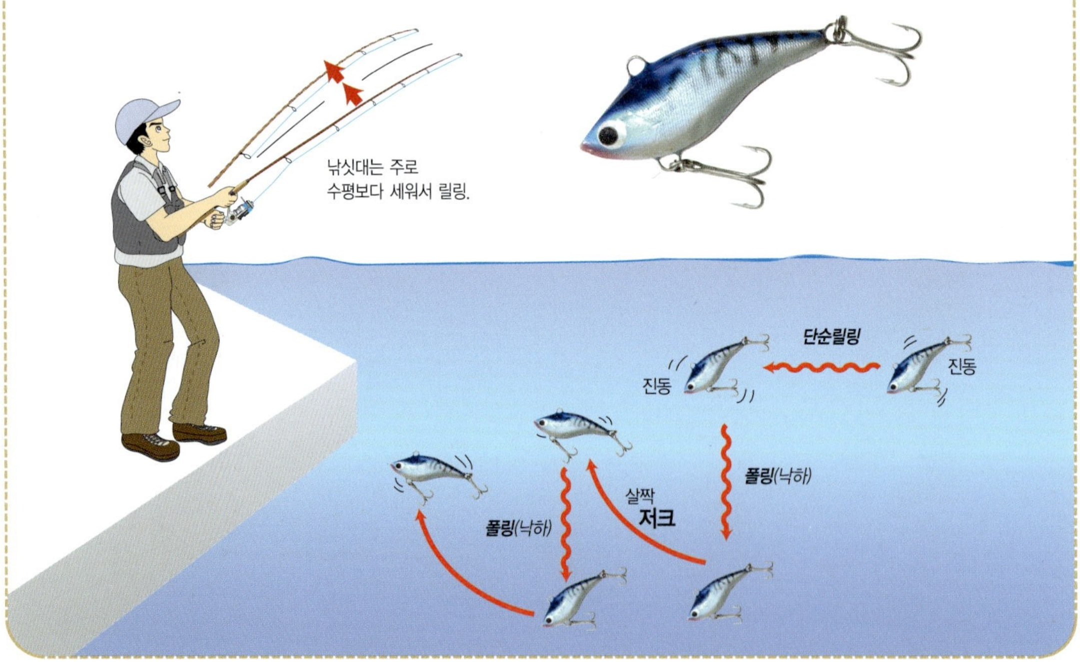

스핀테일지그 Spin tail jig

메탈지그와 바이브레이션의 경계선상에 있는 복합적인 루어다.
더욱이 블레이드(날개)마저 결합시켰기 때문에 하이브리드 루어라고 보아도 좋다.
겉모습은 바이브레이션의 뒷부분에 바늘 대신 블레이드를 달아놓은 형태다.
몸통은 플라스틱 수지나 무거운 금속으로 만들어진다.
작고 무거워 캐스팅이 잘되고 수중에서는 블레이드의 회전효과로
물고기의 입질을 유혹한다.

스핀테일지그 사용방법

폴링(Falling) 및 단순 릴링 – 가라앉을 때도 부착되어 있는 블레이드(Blade)가 회전하면서 입질을 유도하며, 릴링하면 자동적으로 몸통은 진동하고 블레이드가 회전한다.

종류 : 지그 + 블레이드(날개)

주요 대상어 : 농어, 넙치, 우럭, 황어 등

스핀테일지그 사용법

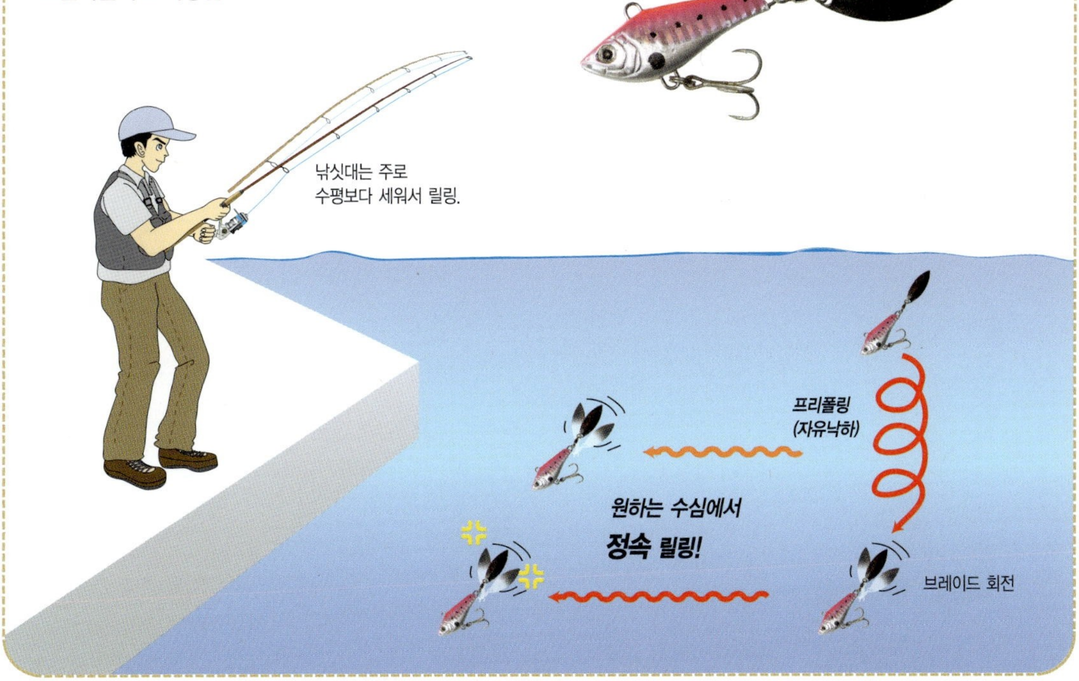

폽퍼 Popper

수면위에서만 작동하는 톱워터 플러그의 일종이다.
가만 놔두면 수면에 뜨지만,
앞부분에 물의 저항을 받을 수 있는 컵과 같은
벌린 입을 갖고 있어서 당기면 수면에서 강한 음파와 기포를 발생한다.
그것이 수면에 퍼덕이는 작은 물고기를 표현하여
포식어의 공격을 유도한다.
배스낚시에서는 기기묘묘한 형태의 폽퍼들을 사용하지만
바다에서는 주로 물고기 형상을 사용한다.

종류 : 플러그

주요 대상어 :
중대형 크기 – 농어, 부시리, 가다랑어 등 중대형 회유어
소형 크기 – 소형 농어, 고등어 등 소형 회유어

폽퍼 사용방법

폽핑(Popping) – 낚싯대를 순간적으로 당기면 수면에 물보라와 함께 '퐉' 하는 파열음이 난다. 낚싯줄에 여유를 염두에 두고 리드미컬하게 연속으로 동작시킨다.

폽퍼 사용법

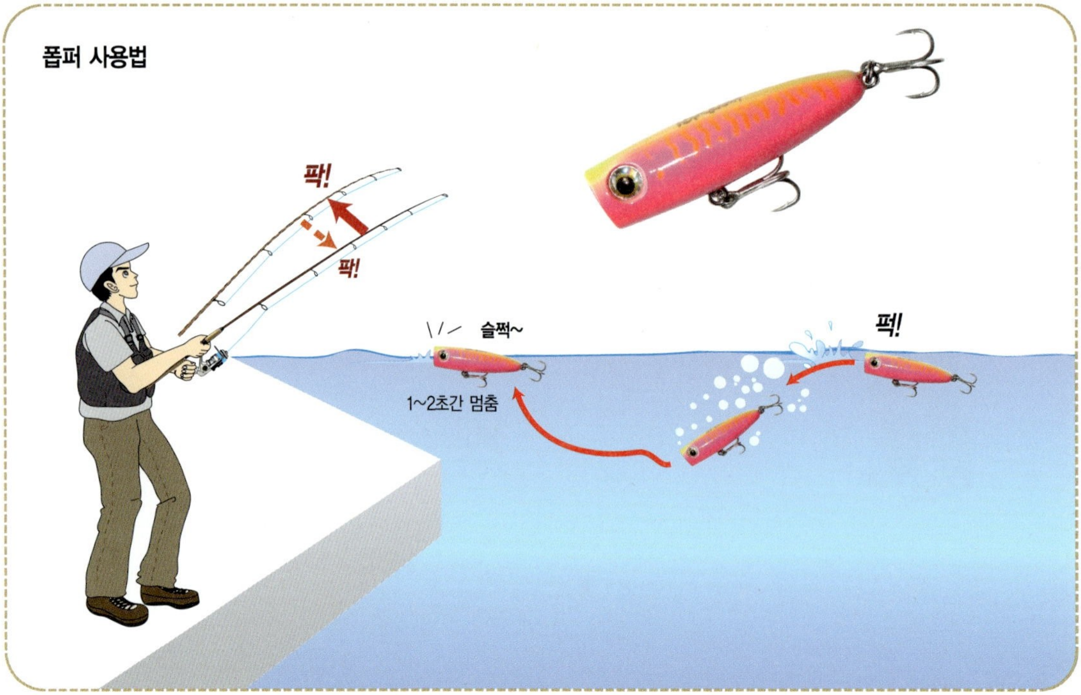

펜슬베이트 Pencil bait

역시 톱워터 플러그의 일종이다.
가만 놔두면 물에 뜨는 것도 있고 가라앉는 것도 있다.
단순한 막대모양이거나 멸치와 비슷한 길쭉한 형태다.
천천히 릴링만 하면 그저 끌려만 오므로 아무런 효과를 기대할 수 없다.
낚싯대와 릴링으로 줄을 당겨서 수면위에서 버둥거리는 작은 물고기처럼
소음이나 물보라를 일으키는 등 다양한 동작을 연출해야 한다.

종류 : 플러그

주요 대상어 :
중대형 크기 - 농어, 부시리, 가다랑어 등 중대형 회유어
소형 크기 - 깔따구, 고등어 등 소형 회유어

펜슬베이트 사용방법

워킹 더 도그(Walking the dog) – 낚싯대를 살짝살짝 챔질하듯 움직이면서 릴링하면 루어가 좌우로 흔들리며 수면을 이동하여 다친 작은 물고기가 수면에서 비틀거리는 동작을 연출한다.

고속 릴링 – 단순히 고속으로 감아 들이는 것으로 수면을 가르며 물보라를 일으켜 수면에서 도망가는 작은 물고기를 연출한다.

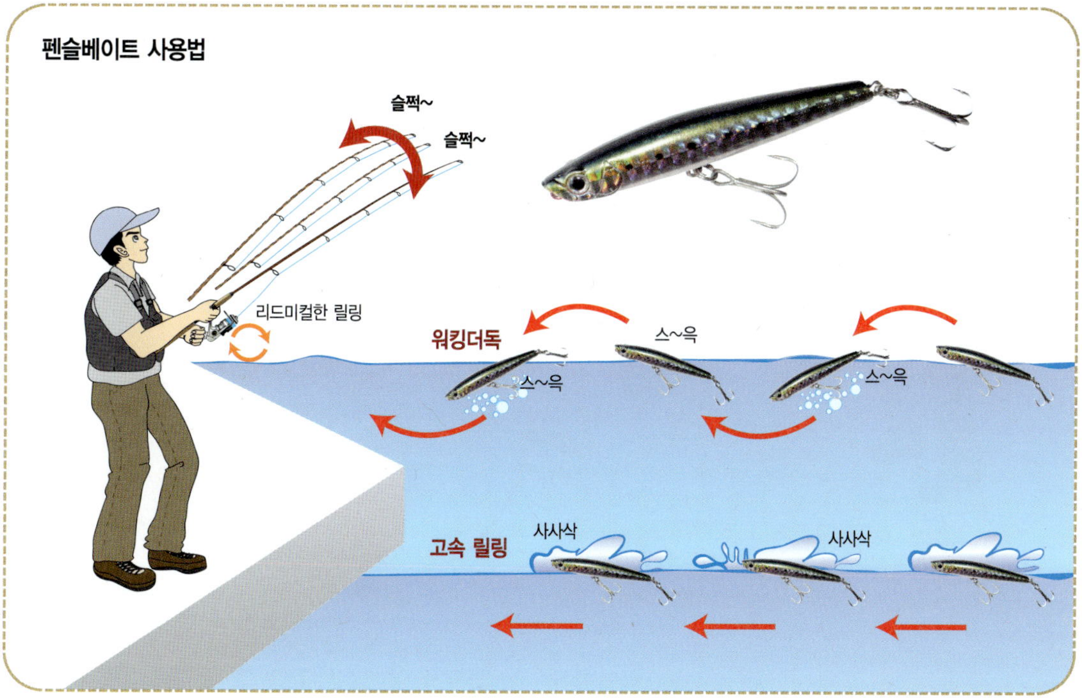

스푼 Spoon

겉모습이 수저를 닮아 스푼이라 부른다.
한 장의 금속판으로 만들어진 것이 대부분으로 폭이 좁은 것, 넓은 것, 얇은 것, 굵은 것, 완곡도가 큰 것, 작은 것 등 형태가 다양하다.
단순히 릴링만 해도 수류저항으로 움직이는데 각 형태별로 수중에서의 움직임이 다르다.
크기에 비해 무거워 원투에 유리하지만 메탈지그처럼 순식간에 가라앉지는 않는다.
표층, 중층, 저층을 다양하게 공략하기에 편리한 루어다.

종류 : 스푼

주요 대상어 :
중대형 크기 - 농어, 삼치, 우럭, 줄삼치 등
소형 크기 - 갈치, 소형농어, 고등어, 볼락, 우럭, 쥐노래미, 황어 등

스푼 사용방법

카운트다운(Countdown) 및 단순 릴링 – 원하는 수심까지 가라앉히고(카운트다운) 일정수심을 지키며 릴링한다.

폴링&저킹(Falling & Jerking) – 릴링을 멈추어 갑자기 가라앉는 동작(폴링)을 연출하거나 낚싯대를 강하게 당겨 불규칙적인 동작을 연출한다.

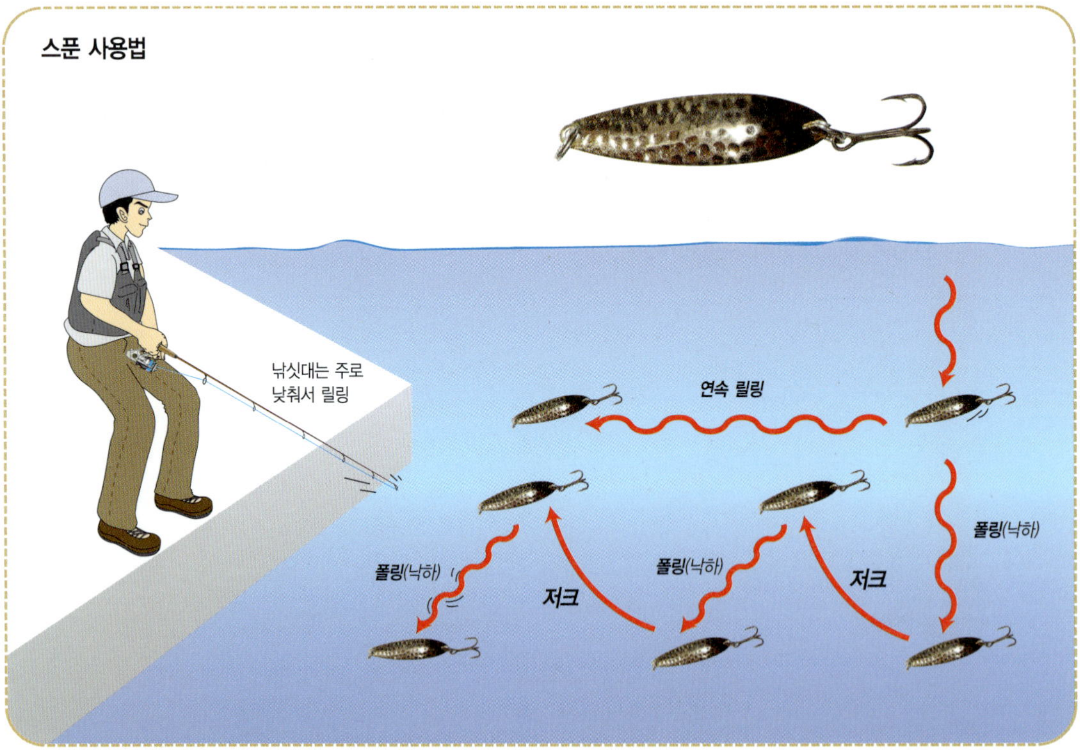

에기 / 오징어뿔

에기는 흰오징어를 낚는 일본의 전통 어로도구이며
오징어뿔은 어부들이 오징어 연승어업에 사용하는 도구로 서로 유사하다.
새우나 물고기와 같이 생긴 몸통을 성긴 헝겊으로 감싸고 있다.
아래쪽으로 납봉돌이 있고 양쪽으로 지느러미와 같은 깃털이 부착되어 있다.
에기는 다른 루어와 달리 길이를 나타내는 호수로 구분하는데
4호라면 4치(寸)를 의미한다. 2.5호부터 5호까지 있다.

종류 : 일본 어로도구
주요 대상어 : 흰오징어, 참오징어 기타 오징어류

에기 사용방법

올려치기 및 폴링 – 에기 사용방법으로 먼저 바닥까지 가라앉힌 후 낚싯대를 순간적으로 크게 챔질하듯 올려쳐 에기가 뛰어오르게 한 후 다시 가라앉히는 동작의 반복이다. 올려 칠 때 2단, 3단으로 끊어가듯 올려쳐 다양한 동작을 연출한다.

바닥끌기 – 오징어뿔을 사용하는 참오징어(갑오징어) 낚시방법으로 단순히 바닥을 천천히 끌어들이면 오케이.

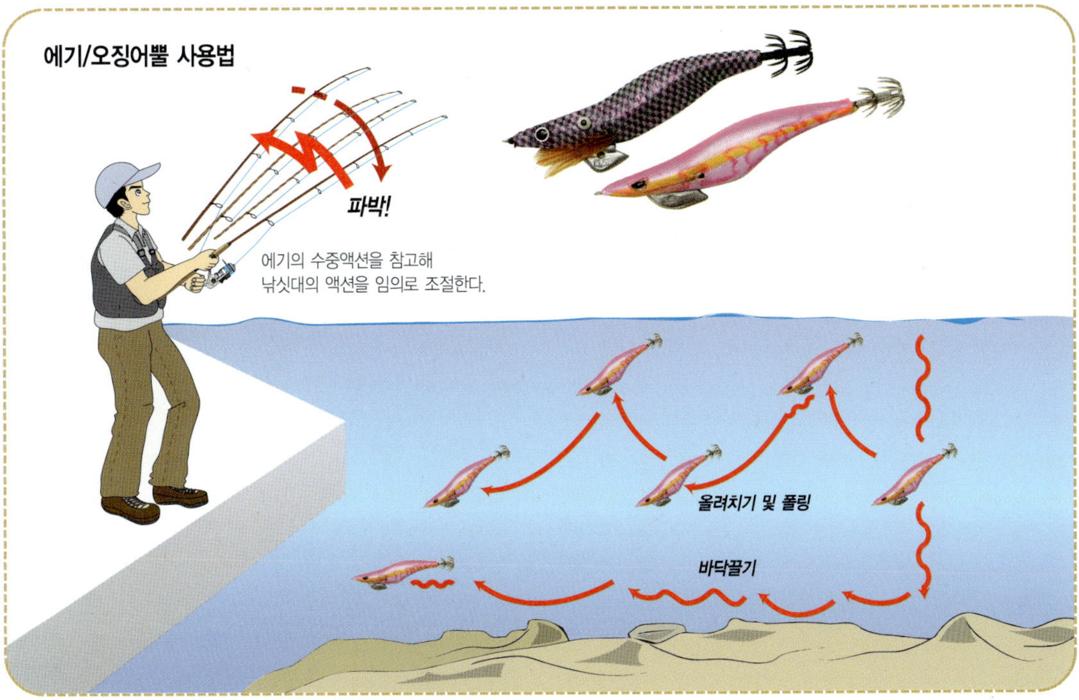

메탈지그 Metal jig

금속, 특히 납으로 만든 루어인데 겉에 여러 가지 색상을 칠했거나 반짝이 등을 붙여놓았다. 동급 루어 중 가장 무거워 캐스팅이나 깊은 수심에 가라앉히기 적합하다.
가만 놔두면 납덩어리에 지나지 않는 루어로서 사용자가 적극적으로 움직여주어야만 비로소 루어가 갖고 있는 성능이 나타난다.
다른 루어가 도달할 수 없는 원거리, 깊은 곳에서 위력을 발휘하는 필수 루어다.

종류 : 지그

주요 대상어 :
중대형 크기 - 대구, 부시리, 방어, 삼치, 우럭, 줄삼치, 가다랑어 등
소형 크기 - 갈치, 농어, 고등어, 볼락, 우럭, 전갱이, 쥐노래미, 황어 등

메탈지그의 캐스팅용 사용방법

저크&저크(Jerk & jerk) – 낚싯대를 강하고 폭넓게 당겨 들이면서(저크) 그 사이에 생긴 여유분의 낚싯줄을 재빨리 릴링하고 다시 낚싯대를 저크하는 동작의 반복이다.

리프팅&폴링(Lifting & falling) – 지그를 바닥에서 뛰뛰듯 움직이는 방법이다.

메탈지그의 수직지깅용 사용방법

하이피치 쇼트저크(Hi-pitch short jerk) – 낚싯대를 한 번 채듯이 당기고서(저크) 릴의 핸들을 1~3회 감는 방법을 연속동작으로 반복하는 것이다.

페달 저크(Pedal jerk) – 낚싯대를 채는 동작과 릴을 감는 동작이 연속으로 이어지도록 하는 방법이다. 낚싯대를 잡은 손과 릴의 핸들을 잡은 손이 교대로 위아래로 자전거 페달을 돌리듯 오르내리는 모습이다.

원피치 원저크(One-pitch one-jerk) – 낚싯대를 한 번 챔질(저크)할 때 릴을 한번 감는 동작을 연속해서 구사하는 테크닉이다. 페달 저크와 달리 낚싯대와 릴을 잡은 손이 동시에 오르내리는 자세가 된다.

메탈지그에 낚인 부시리.

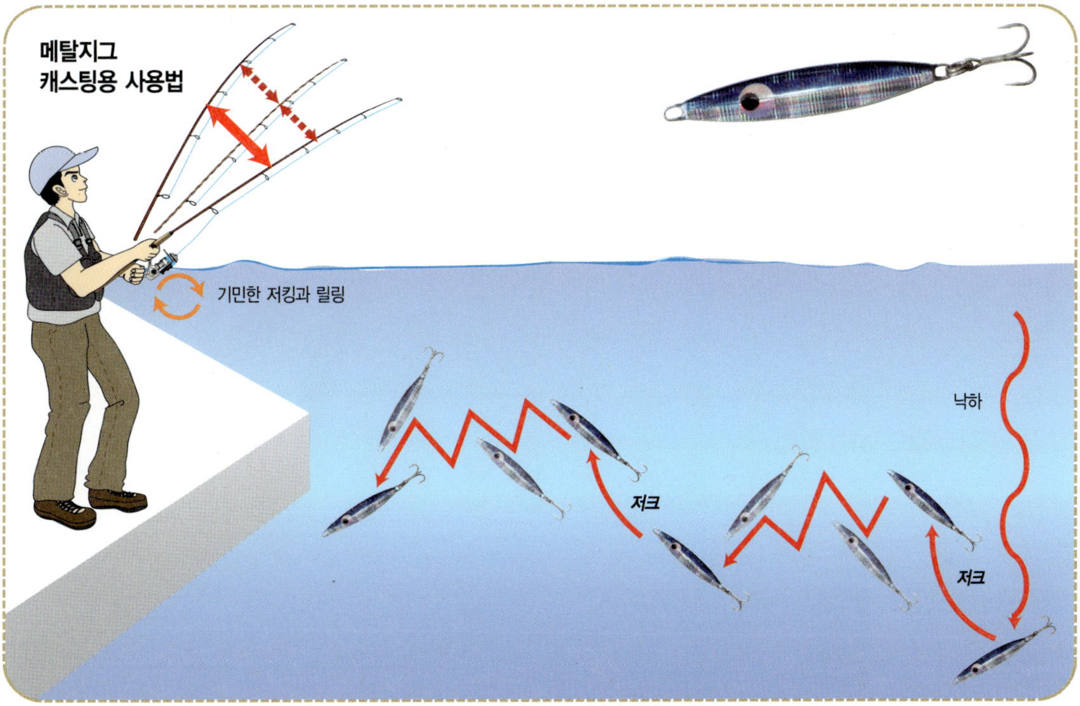
메탈지그
캐스팅용 사용법
기민한 저킹과 릴링
낙하
저크
저크

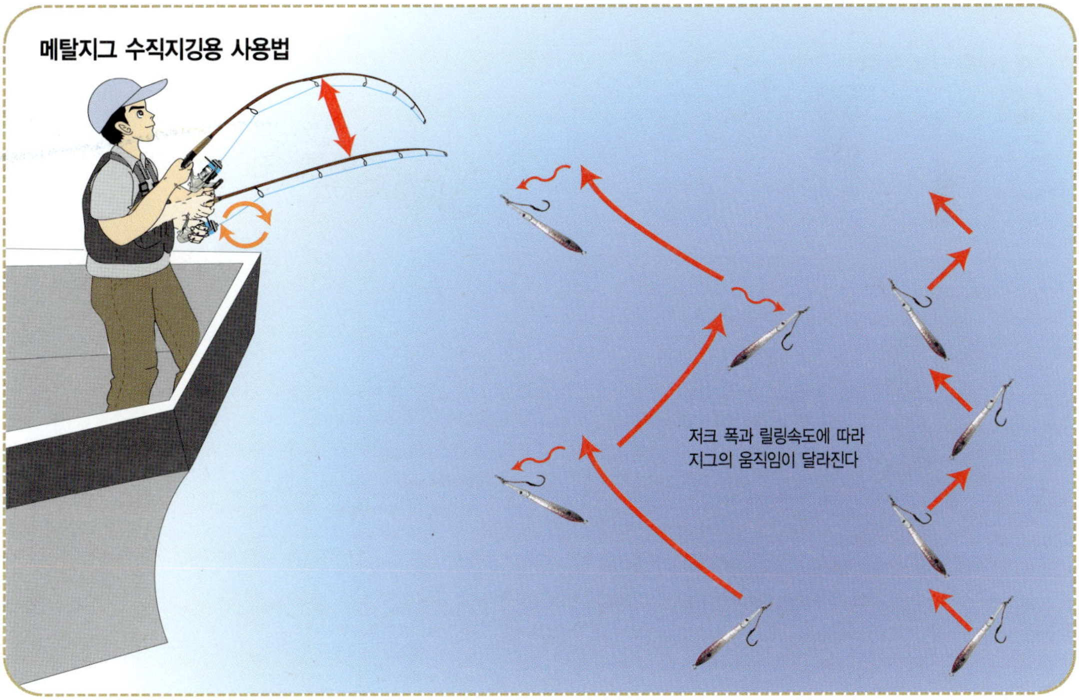
메탈지그 수직지깅용 사용법
저크 폭과 릴링속도에 따라
지그의 움직임이 달라진다

그럽+지그헤드 Grub+Jighead

마치 살아있는 지렁이와 같은 모습을 한 웜,
통통한 번데기모양의 그럽,
작은 물고기 형태의 각종 소프트베이트를
지그헤드(납봉돌과 바늘이 결합된 형태)에 결합시킨 것을
지그헤드 리그(Jighead rig)라고 부른다.
지그헤드의 무게와 크기가 초소형부터 초대형까지 다양하고
결합시키는 웜이나 그럽도 크기와 색상이 매우 다양하여
여러 가지 상황에서 사용가능한 만능 루어다.

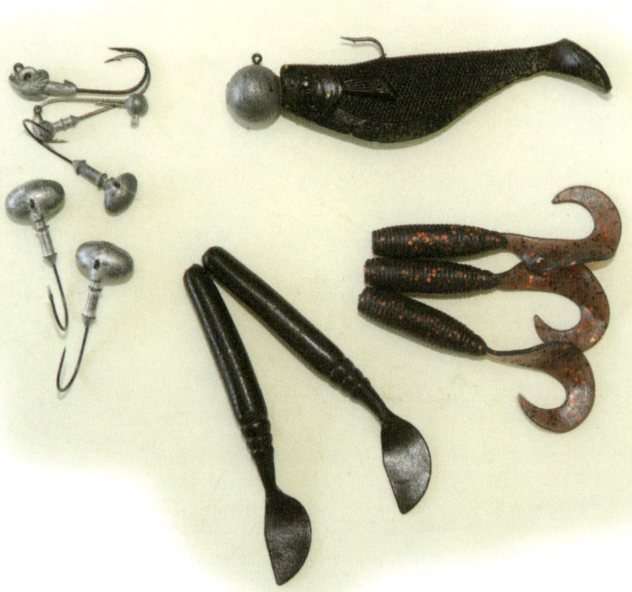

종류 : 소프트베이트

주요 대상어 : 갈치, 고등어, 넙치, 농어, 볼락, 우럭, 전갱이, 쥐노래미, 황어 등

그럽 + 지그헤드 사용방법

스위밍(Swimming) – 원하는 수심까지 가라앉히고 단순히 릴링하는 방법이다.

호핑(Hopping) – 바닥에서 살짝살짝 튀기듯이 움직여주는 방법이다.

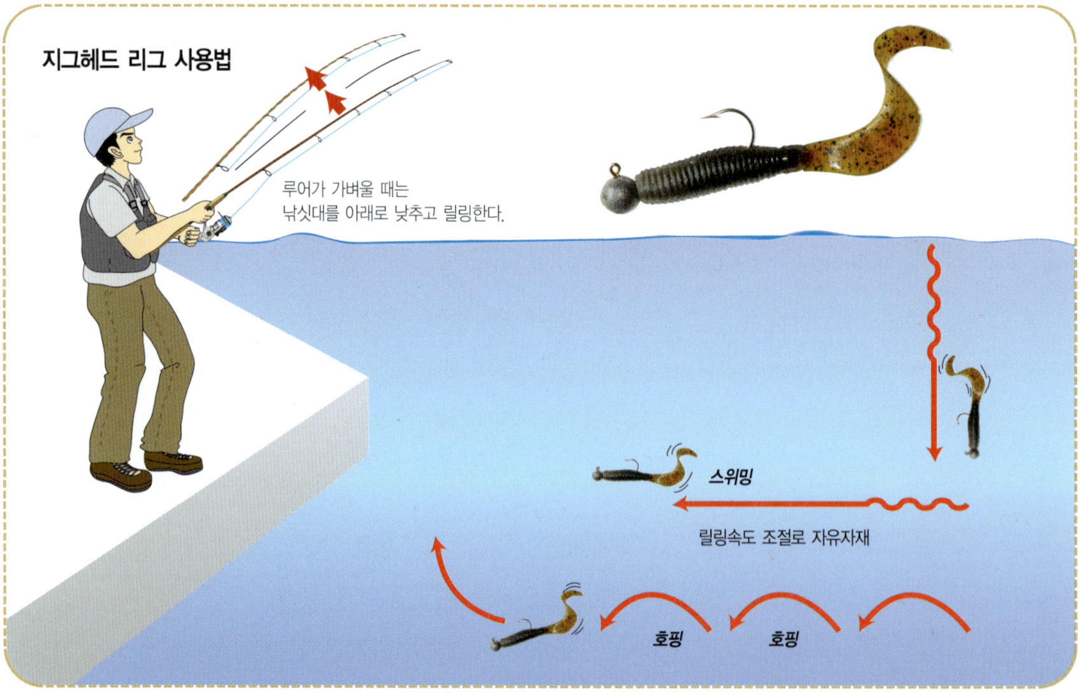

텍사스 리그 Texas rig

소프트베이트를 사용하는 여러 가지 채비 중 가장 기본이다.
봉돌(Sinker)을 낚싯줄에 유동식으로 끼우고 외바늘을 부착한 채비에 지렁이형태나 가재형태의 소프트베이트를 결합한다.
바늘 끝이 노출되어 있지 않아서 지그헤드 리그에 비해 여걸림이 적은 것이 장점이다.
유리로 만든 다각형 구슬(beads)을 봉돌과 바늘 사이에 끼워 넣어 음향효과를 더할 수도 있다.

종류 : 소프트베이트

주요 대상어 : 넙치, 우럭, 쥐노래미 등

텍사스 리그 사용방법

리프팅&폴링(Lifting & Falling) – 바닥에 가라앉힌 후 어느 정도 뛰어올랐다가 다시 가라앉히는 방법의 연속동작이다.

크롤링(Crawling) – 웜을 바닥을 기어가듯 살살 끄는 방법이다.

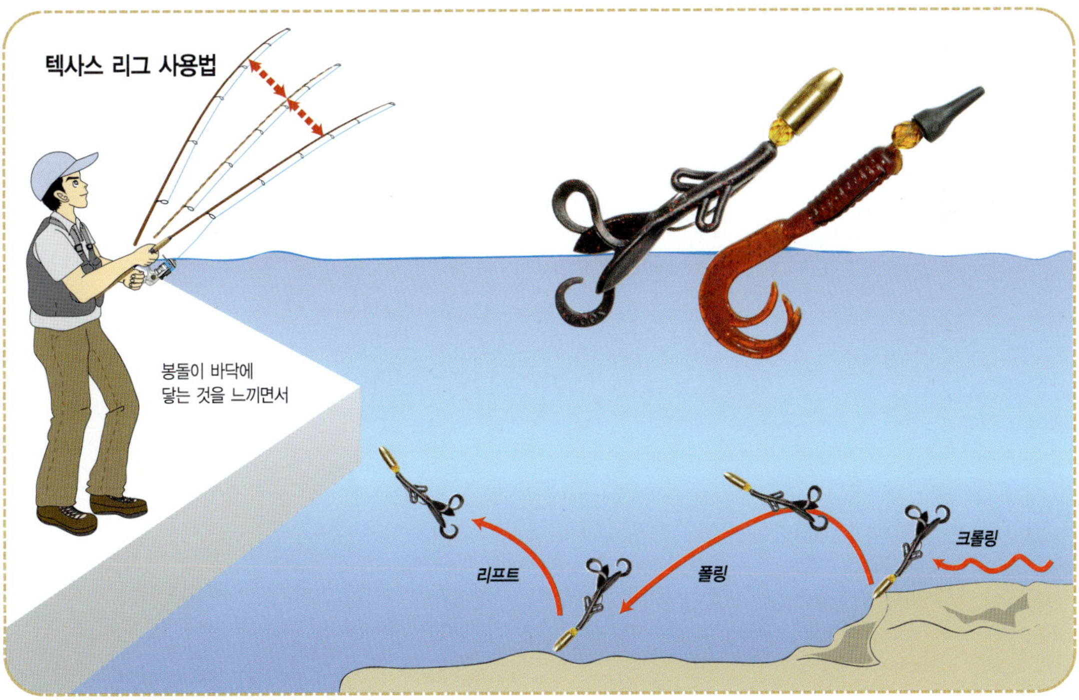

PART 3 기초 훈련

캐스팅 낚싯대 다루기 낚싯줄 묶음법

물고기를 낚기 위해서는 낚싯대와 릴을 능숙하게 다룰 수 있는 기초적인 조작방법을 익혀야 한다. 처음엔 줄도 엉키고 루어가 원하는 방향으로 날아가지 않는 등의 트러블이 있겠지만 바다낚시를 꾸준히 즐기는 동안 저절로 능숙해질 것이다. 초보자라면 낚싯줄과 루어를 연결하는 매듭법이 약간 까다로울 수 있지만 몇 번만 연습하면 그것도 어렵지 않다.

PFD

캐스팅과 낚싯대 다루기

루어낚시는 낚싯대와 릴을 쉴 새 없이 움직이는 낚시다.
낚싯대가 마치 내 몸의 일부처럼 편안하게 느껴질 때까지 꾸준한 출조와 연습을 통해 훈련하자.

캐스팅

올바른 낚싯대 파지법

오른손잡이라면 낚싯대를 오른손에 쥐고 왼손으로 릴을 감는다. 오른팔의 힘이 강하고 세밀한 동작도 오른손이 좀 더 쉽게 해낼 수 있을 것이므로 낚싯대를 오른손에 쥐는 것이다. 물론 왼손잡이는 왼손에 낚싯대를 쥔다.

그림과 같이 릴의 다리가 중지와 약지 사이로 들어가게 하고 엄지는 낚싯대 위쪽을 지그시 누른다. 이것이 기본자세다. 캐스팅할 때는 이 자세에서 검지로 낚싯줄을 걸고 반대편 손으로 릴

캐스팅 직전의 그립 파지 자세, 베일 열기

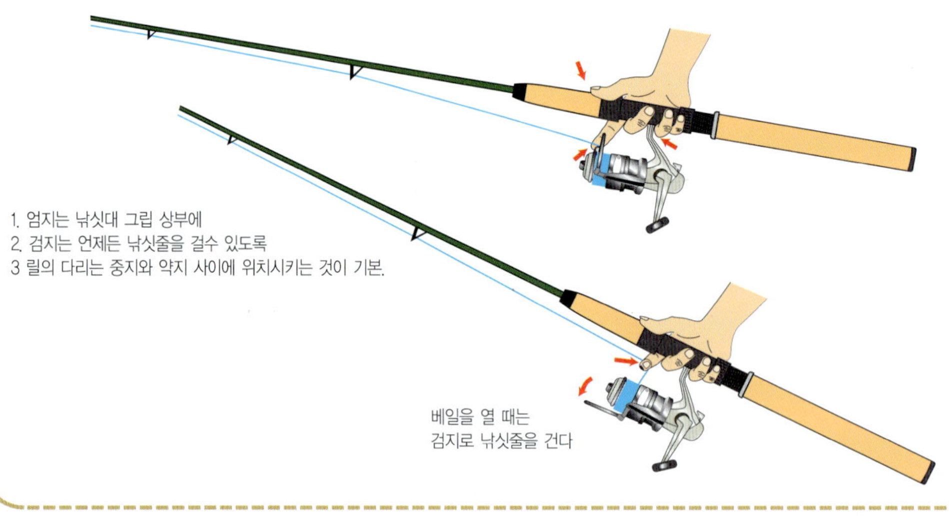

의 베일을 젖힌다. 라이트급 낚시가 아닌 이상 낚싯대를 한손으로 다루는 것은 무리가 있다. 릴을 쥔 반대편 손은 아래 그림과 같이 낚싯대의 끝부분을 감싸 쥔다.

양손의 정확한 파지방법

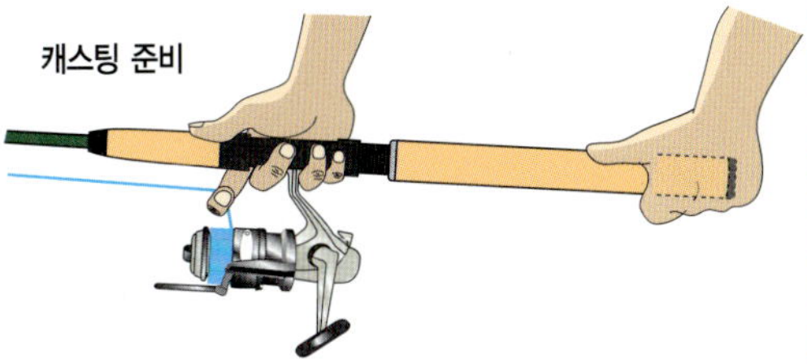

※ 오른손잡이의 경우
· 오른손은 릴 시트를 잡는다. 검지에 낚싯줄을 건다.
· 왼손은 낚싯대 끝부분(버트캡)을 감싸 쥐는것이 기본.

오버헤드(Overhead) 캐스팅

여러 가지 캐스팅 방법 중에서 기본이 되는 방법이다. 방향 조정이 쉽고 원투도 가능하므로 최초의 캐스팅은 이 방법부터 익혀나가도록 한다.

사이드핸드(Side hand) 캐스팅

오버헤드 캐스팅을 옆으로 누인 형태다. 탄도가 낮아지므로 바람의 영향을 덜 타 바람이 강할 때 멀리 던질 수 있고 교각 등 장애물의

오버헤드 캐스팅

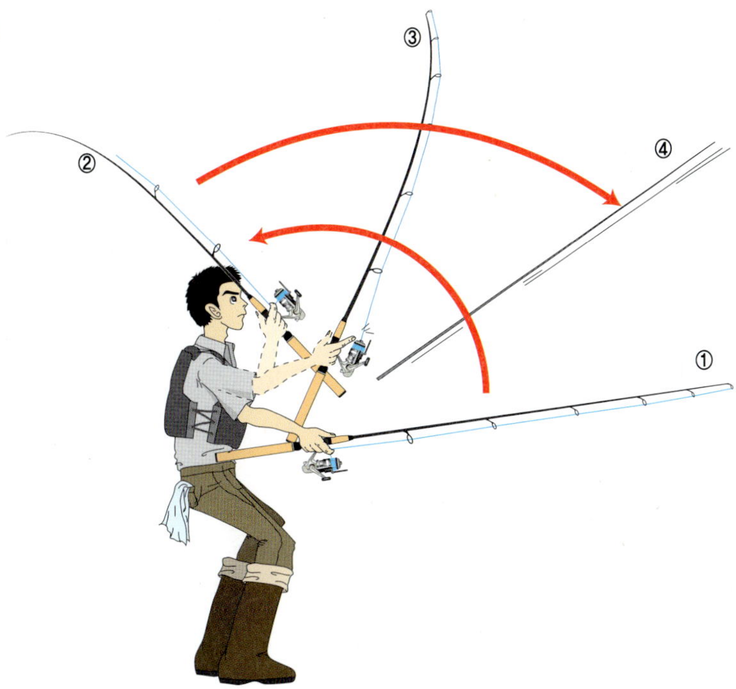

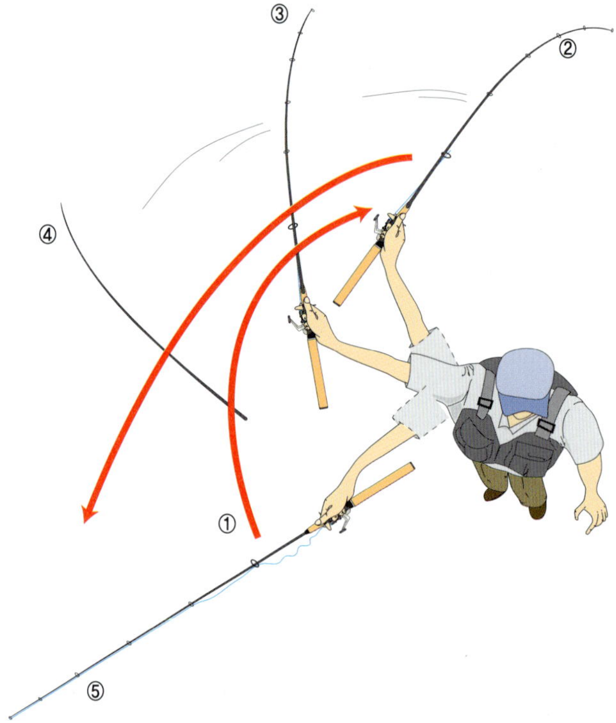

아래쪽으로 루어를 던져 넣는데 유용하다. 그러나 방향 컨트롤이 간단하지 않으므로 정확한 방향성을 유지하기 위해서는 연습이 필요하다.

기타 응용

스리쿼터 캐스팅, 백핸드 캐스팅, 언더핸드 캐스팅 등 응용형 캐스팅 방법이 존재한다. 스리쿼터 캐스팅은 오버헤드 캐스팅과 사이드핸드 캐스팅의 중간형이며, 백핸드 캐스팅과 언더핸드 캐스팅은 등 뒤나 좌우, 머리 위에 장애물이 있을 때 사용하는 투척방법이다. 기본적인 캐스팅 방법을 충분히 익혔다면 어떤 상황 하에서도 루어를 던질 수 있도록 차근차근 연습해 두도록 하자.

주의! 캐스팅 전 주변 확인

루어에는 날카로운 바늘이 부착되어 있으므로 캐스팅 전에는 자신의 뒤와 옆에 다른 사람이 있는지를 꼭 확인해야 한다. 한 장소에서 여럿이 낚시하는 경우라면 캐스팅 전에 자신이 캐스팅을 하겠다는 의사표시를 한마디 하는 배려도 잊지 말자.

백핸드 캐스팅과 언더핸드 캐스팅

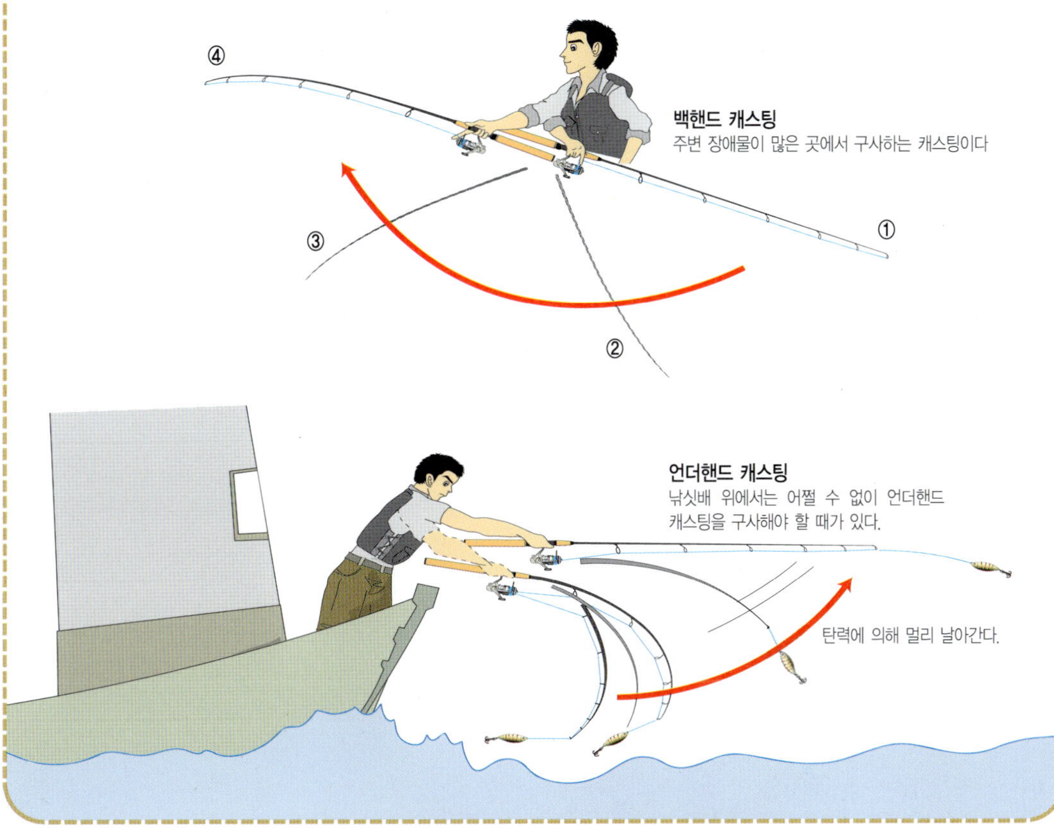

캐스팅할 때 '페더링'은 필수

페더링(Feathering)은 캐스팅할 때 릴에서 방출되는 낚싯줄의 양을 인위적으로 조절하는 기술이다. 검지를 펴서 릴의 스풀 끝단에 살짝 대면서 풀려 나가는 낚싯줄에 저항을 주는 것이다. 페더링의 첫째 목적은 루어가 수면에 떨어진 후 낚싯줄이 과도하게 늘어지는 것을 방지하고자 하는 것이며, 둘째는 비거리를 조절하여 캐스팅의 정확도를 높이려는 것이다.

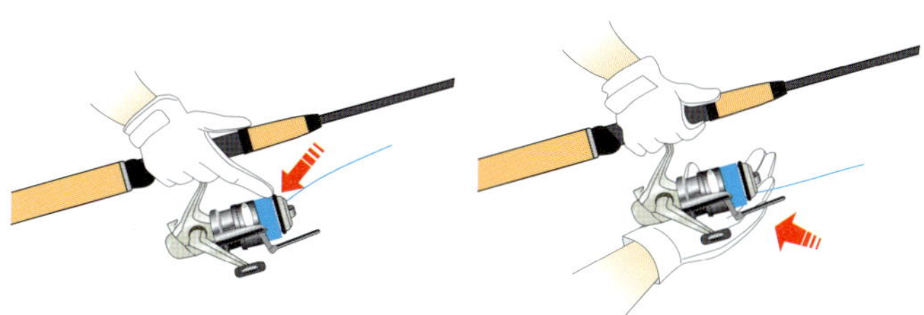

챔질부터 낚기까지

낚싯대를 휘둘러 루어를 던진 다음 릴을 감아 라인을 끌어 들이는 과정에서 물고기가 루어를 물었다! 이제부터 어떻게 물고기를 무사히 낚아 올릴 것인가?

1. 챔질(Hook-set)

릴을 감으면서 손끝에 신경을 집중하고 있으면 물고기가 루어를 입에 무는 순간을 느낄 수 있다. '덜컥' 하는 충격과 함께 낚싯대가 고꾸라질 듯한 강한 입질이 있는가하면 '깔짝' 하며 바늘 끝이 어딘가에 살짝 걸치는 듯한 느낌의 입질도 있다. 어떻든 물고기가 루어를 물었다는 느낌이 온 순간 반사적으로 손목으로 낚싯대를 올려 챔질한다. 이러한 동작이 바늘 끝을 물고기의 입에 박히게 한다.

유연한 낚싯대를 사용하는 경우라면 팔을 들

챔질하기

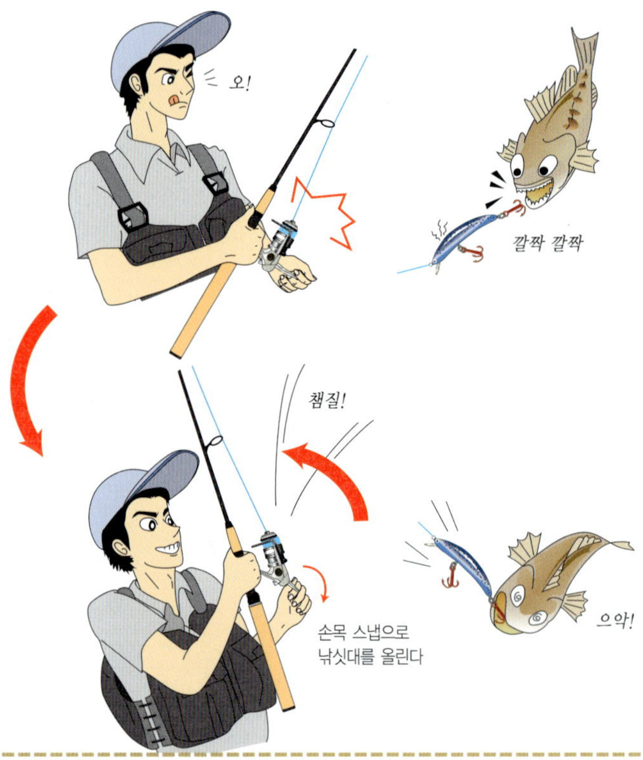

어 올리는 큰 동작이나 허리를 뒤로 젖힐 정도로 챔질을 강하게 할 필요성이 있다. 낚싯대가 유연하면 챔질의 힘을 흡수해버려 바늘에까지 그 힘이 다다르지 못하므로 그만큼 더 강하게 챔질을 해야 바늘이 깊이 박힌다는 뜻이다.

그런데 어종에 따라서는 입질을 느끼는 것과 동시에 챔질하면 놓치기 쉬운 경우도 있다(어종별 낚시방법 참고). 루어를 충분히 삼키기를 기다렸다 채야 하는 물고기도 있는 것이다.

2. 끌어내기(Fighting)

챔질이 되었으면 파이팅 개시. 낚싯대의 탄력을 십분 발휘하면서 릴을 감아 들이도록 한다. 낚싯대를 곧추세우고 무작정 릴을 감아대는 것은 금물이다. 루어낚싯대는 일반 민낚싯대나 찌낚싯대와는 다르다. 너무 세우지 않도록 주의한다.

3. 건져 올리기(Landing)

물고기가 발 앞까지 끌려왔다면 낚싯대로 물고기를 들어 올린다. 그러나 큰 물고기라면 낚싯대로 들어올리기 어려우므로 뜰채를 사용하도록 한다. 또한 방파제나 갯바위와 같이 서있는 장소가 수면보다 높은 경우라면 뜰채는 필수품이다. 뜰채를 사용하면 안전하고 확실하게 물고기를 건져 올릴 수 있다.

낚시장비 관리하기

낚싯대는 민물로 씻어 말려두자

바다낚시는 민물낚시와 달리 낚시 후 장비의 염분을 씻어주는 것이 중요하다. 가이드, 릴시트 등 금속부분에 염분이 남아있는 채 보관하면 녹이 나 망가지게 된다. 또 접합부는 조그마한 모래 한 톨로 인해 큰 손상을 받을 수 있으므로 꼼꼼하게 닦도록 한다. 귀가 후에는 꼭 샤워기 등을 이용해 낚시장비에 물을 뿌려 모래 등 이물질은 물론 염분을 깨끗이 씻어낸다. 그 후 부드러운 타월로 물기를 닦아 보관하자.

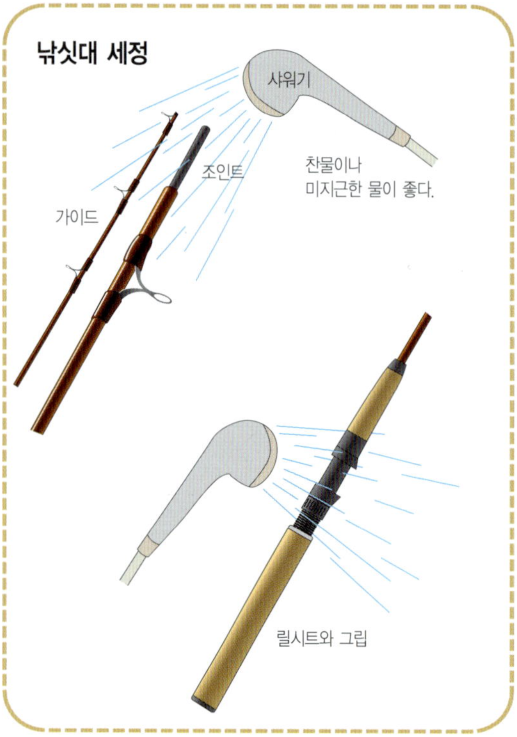

릴은 냉수샤워 후 그늘에서 건조

최신형 릴은 '완전방수' 라든가 '민물세정가능' 이라고 표기되어 있기도 하다. 그렇지 않더라도 금속으로 된 릴은 기본적으로 바다에서 사용한 후에는 민물로 깨끗이 씻어두어야 한다. 샤워기를 이용해 냉수를 릴 전체에 뿌려 염분과 이물질을 씻어낸다. 따뜻한 물을 뿌리면 릴 내부의 그리스가 녹아 흘러내릴 수도 있으므로 꼭 찬물을 이용한다. 그리고 릴을 손에 들고 강하게 흔들어 물을 털어낸다. 스풀을 빼 내고 뒷부분에 혹시 들어가 있을지도 모르는 모래 등도 털어내고 깨끗이 닦는다. 이후 1~2일간 그늘에서 건조한다.

혹시 사용 중에 바닷물에 빠뜨렸다든가 모래가 들어갔을 우려가 있다면 분해하여 청소해야 한다.

릴의 가동부위엔 빠짐없이 주유하자

건조시킨 릴은 베일의 가동부위, 라인롤러, 핸들 등 외부의 움직이는 부분에 모두 기름을 친다. 경우에 따라 전용 주유구가 있는 제품도 있으므로 이를 활용한다. 그러나 너무 많은 주

스피닝릴 세정

①

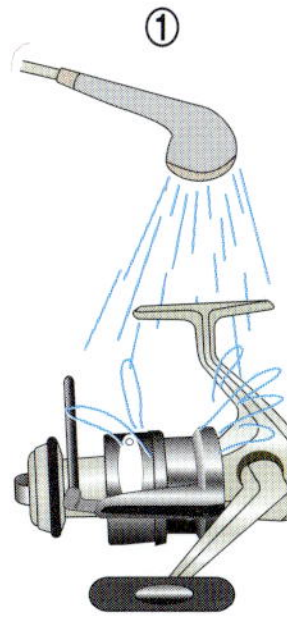

샤워기를 이용하여 찬물로 1~2분 세척한다

②

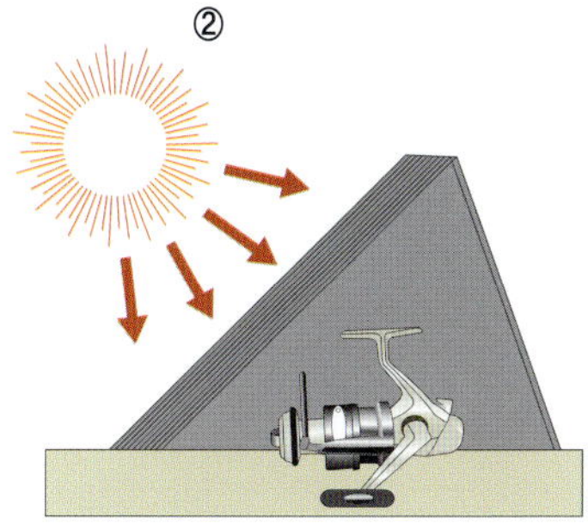

물이 잘 빠지도록 하여 반드시 그늘에서 말린다

③

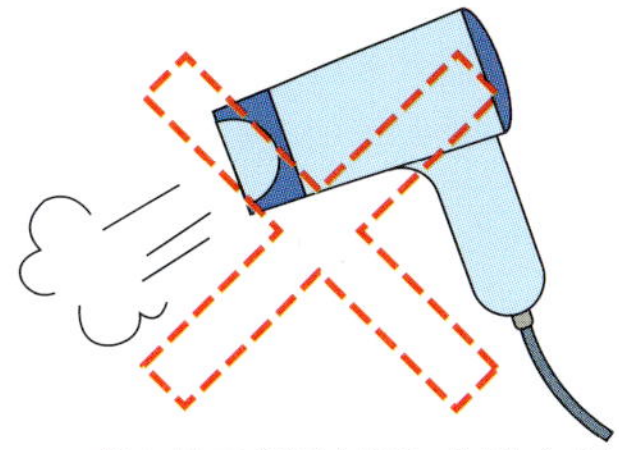

건조 시 드라이어 사용은 내부에 습기를 발생시키거나 그리스를 녹여 흐르게 하는 역효과가 있을 수 있다.

유는 오히려 고장의 원인이 되기도 한다는 점을 기억하자. 간단한 구조의 분해가 간편한 릴이라면 직접 분해해 더러워진 그리스를 깨끗이 닦아내고 새로이 주유하는 것도 좋다. 릴 내부의 청소나 주유는 낚시 다녀왔을 때마다 할 필요는 없고 1년에 한 번 정도를 기준으로 한다. 물론 자신이 없다면 메이커에 보내 애프터서비스를 받거나 전문가에게 의뢰하는 것이 바람직하다. 기본적으로 기어에는 그리스를, 이외의 부품에는 오일을 소량 발라주면 된다.

스피닝릴 주유 위치(순정품 릴오일만 사용할 것)

각종 트러블과 그 원인

낚시를 하다보면 낚싯대가 부러지기도 하고 릴이 고장 날 수도 있다. 어떻게 하면 그런 트러블을 최소화할 수 있을까? 또 낚시터에서 물고기가 낚이지 않는다면 그 이유가 무엇일까?

낚싯대를 부러뜨렸어요!

●초리에 줄이 감긴 것을 모르고 캐스팅

루어나 낚싯줄이 낚싯대의 초리나 가이드에 감겨있는 것을 모르고 캐스팅을 해버리는 경우에 줄이 끊어지거나 낚싯대가 부러진다. 캐스팅할 때마다 줄 엉킴을 확인하는 편이 좋다. 수직지깅용 낚싯대처럼 캐스팅 전용낚싯대가 아닌

위험①- 초리에 엉킨 낚싯줄

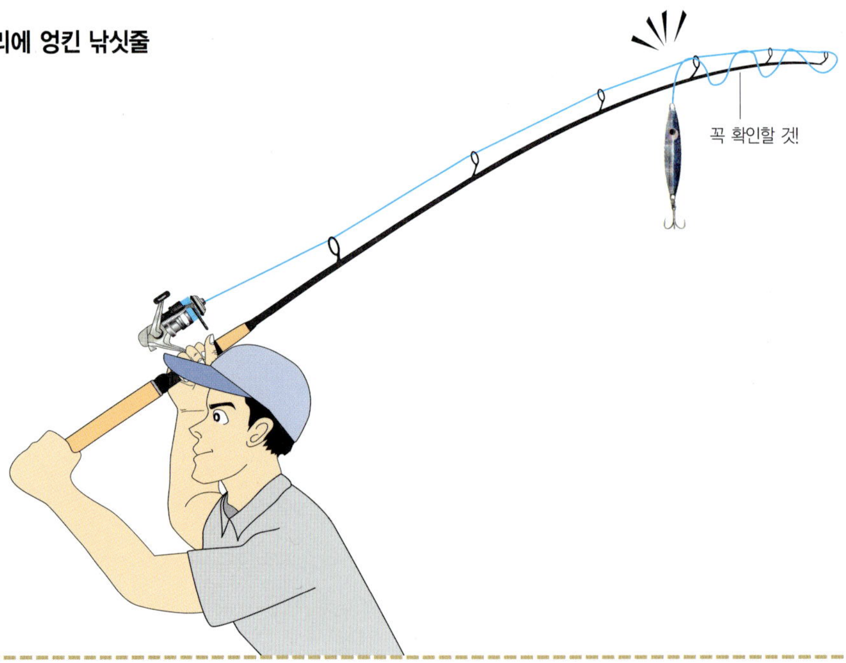

경우에는 무리하게 캐스팅하지 않는 편이 좋다. 가이드의 위치나 형태가 캐스팅에 적합지 않아 낚싯줄이 걸리게 될 확률이 더 높을 수도 있다.

●낚싯대를 너무 세게 젖혔다!

낚싯대를 수직으로 세우거나 뒤로 젖히는 경우에 부러질 확률이 높다. 특히 바늘이 여에 걸려있다거나 대물을 걸어 파이팅 중에는 무리하게 낚싯대를 세우는 것은 금물이다. 특히 고탄성 카본 재질이거나 패스트테이퍼의 낚싯대라면 단번에 부러질 수 있다. 이를 방지하기 위해

육중한 폽퍼를 수면에 던져서 대형 부시리를 노리는 보트캐스팅. 큰 루어를 캐스팅할 땐 낚싯줄 엉킴이 없는지 각별히 살펴야 한다.

서는 사전에 낚싯대의 휨새를 확인하고 실전에서 어떻게 힘을 쓸 것인가를 상상해보는 것이 좋

위험②- 너무 세운 낚싯대

위험③- 대와 줄의 언밸런스

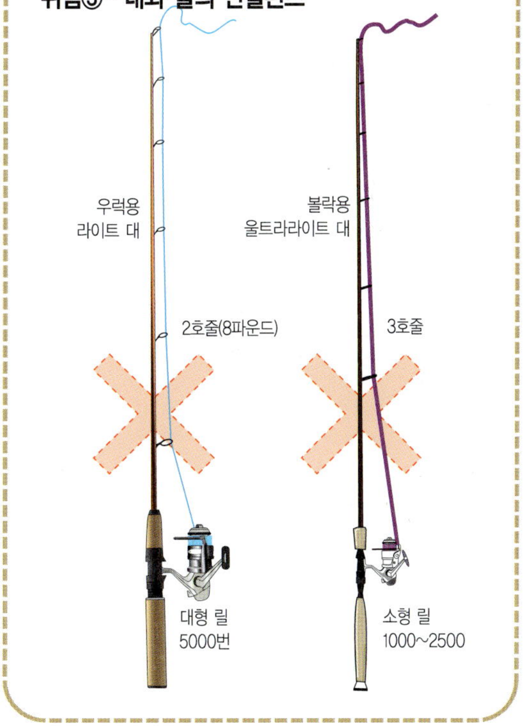

다. 또한 항상 낚싯대 초리끝이 시야를 벗어나지 않도록 하는 것도 하나의 방법이다.

●낚싯대 강도보다 센 낚싯줄을 썼다

낚싯줄의 강도에 비해 낚싯대가 너무 약한 경우에 간혹 대가 부러진다. 가늘지만 고강도인 PE 낚싯줄을 사용할 때, 릴의 드랙을 조여 두고 낚시를 하면 낚싯줄이 끊어지지 않고 대신 낚싯대가 부러질 수 있다. 낚싯대 강도에 적절한 낚싯줄을 선택하거나, 릴의 드랙을 적당한 강도로 조절해야 한다.

●루어의 하중이 너무 무겁다

낚싯대가 벅찰 만큼의 너무 무거운 루어를 달아 던지는 경우다. 다소 무거운 것은 별 문제가 없으나 낚싯대의 능력한도를 넘어간다면 파손의 위험은 커진다. 무게 외에도 루어의 부피나 표면적이 커서 캐스팅 시에 공기저항이 큰 루어도 낚싯대를 파손할 수 있으므로 주의해야 한다.

●낚싯대 토막이 헐겁게 끼워졌다

2피스 이상의 낚싯대에서 접속부가 완전하

위험④- 무리한 하중

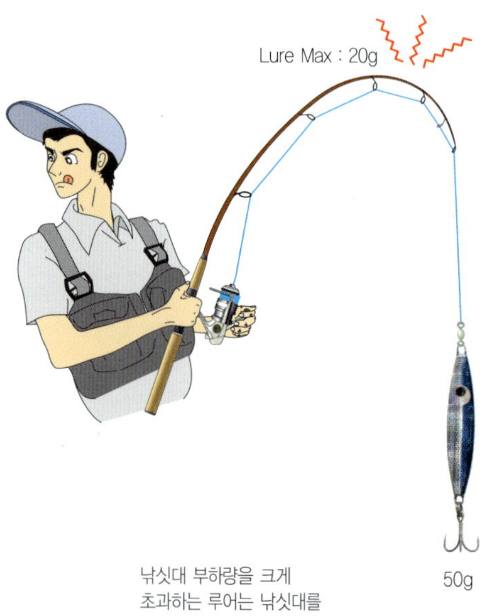

낚싯대 부하량을 크게 초과하는 루어는 낚싯대를 부러뜨리는 결과를 부른다.

위험⑤- 헐거운 조인트

짜릿한 손맛. 큰 고기가 강한 힘으로 낚싯줄을 끌고 달아날 때 무리하게 맞당기면 줄이 끊어지거나 대가 부러진다. 낚싯대 각도만 유지하면서 고기의 질주가 멈출 때까지 기다렸다가 당겨 들여야 한다.

게 끼워져 있지 않은 경우 접속부위에서 파손되기도 한다. 낚싯대에 걸린 하중이 헐거운 접속부에 집중되기 때문이다. 처음에는 잘 끼워져 있었지만 사용 중에 접속이 느슨해지기도 하므로 수시로 점검하도록 한다.

●물고기의 힘을 간과한 과도한 릴링

초보자에게서 자주 일어나는 현상으로 물고기를 가까이 끌어오고자 막무가내로 릴링하는 경우를 말한다. 작은 물고기가 걸렸을 때는 그렇게 큰 문제없지만 대물이라면 낚싯대가 물고기의 무게와 저항에 견디지 못할 수 있다. 대어가 줄을 끌고 나갈 땐 릴링을 멈추었다가 녀석의 질주가 멈추면 감아 들이는 식으로 한다. 또 적당한 거리에서 릴링을 멈추고 쇼크리더를 잡아 끌어오거나 뜰채를 사용하도록 한다.

릴의 낚싯줄이 자꾸 엉켜요!

●릴에 줄을 감을 때 헐겁게 감았다

스풀에 처음 낚싯줄을 감을 때 적당한 장력을 주면서 꼼꼼히 감질 않은 경우에 줄이 혼자서 풀리거나 쏟아져 나가는 경우가 있다. 적절한 방법(55p 낚싯줄 감기 참조)으로 줄을 감아야 한다. 그리고 낚시 도중에도 스풀에 줄이 느슨하게 감기지 않도록 신경을 쓴다. 헐겁게 감기면 다음 캐스팅에서 바로 줄엉킴이 일어나기 쉽다.

●도래를 사용하지 않았다

스피닝 릴은 구조적으로 낚싯줄을 비틀면서 감는다. 더욱이 물속에서 회전하는 루어라면 낚싯줄에 꼬임이 더욱 심해진다. 이를 해결하는 방법은 '회전하는 연결구' 인 도래를 사용하는 것 외에는 없다. 도래는 가능한 한 루어의 움직임을 방해하지 않을 정도의 작은 크기를 선택하되 강력한 강도와 원활한 회전력을 갖고 있는 고급제품을 사용해야만 한다.

릴줄이 엉키는 원인

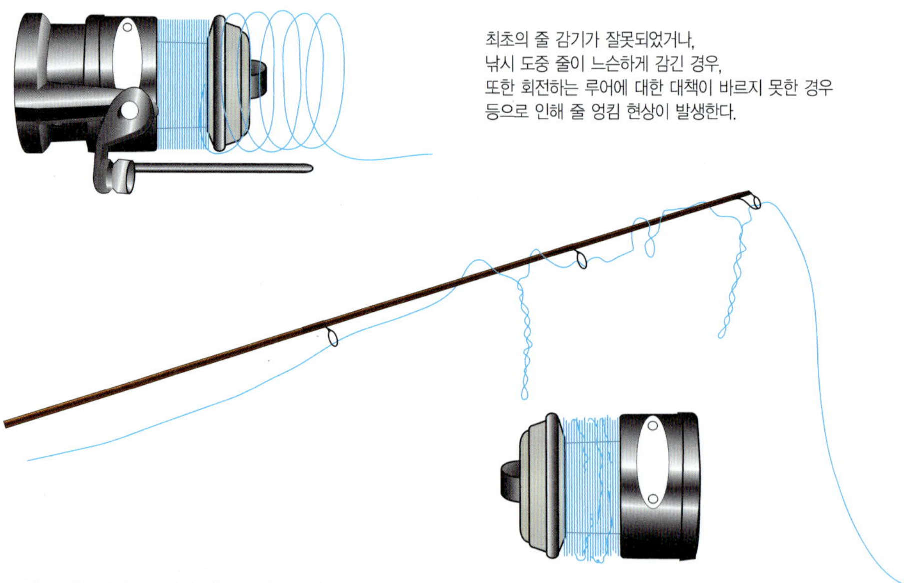

최초의 줄 감기가 잘못되었거나,
낚시 도중 줄이 느슨하게 감긴 경우,
또한 회전하는 루어에 대한 대책이 바르지 못한 경우
등으로 인해 줄 엉킴 현상이 발생한다.

'회전 연결구' 인 도래의 필요성

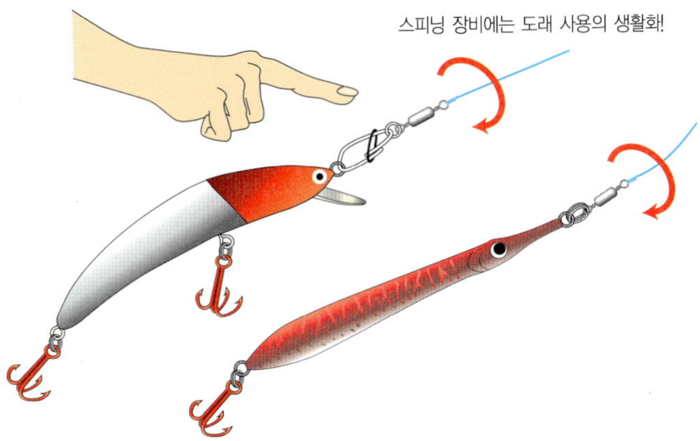

라인롤러의 올바른 각도

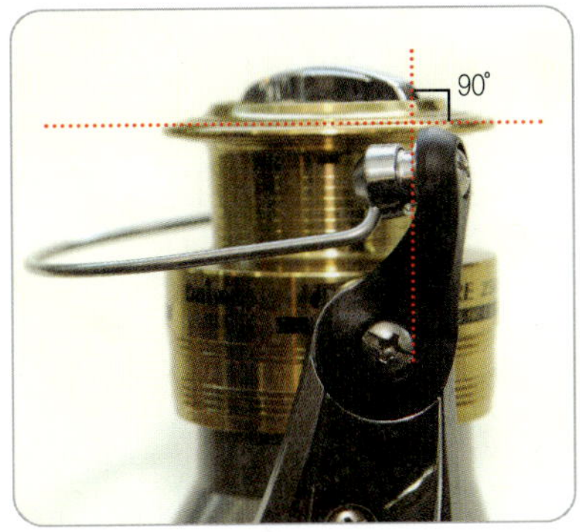

●릴의 라인롤러에 문제가 있다

낚싯줄을 스풀에 감아주는 부분인 라인롤러에 문제가 있으면 낚싯줄이 심하게 꼬인다. 일반적으로는 고급 릴일수록 회전이 더 잘되도록 라인롤러에 볼베어링을 장치한 것이 많다. 그러나 소형 스피닝릴의 라인롤러에 꼭 볼베어링이 장치되어야 하는 것은 아니다. 오히려 베일의 무게 증가로 인한 회전밸런스의 문제를 야기하거나 릴 전체의 무게를 증가시키는 단점도 있다.

그러나 소형 스피닝릴과 달리 대형 스피닝릴의 경우에는 라인롤러 내부에 볼베어링이 장치되어 있는 것이 좋다. 낚싯줄에 강한 부하가 걸렸을 때 볼베어링이 장치되지 않은 라인롤러는 강한 압력으로 인해 회전하지 못하고 고정되어 버려 낚싯줄에 손상을 입히고 끊어지는 불상사의 원인이 되기도 한다.

라인롤러의 문제란, 자체의 회전성능보다 스풀에 대한 각도가 더 중요하다. 스풀에 대해 직각을 이루고 있지 않고 안쪽으로 기울어져 있다거나 하면 꼬임이 심해질 수 있다.

●릴에 구조적 결함이 있다

앞뒤로 들락거리는 스풀의 오실레이션 속도가 너무 느린 릴은 낚싯줄이 서로 엇갈리지 않고 수평으로 촘촘히 감기는 바람에 저절로 풀려나가 엉키기 쉽다. 또한 저급 릴 중에는 내부 기계가 정밀하지 못해 스풀에 낚싯줄이 고르게 감기지 않는 경우도 있다. 이러한 증상이 릴에 낚싯줄을 엉키도록 만드는 원인이다.

물고기가 낚이지 않아요!

●수온이 내려갔을 가능성이 크다

물고기가 낚이지 않는 최대의 원인이 바로 수온저하다. 변온동물인 물고기는 수온에 의해서 체온이 좌우된다. 체온이 낮아지면 신진대사가 느려져 활동을 하지 않게 되므로 당연히 낚이지 않는다. 물고기의 적수온은 종류마다 다르고 지역적으로도 계절적으로도 차이가 많다. 그러나 어떤 물고기이건 급격한 수온저하는 잘 낚이지 않는 정도가 아니라 물고기의 생명을 위협하는 치명적인 문제이기도 하다. 1~2℃의 수온변화가 봄에서 여름, 또 가을로 이어지듯 긴 시간에 걸쳐 일어나면 아무런 문제가 없지만, 하루 이틀 만에 일어난다면 물고기의 입장에서는 결정적으로 활성도를 떨어드리는 급변요소가 된다. 차가운 조류의 유입, 해빙기의 냉수유입, 한파에 의한 해수면 냉각으로 발생한 각반현상이 해수온을 급격히 낮춘다.

☞**해결책** 물고기는 내려간 수온 때문에 활성이 떨어져 움직이지 않고 있거나 높은 수온을 찾아 다른 곳으로 이동했을 것이다. 활성이 떨어진 물고기를 낚기 위해서는 보다 작은 루어를 사용한다거나 루어의 운용속도를 느리게 하는 등 입질을 받기 위한 세심한 노력이 요구된다. 후자라면 물고기가 이동해 간 수온이 높은 장소를 빨리 찾아내는 것이 관건이다.

●물의 탁도가 너무 짙다

해류 투명도의 저하가 물고기의 활성을 떨어뜨린다. 물론 적당한 탁도는 물고기의 경계심을 낮추는 좋은 요소이지만 탁도가 심해지면 앞이 보이지 않게 되고, 물고기의 시각에 90% 이상 의존하는 루어낚시는 악영향을 받는다. 어느 정

도가 좋고 나쁘냐는 정해진 기준은 없고 매우 주관적인 기준을 따르고 있다. 가령 서해의 우럭은 적당히 탁한 물에서도 루어를 잘 찾아서 공격하지만, 남해의 볼락은 그 정도 물색에서 루어를 발견하지 못할 수 있다.

바닷물이 탁해지는 형태는 두 가지다. 태풍이나 장마로 인해 바닥층의 갯벌이 뒤집어지거나 진흙물이 유입되는 경우, 영양염류 과다에 의한 플랑크톤 급증으로 생기는 경우가 있다.

☞**해결책** 물이 탁해 낚이지 않는 것은 물고기의 활성이 좋지 않다기보다는 루어가 보이지 않는 상황이라고 말할 수 있다. 그러므로 최선책은 물고기의 시야에 잘 보일 수 있는 루어를 사용하는 것이다. 실루엣이 큰 것, 움직임이 큰 것, 색상으로는 금색계열, 형광색, 검정색이 좋다. 탁한 조류와 맑은 조류가 확실히 구분되는 경우라면 굳이 탁한 장소에서 낚시하지 말고 경계선인 조목(潮目)을 공략하는 것이 또 하나의 방법이다.

●밀물과 썰물 시간대가 낚시시간과 맞지 않다

바다는 달과 해의 영향을 받아 매일 두 차례 간만현상이 반복된다. 또 보름을 주기로 조금에서 사리에 이르는 물때가 반복된다. 조금 때는 조류가 거의 흐르지 않고 사리 때는 매우 빠르게 흘러간다. 물때는 물고기의 활성에 결정적인 영향을 미치는 요소다. 지역적으로 계절적으로 차이가 많지만, 간단하게 말하면 조류가 잘 움직일 때 물고기의 활성이 올라가는 경우가 많다. 이것은 흐름에 의해 수중에 산소공급이 원활해지고 먹이가 되는 플랑크톤이나 작은 동물이 많이 흘러들어오기 때문이라고 생각된다.

일반적으로 배를 타고 먼 바다로 나가서 하는 낚시는 밀물과 썰물의 영향이 크지 않지만 방파제나 갯바위와 같은 연안낚시에서는 물때의 영향은 물론, 간조와 만조의 조차에 보다 큰 영향이 있다.

간조 때의 바다(위)와 만조 때의 바다(아래). 중썰물~만조와 만조~초썰물 시간에 물고기가 잘 낚이는 편이다.

☞**해결책** 낚고자하는 대상어가 잘 낚이는 물때, 가고자 하는 낚시터의 좋은 물때를 미리 알고 있어야 한다. 사전에 현지의 낚시점이나 전문가를 통해 조황정보를 숙지하는 것은 기본 중의 기본이다. 또한 간조시간과 만조시간도 미리 파악해 두도록 한다.

●수심 파악에 실수가 있었다

루어가 물고기가 있는 수심에서 움직이고 있느냐 아니냐는 매우 중요한 요소다. 물고기는 완전히 바닥에 붙어 있는데도 루어가 수면 근처에서 움직이고 있다든가, 열심히 수면을 의식하며 무언가 수면에 떨어지기만을 기다리는 물고기가 많은데 루어를 바닥에 가라앉혀 움직인다면 입질을 받지 못할 것이다.

특히 수직지깅과 같이 루어를 먼저 해저까지 가라앉히고 감아올리며 입질을 유도하는 낚시에서는 대상어의 유영수심 파악 이전에 포인트 자체의 수심을 알고 조류의 속도와 방향을 고려해 충분히 루어를 가라앉혀야 하는 기술적인 요소도 필요하다. 이것이 잘못되면 몰황이 되는 경우도 있으므로 주의해야 한다.

☞**해결책** 먼저 수심에 따른 적절한 루어의 선택, 적당한 낚싯줄의 굵기 선택이 선결과제다. 이를 만족하였다면 신경을 집중해 착수 후 얼마만에 루어가 바닥에 닿았는가를 정확한 카운트다운으로 느껴야 하고 바닥에서 어느 정도 수심에서 입질이 왔는가도 기억해 둔다.

●낚시인들에게 시달려 '피싱 프레셔'가 높다

많은 낚시인이 매일 드나드는 낚시터의 물고기들은 활성이 저하한다. 지속되는 인기척이나 배에 의한 물고기의 경계심, 자주 보이는 낚싯줄과 루어, 항상 똑같은 루어의 움직임 등등에 물고기가 긴장하는 것을 '피싱 프레셔(Fishing pressure)'라 한다. 즉 물고기의 스트레스라 할 수 있다. 피싱 프레셔가 높은 물고기는 활성이 낮지 않아도 먹이나 루어에 대해 까다롭게 반응한다. 입질 빈도도 떨어지고 입질이 있어도 살짝 입을 대보는 정도로 그쳐 챔질이 잘 안 된다.

☞**해결책** 가능한 한 1초라도 피싱 프레셔가 낮을 때 낚아야 한다. 즉 첫 투에 승부를 낸다는 생각을 가지고 있어야 한다. 첫 번 캐스팅이 불발이 되면 제2, 제3의 캐스팅으로 갈수록 낚을 확률은 떨어진다. 한편 지금까지와는 완전히 다른 방법 또는 다른 사람과는 완전히 다른 방법을 구사해보는 것이다. 전혀 다른 루어를 전혀 다른 장소로 캐스팅해보는 것이 의외의 효과를 보이기도 한다.

매치 더 베이트

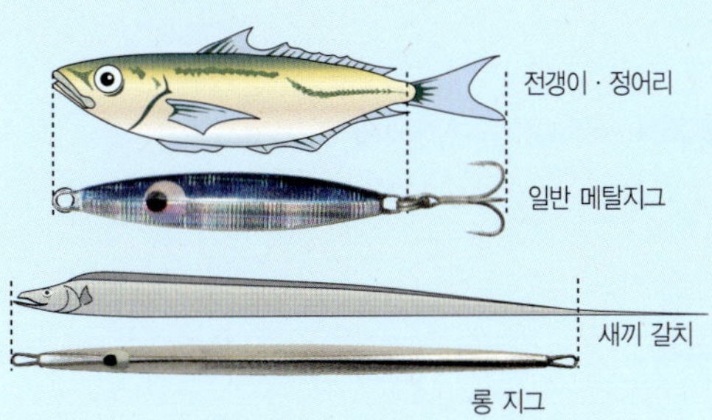

●'매치 더 베이트'에 실패했다

루어의 크기, 실루엣, 색상이 지금 물고기가 잡아먹고 있는 먹이와 유사해야 한다는 원칙이 '매치 더 베이트(Match the bait)'다. 물고기는 대뇌가 없으므로 생각하지 않는다. 주변 환경에 의해 길들여진 대로 반사적으로 움직이므로 주변에 많은 먹이에 익숙해지면 다른 것에는 반응하지 않는다. 갈치 치어가 주요 먹이인 경우에 길쭉한 루어가 아닌 자리돔을 형상화한 동그란 루어를 사용한다거나 소형 멸치가 주요 먹이인 장소에서 고등어만한 대형 루어를 열심히 던져봐도 입질받기 어렵다.

☞**해결책** 시기적, 지역적으로 대량 발생하는 먹이에 대한 지식을 갖고 있어야 한다. 이에 적합한 형태의 루어를 구비하는 것이 조과를 올리는 지름길이다.

●바늘의 크기나 모양이 부적합하다

챔질을 해도 바늘에 물고기가 걸리지 않는 경우라면 주로 목줄과 바늘에 문제가 있다. 물고기의 활성이 매우 높아 루어를 통째로 삼킨다면

낚시인의 에티켓

1. 출입금지구역엔 들어가지 맙시다
2. 먼저 온 사람들 사이로 억지 진입은 무례
3. 뒤, 옆을 지나갈 때는 인사라도 한번
4. 여럿이 낚시할 때는 주변 낚시인들을 꼭 살피고 캐스팅
5. 쓰레기는 버리면 안돼요

잘 모르고 넘어가기 쉬운 부분인데 입질이 약고 활성도가 높지 않은 경우일수록 조과의 차가 벌어진다. 물고기가 입질을 할 때 그 장소에 바늘이 없거나 바늘 사이즈가 적절하지 않거나 입질하는 방법에 대해 바늘 모양이 적당하지 않은 경우다.

☞**해결책** 루어의 크기(길이)에 걸맞은 위치에 적당한 개수의 바늘이 있어야 한다. 긴 루어의 경우에 입질이 앞부분에 집중되는데도 루어 뒷부분에만 바늘을 장치한다면 챔질이 되지 않을 것이다. 또 물고기의 입 크기와 루어 크기를 고려한 적당한 바늘 크기를 선택해야 한다. 입이 작은 물고기에 너무 큰 바늘이나, 큰 물고기에 너무 작은 바늘을 쓰면 입안에 바늘이 걸리기 어렵다. 약은 입질에 대해 걸림 우선의 '직선바늘'을 쓸 것이냐 확실한 관통과 떨어짐 방지력이 높은 '오그랑바늘'을 쓸 것이냐의 선택도 신경 써야 할 문제다.

●루어 동작이 물고기에게 어필하지 않는다

기본적으로 단순한 릴링만으로도 충분히 움직여주는 루어가 있는가 하면 적극적으로 낚싯대와 릴을 사용해 움직여주지 않으면 단순한 쇳덩이에 불과한 루어도 있다. 전자는 플러그 류나 회전식 장치가 부착된 루어이고, 후자는 메

바늘의 개수 · 크기 · 위치

노리는 대상어가 지금 잡아먹고 있는 먹이와 비슷한 루어를 골라야 한다. 위로부터 멸치를 형상화한 펜슬베이트, 전어를 형상화한 바이브레이션, 갈치 치어를 형상화한 메탈지그.

탈지그가 해당한다. 그러나 실제로는 충분히 혼자 작동하는 루어인데도 또는 열심히 동작을 했는데도 입질받기 어려운 경우도 많다. 움직이는 모습이나 속도가 당시 대상어에게 적합한 먹이고기로 보이지 않기 때문이다.

☞**해결책** 아무도 낚지 못하고 있다면 다른 사람과는 완전히 다른 방법으로 루어를 움직여 준다거나 입질을 잘 받는 다른 사람의 동작을 모방하는 것도 좋다. 그러나 그보다는 나 자신이 단순한 움직임에 입질이 오는가, 불규칙하고 돌발적인 움직임에 입질이 오는가, 더 빠르게 혹은 더 느리게 끌어오는 릴링에 입질하는가를 빨리 파악하여야 한다.

'회유어는 고속, 록피시는 저속' 등과 같은 교과서적인 루어 동작법에 너무 집착하는 것도 실패할 가능성이 있으므로 항상 가능성을 열어두는 마음가짐이 필요하다. 머릿속으로 항상 자신의 루어가 어떻게 움직이고 있을지를 상상하고 낚이지 않는 원인을 찾아본다. 이러저러한 시행착오가 있어야만 답을 찾을 수 있다. 어떤 경우가 닥치더라도 한 가지 대처법밖에 떠오르지 않는 사람보다 여러 가지 대처방법이 떠오르는 사람의 조과가 좋다.

낚싯줄 연결법

1. 모노필라멘트 줄과 도래(루어) 연결하기

1 클린치노트 기초 중의 기초 매듭법이다. 릴줄이 PE가 아닌 모노필라멘트(홑줄)라면 릴줄과 루어(또는 도래)를 바로 연결하는 매듭법이 되며, 릴줄이 PE라면 목줄과 루어를 연결하는 매듭법에 쓰인다.

1

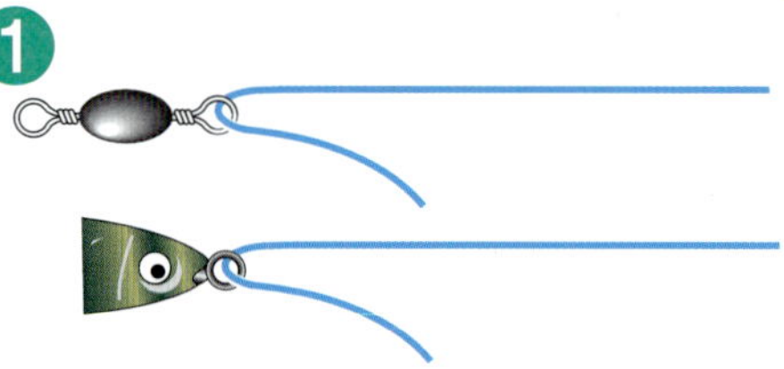

도래(또는 루어의 고리)의 구멍에 낚싯줄 끝 부분을 넣어 빼낸다.

2

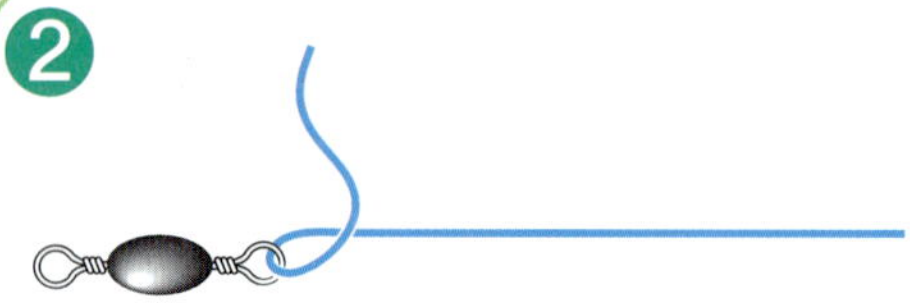

접어 돌린 고리 부분을 남겨 두면서 5~6회 정도 꼬아 준다. 이 때, 도래의 고리 부분을 꽉 잡아 주지 않으면 줄의 꼬임이 원상으로 돌아가므로 주의해야 한다.

3

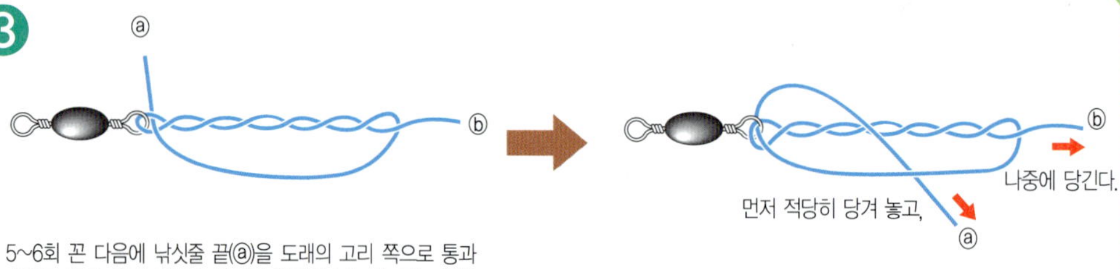

5~6회 꼰 다음에 낚싯줄 끝(ⓐ)을 도래의 고리 쪽으로 통과시키고 ⓐ와 ⓑ를 번갈아 당기면 완성이 되는데, 가는 줄은 풀어질 위험이 많다.

ⓐ를 최초의 낚싯줄 고리 및 도래의 고리 속으로 잇따라 통과시켜 빼내면 저절로 풀릴 위험이 거의 없어진다.

4

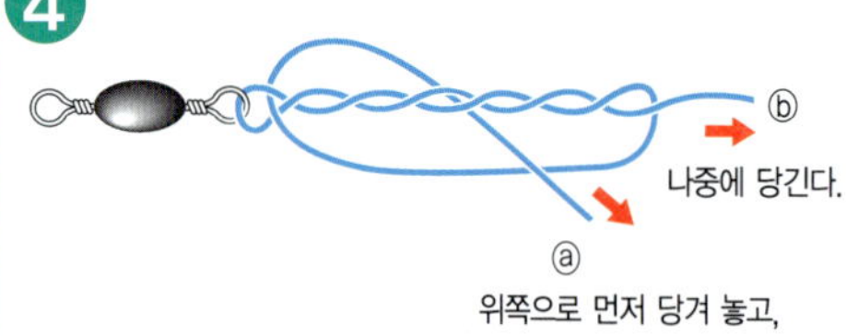

〈그림3〉에서 가는 줄의 경우는 풀어질 위험이 있으므로 큰 고리 속으로 다시 한번 빼낸다.

5

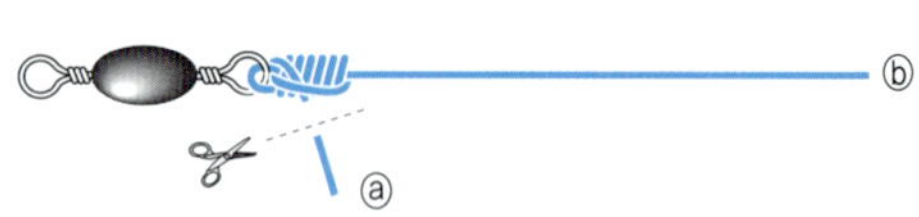

〈그림4〉의 완성 단계. 〈그림4〉에서 양쪽 줄을 번갈아 당길 때 침을 조금 발라주면 마찰에 의한 줄의 손상을 줄일 수 있다.

2 프리노트 루어 연결의 기본 묶음법으로 루어동작이 더 자유로워지는 장점이 있다.

1

느슨한 매듭을 만든 후, 낚싯줄 끝을 루어의 고리 속으로 통과시킨다.

2

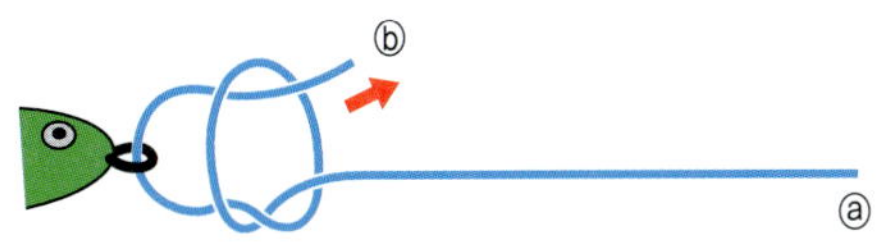

낚싯줄 끝ⓑ을 느슨하게 만들어 둔 매듭고리 속으로 통과시킨 후 잡아 당긴다.

3

<그림2>에서 ⓑ를 당기면 루어의 고리에서 매듭이 지어진다.

4

ⓑ줄로 다시 한 번 고리를 지어 3회 안돌리기를 한다.

5

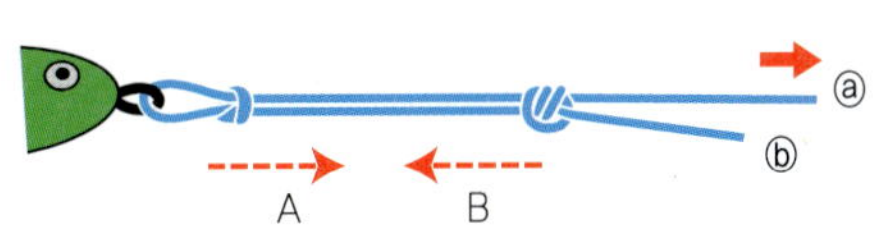

두번째 고리를 완전 매듭 지은 후 ⓐ줄을 당기면 두 개의 매듭이 함께 모이면서 고리가 생긴다.

6

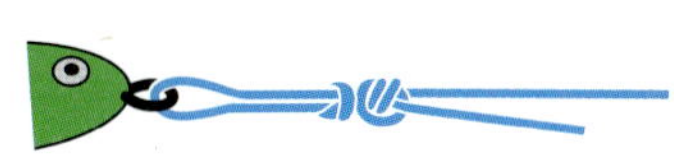

여분의 줄을 잘라주면 완성.

3 오프쇼어 스위벨노트 중량급 낚시에서의 신뢰성 높은 매듭이다.

1

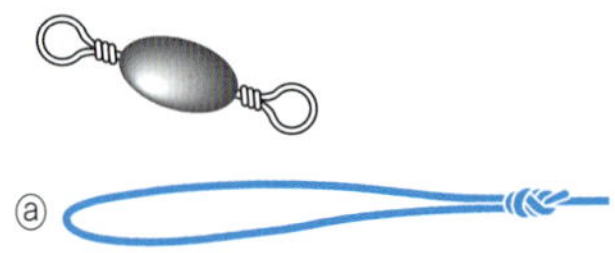

8자매듭으로 끝고리를 만든 다음에 시작해도 되며,

2

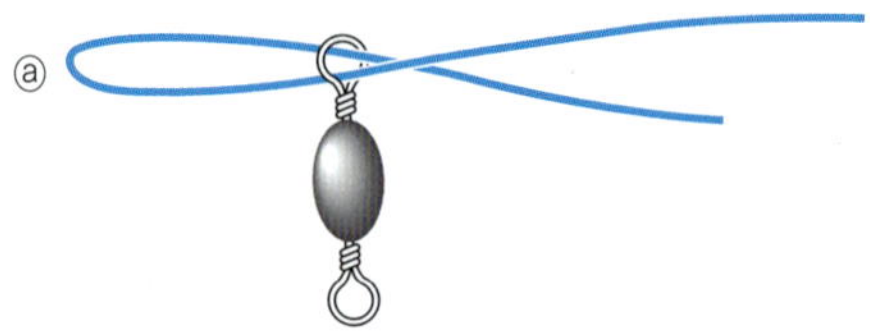

그냥 겹줄을 지어 도래의 고리 속으로 통과시켜도 된다.

3

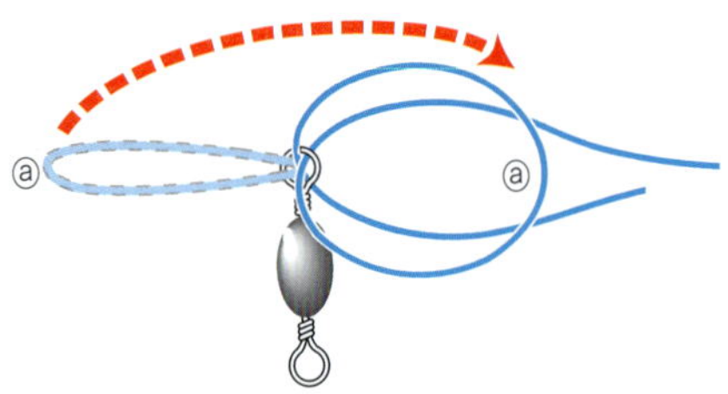

낚싯줄 고리를 한 번 비틀어 도래 구멍 속에서 서로 교차되게 한 다음, 점선의 고리 ⓐ를 오른쪽으로 뒤집어 넘긴다.

4

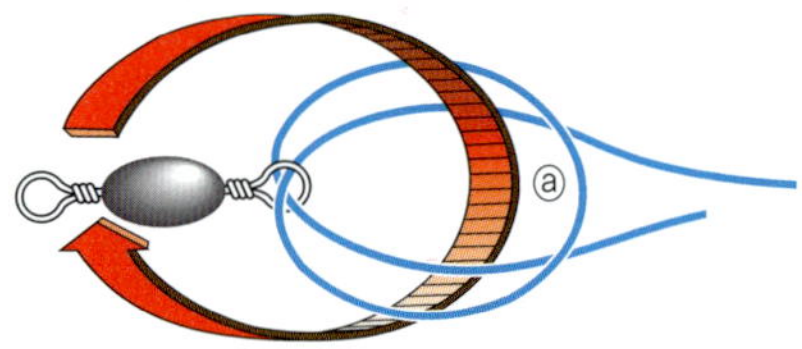

도래를 ⓐ고리 속으로 4~5회 통과시키며 계속 돌린다.

5

매듭 부위의 낚싯줄에 침을 바른 후, 양쪽을 힘껏 맞잡아 당기며 서서히 조인다.

6

매듭이 도래의 고리 쪽으로 모두 모이면 완성품이 되는데, 미리 고리 매듭을 짖지 않고 작업을 시작했을 경우는 두 줄을 약간 꼰 뒤, 8자 묶음을 해 주면 두 줄의 길이가 일정해진다.

목줄과 루어를 연결하는 3가지 방법

쇼크리더+스냅도래+미노우(클린치노트 사용)

쇼크리더+솔리드링+스플릿링+펜슬베이트(프리노트 사용)

쇼크리더+도래+스플릿링(솔리드링+어시스트바늘)+메탈지그(오프쇼어 스위벨노트 사용)

2. PE라인과 목줄 연결하기

1 FG노트

바다루어낚시에서 기본인 연결방법. 릴줄(PE라인)을 더블라인으로 꼬지 않고도 강도 높게 목줄과 연결할 수 있는 방법이다.

1

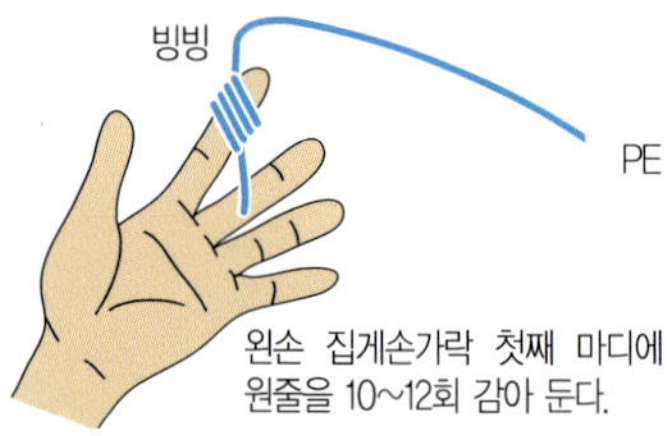

왼손 집게손가락 첫째 마디에 PE 원줄을 10~12회 감아 둔다.

2

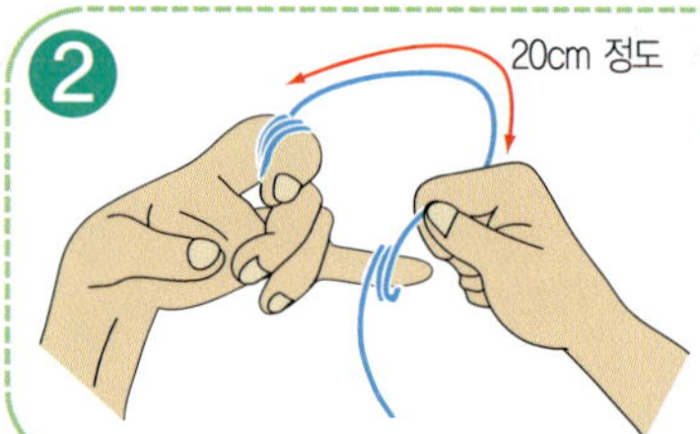

20cm 정도 당겨 내어 새끼손가락에 다시 3~4회 감는다. 감는 횟수를 조정하여 집게손가락 사이의 루프 크기를 조절할 수 있다.

3

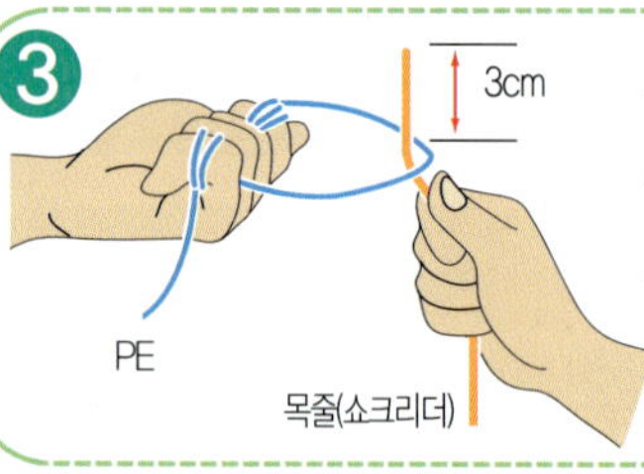

오른손에 쇼크리더를 잡고 왼손은 손바닥을 위로 한 채 루프 속으로 넣는다. 꼬아가기 시작하는 단계로 들어간다.

4

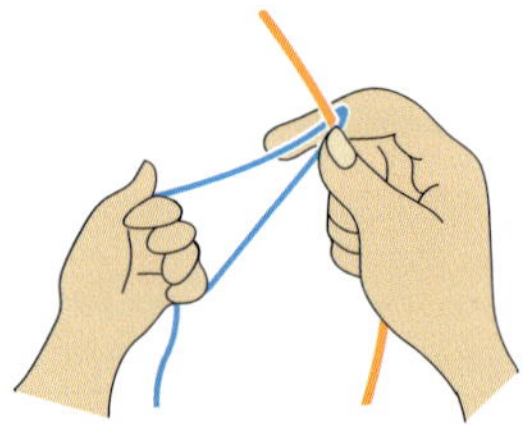

오른손으로 PE 원줄과 쇼크리더가 겹치는 부분을 꽉 잡는다.

5

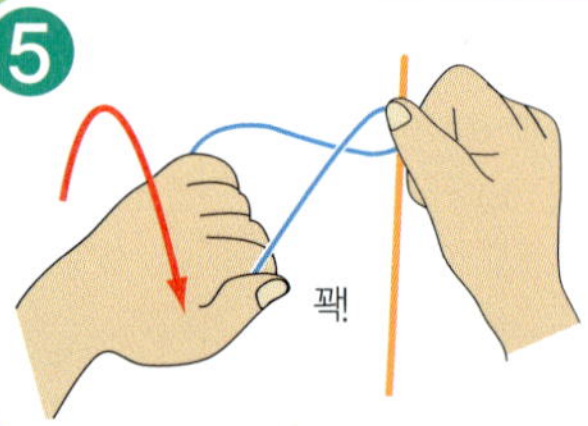

왼손을 앞쪽으로 180도 돌린다. 이때 루프를 느슨하게 하지 말고 계속 장력이 유지되도록 한다.

6

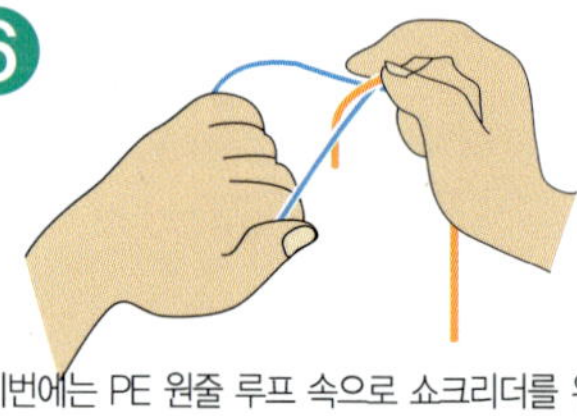

이번에는 PE 원줄 루프 속으로 쇼크리더를 위에서 아래로 넣는다.

7

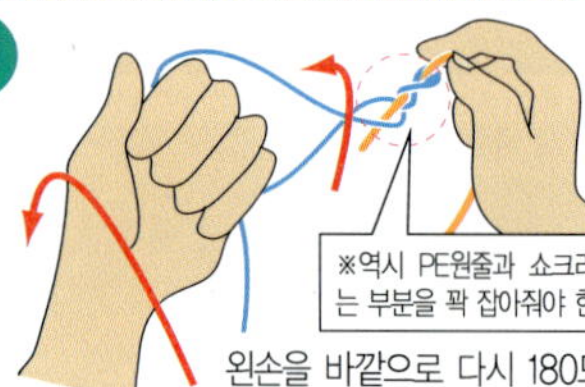

왼손을 바깥으로 다시 180도 되돌린다. 그런 다음 (3)~(7)과정을 7~9차례 반복한다.

8

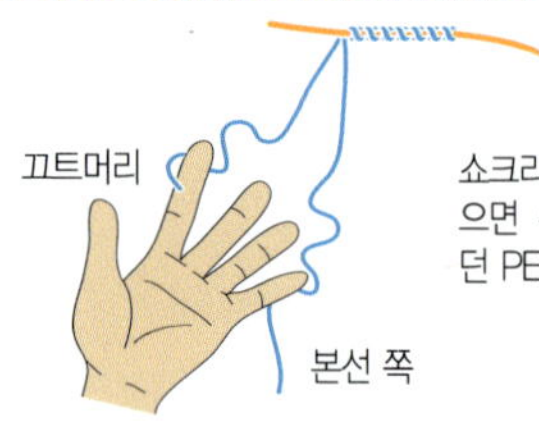

쇼크리더 위로 다 감았으면 손가락에 감겨 있던 PE 원줄을 푼다.

9

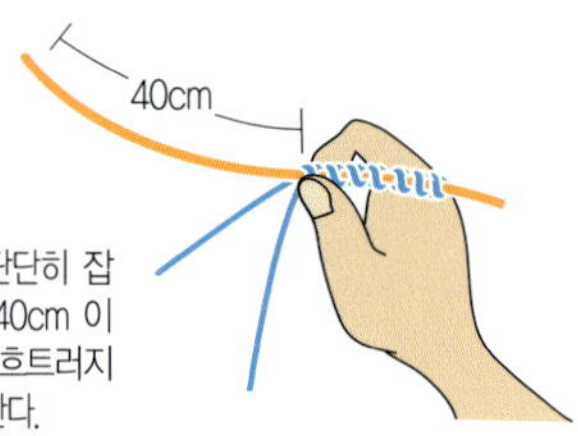

촘촘히 감긴 부분을 단단히 잡고 쇼크리더 위로 약 40cm 이상 이동시킨다. 이때 흐트러지지 않도록 주의해야 한다.

10

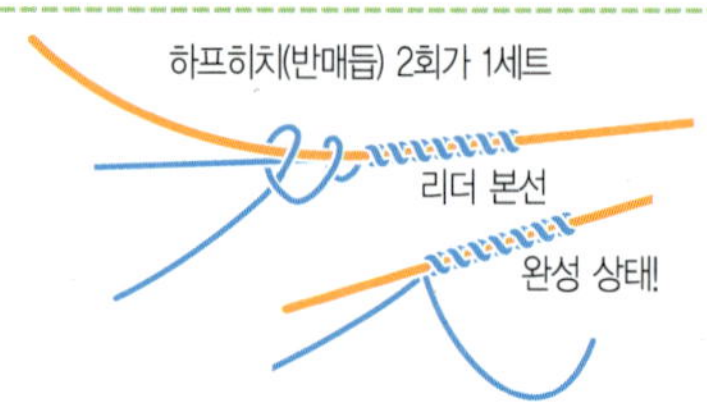

PE 원줄과 끄트머리가 쇼크리더에서 풀려나가지 않도록 동시에 단단히 잡고, PE 원줄 끄트머리로 하프히치를 1세트한다.

⑪

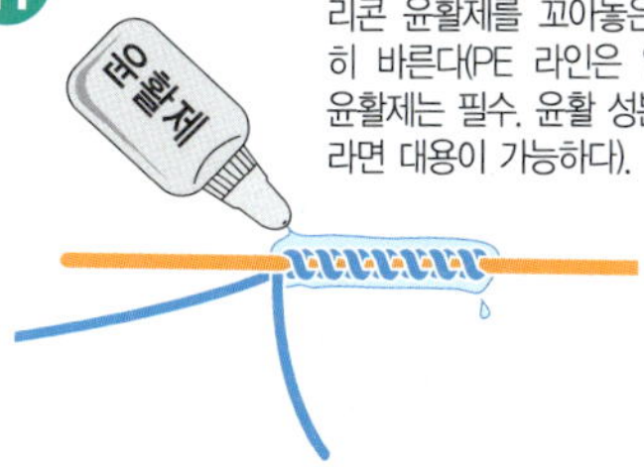

당겨 조이는 과정을 시작한다. 먼저 실리콘 윤활제를 꼬아놓은 부분에 충분히 바른다(PE 라인은 열에 약하므로 윤활제는 필수. 윤활 성분이 있는 것이라면 대용이 가능하다).

⑫

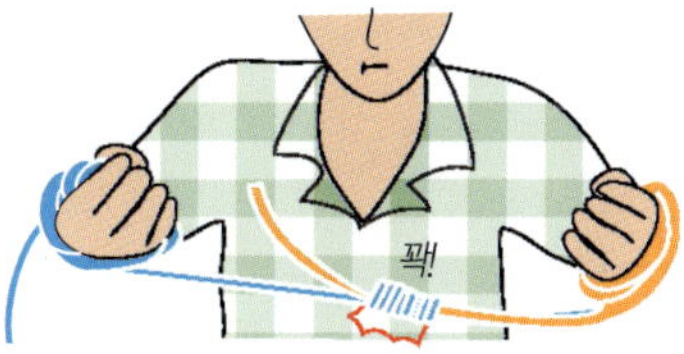

양손에 가죽장갑이나 고무보호대를 착용, 오른손에는 PE 원줄 본선을, 왼손에는 쇼크리더 본선과 PE 자투리를 잡고서 단번에 조인다. 이때 움직이지 않게 되어야 한다.

⑬

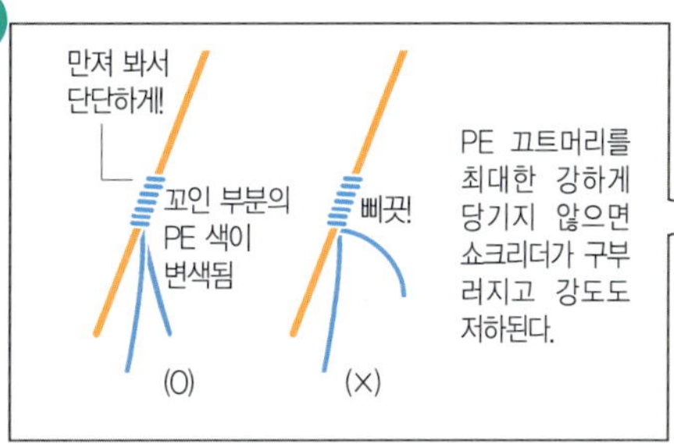

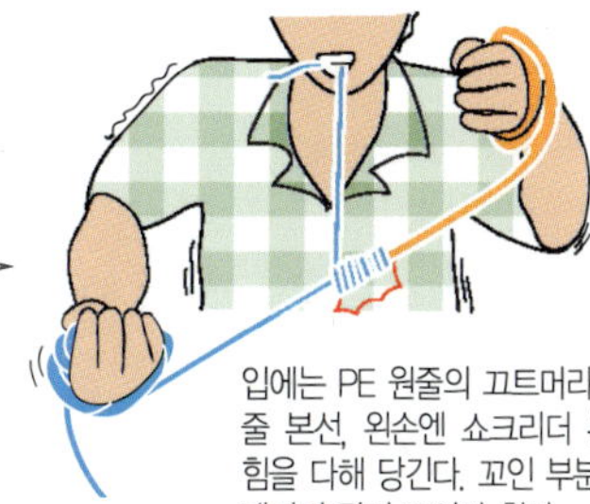

입에는 PE 원줄의 끄트머리를, 오른손엔 PE 원줄 본선, 왼손엔 쇼크리더 본선을 잡고서 있는 힘을 다해 당긴다. 꼬인 부분의 PE 색상이 바뀔 때까지 당겨 조여야 한다.

⑭

가죽장갑이나 고무 보호대를 착용하고 하프히치를 거듭하되, 먼저 쇼크리더 본선을 오른쪽 발등에 감아 직선으로 팽팽히 한 후 왼손으로 PE 원줄과 쇼크리더 끄트머리를 같이 잡고 그 위로 하프히치를 한다. 횟수는 20차례.

⑮

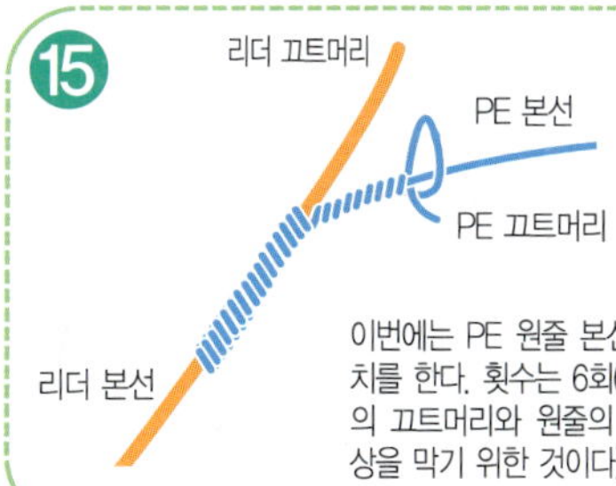

이번에는 PE 원줄 본선 위로만 하프히치를 한다. 횟수는 6회(이것은 쇼크리더의 끄트머리와 원줄의 마찰로 인한 손상을 막기 위한 것이다).

⑯

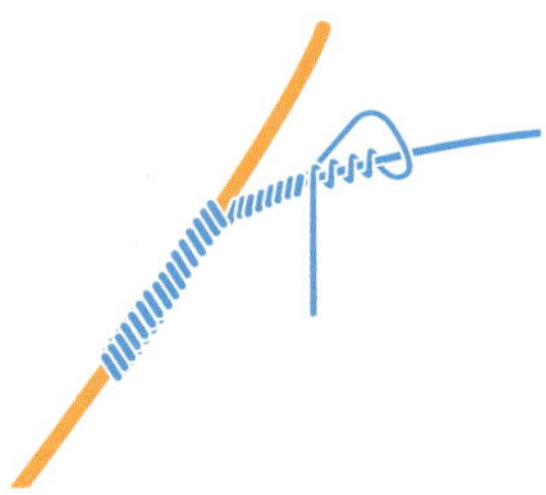

하프히치가 끝나면 안돌리기로 4회 매듭을 지어 풀리는 것을 방지한다.

⑰

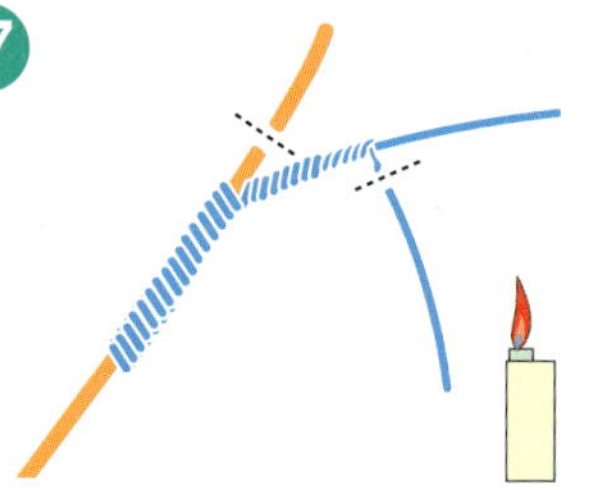

PE 원줄과 쇼크리더의 끄트머리를 각각 3mm 정도 남기고 잘라낸 뒤 단면을 라이터로 지져서 완성시킨다(라이터로 지질 때는 연결부에 열기가 닿지 않도록 주의해야 한다).

완성된 FG노트

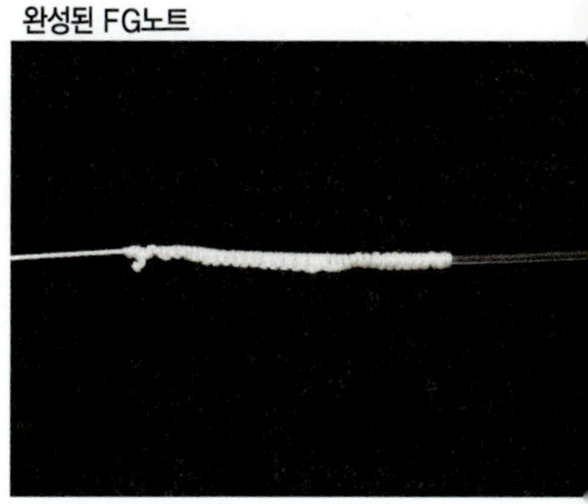

② 세이카이노트 1형 경량급 낚시에 쓰는 간편한 연결방법

1단계 : 더블라인 만들기(쇼트 비미니트위스트)

1

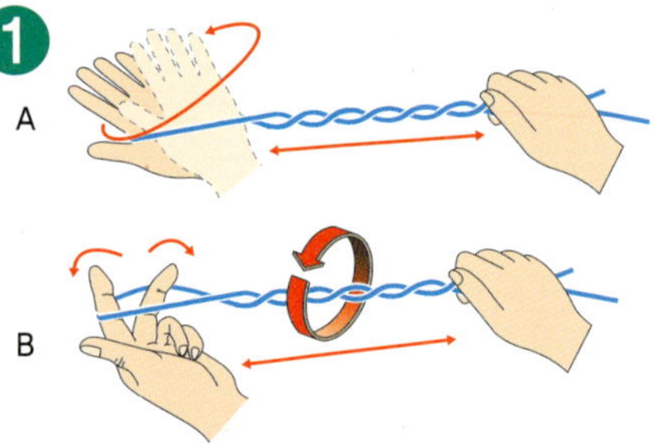

줄을 말아 잡고 고리를 만든 후 돌리기 시작한다. 20회 정도가 적당하다. A와 같이 돌리기보다는 B와 같이 손가락으로 돌리는 편이 고리 크기를 조절하기 쉬우므로 더 좋다. 고리의 길이는 10~15cm를 기준으로 하는데 원하는 크기보다 3~4cm 더 작게 만드는 것이 좋다.

2

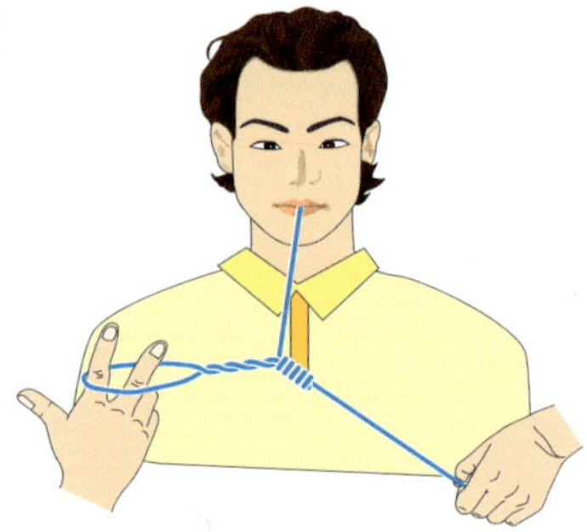

한 쪽 자투리 끝을 단단히 입에 문다. 원줄을 잡은 손과 입을 당겨서 꼬임을 밀착시키고 원하는 고리 크기가 되도록 한다.

3

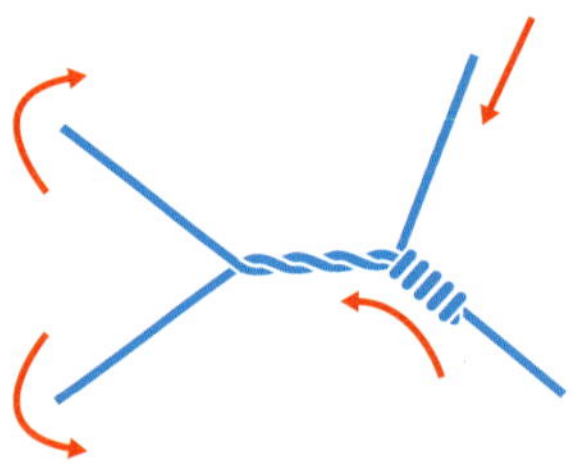

고리 안의 손가락을 조금씩 천천히 펼쳐가면서 이에 맞춰 입에 물고 있는 줄을 매듭 쪽으로 접근시키면 밀착된 꼬임 위로 다시 감겨 올라가기 시작한다.

4

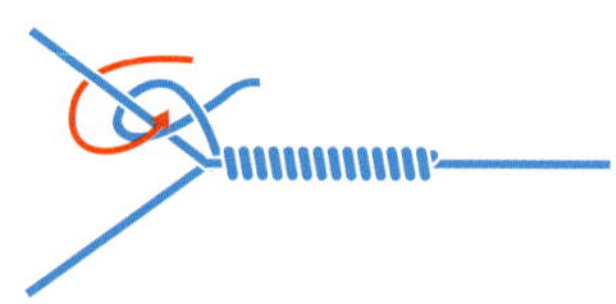

다 올라갔으면 매듭 위를 손가락으로 붙잡고 입에 문 줄을 놓아 한쪽에만 한 번 매듭짓는다.

5

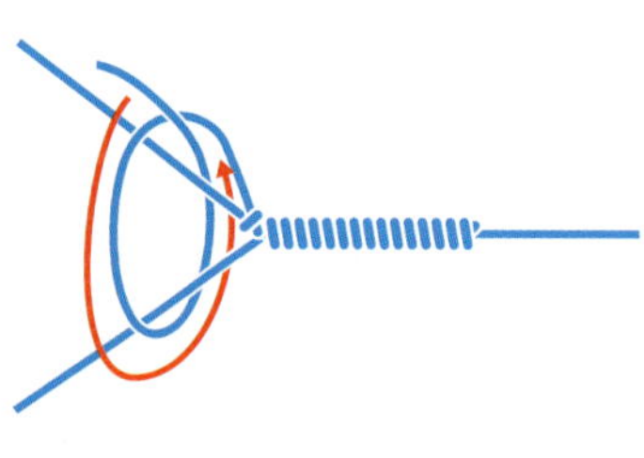

이번에는 두 줄 위로 한 번 매듭짓는다.

6

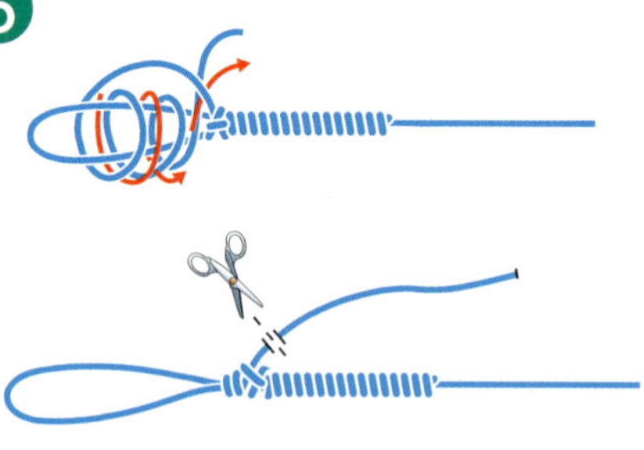

다시 한 번 두 줄 위로 매듭을 짓는데 이번에 안돌리기로 2회 매듭짓는다. 자투리를 잘라내서 완성.

2단계 : 더블라인에 목줄 연결하기

1

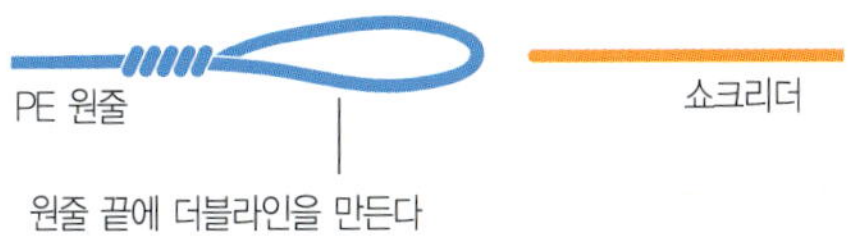

PE 원줄에 비미니트위스트 등으로 10~15cm의 짧은 더블라인을 만든다.

2

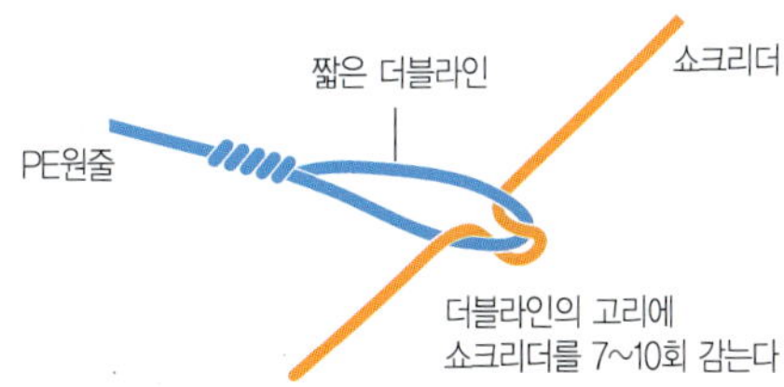

그림처럼 더블라인의 고리 끝에 쇼크리더를 돌려 감는다. 감는 회수는 7~10회가 적당하다.

3

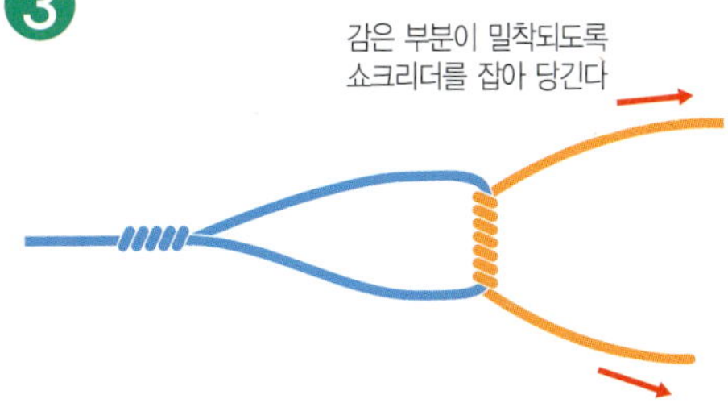

쇼크리더를 당겨서 감은 부분이 밀착되도록 한다. 이때 PE 원줄이 쇼크리더와 서로 얽히게 된다. 완성 후 더블라인의 길이가 차이가 나면 안 되므로 주의한다.

4

쇼크리더의 한 끝을 더블라인과 함께 유니노트(안돌려묶기)로 5회 묶는다.

쇼크리더는 직선이 되고 PE 더블라인이 감기면서 서로 얽힌다.

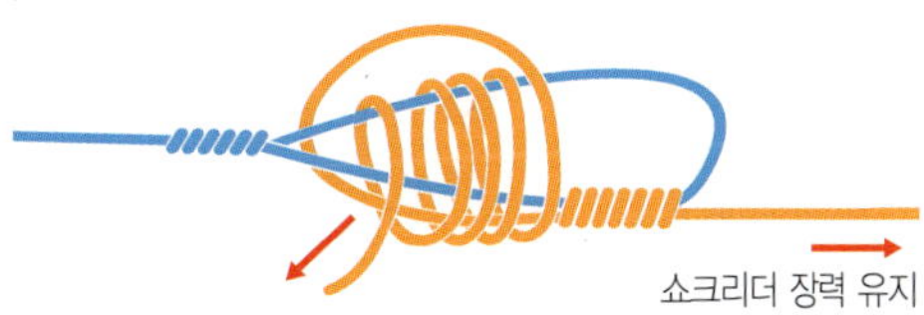

쇼크리더를 팽팽히 당기면 더블라인과 얽히는 부분에서 쇼크리더는 직선이 되고 그 위로 PE 라인이 말려 감기는 형상이 된다. 쇼크리더의 한쪽 끝을 이용해 더블라인 위에 유니노트(안돌려묶기)로 5회 매듭짓는다.

5

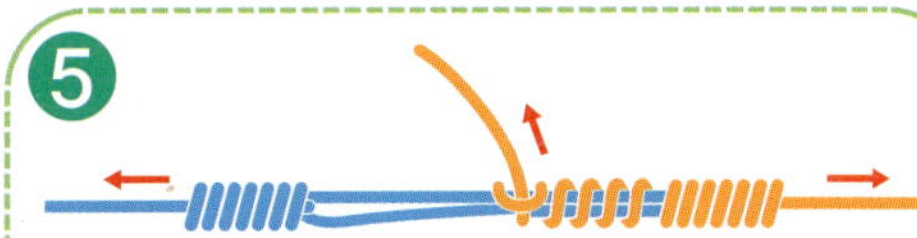

서로 당겨 조인다.

6

쇼크리더 자투리를 자르면 완성.

완성된 세이카이노트 1형

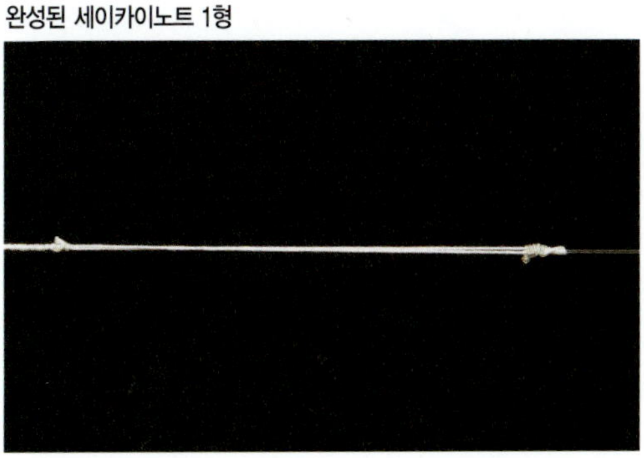

③개량 피셔맨즈노트 중량급 캐스팅낚시에 좋은 정통 연결방법

1단계 : 더블라인 만들기(비미니트위스트)

1

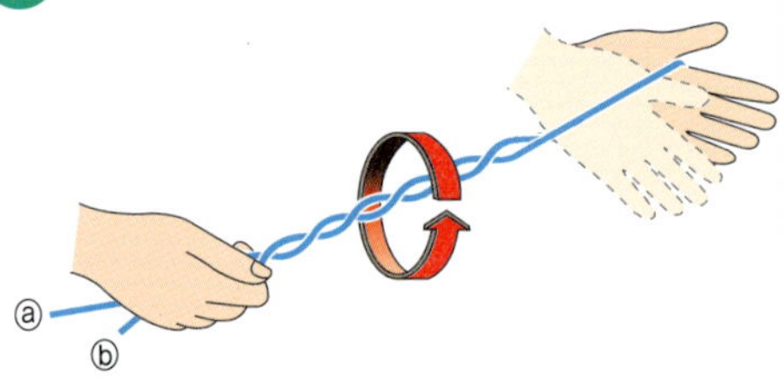

접은 길이 1~1.5m 가량의 낚싯줄 고리 안에 왼손을 집어넣고 30~50회 정도 돌린다.

2

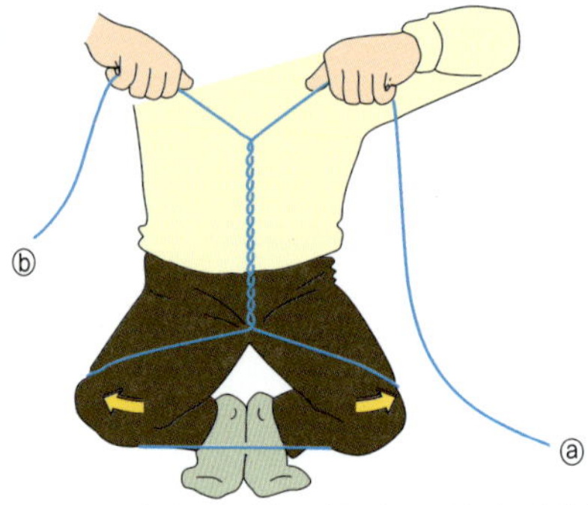

〈그림1〉에서 왼손에 끼우고 있던 고리를 양쪽 무릎(또는 양발)에 끼우고 양손으로 두 줄을 꽉 쥔다.

3

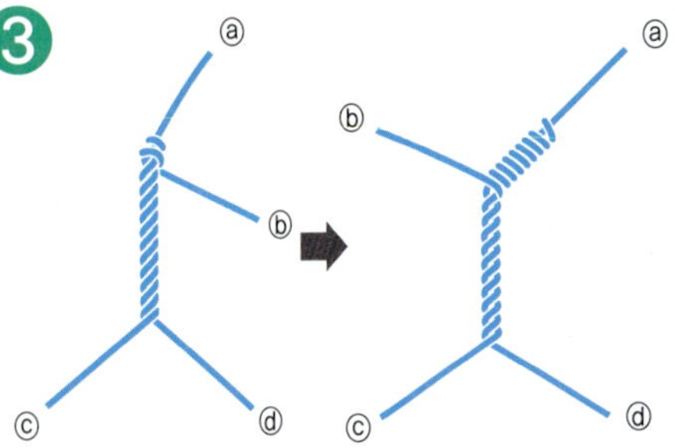

〈그림2〉에서 양발을 힘껏 벌리는 동시에 ⓐ줄을 꽉 쥔 왼손은 위로 들어올리고, ⓑ줄을 쥔 오른손을 아래로 내리면서 천천히 풀어주면, 〈그림1〉 단계에서 만들어진 꼰줄 위에 ⓑ줄이 저절로 다시 한 번 되감긴다.

4

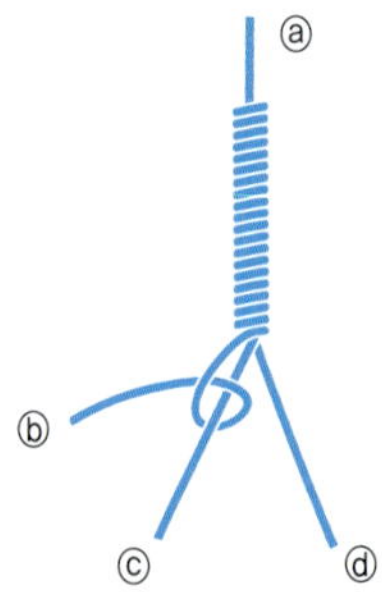

다 감겨져 내린 ⓑ줄을 ⓒ에 대고 한 바퀴 돌려 묶은 다음, PE 라인의 경우는 〈그림2~3〉 작업 과정에서 꼬여진 원줄(ⓐ 부분)을 원래 상태로 풀어주어야 한다.

5

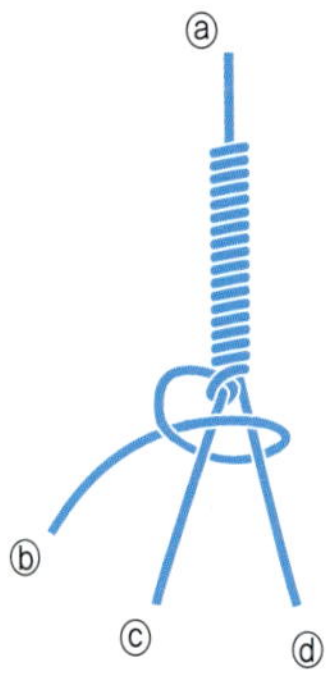

ⓑ줄을 이번엔 ⓒⓓ 밑으로 돌려 다시 한 번 매듭을 짓는다.

6

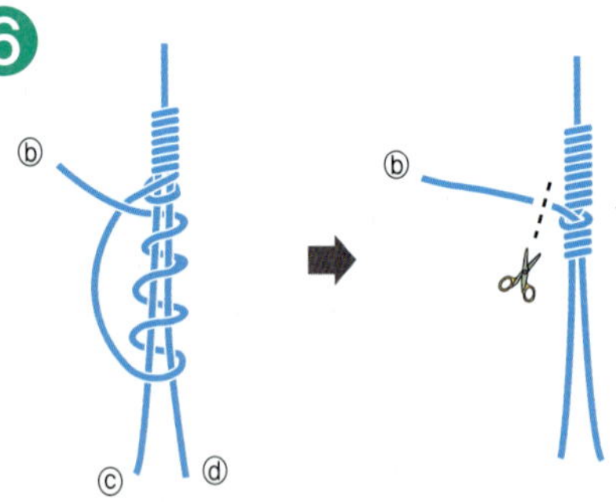

다시 한 번 ⓑ줄을 ⓒⓓ를 축으로 3~4회 안돌리기를 하고선 마무리를 해주면 된다.

7

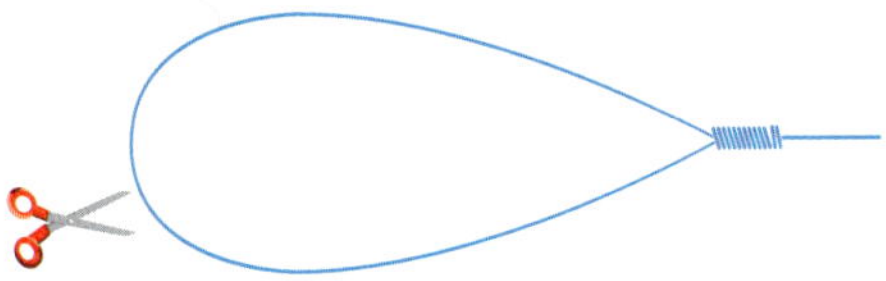

비미니트위스트로 매듭된 라인.

8

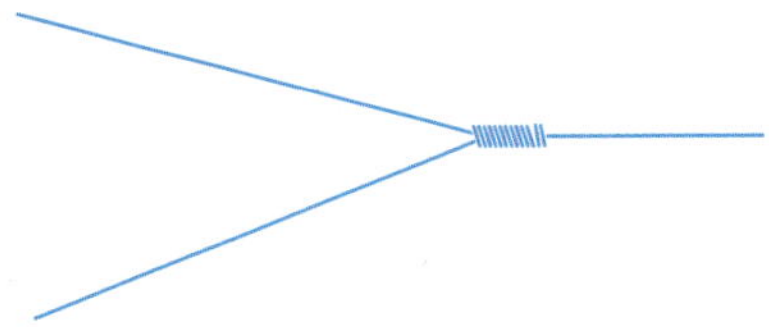

PE 라인을 두 가닥으로 자른다

9

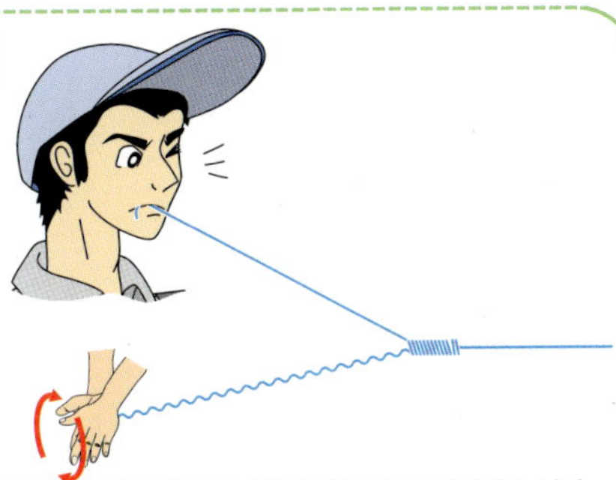

두 줄로 나뉜 PE 라인의 한 줄은 입에 물어 고정시키고, 나머지 한 줄은 그림처럼 두 손바닥을 이용해 한 방향으로 6회 정도 꼬아준다. 다음에는 입에 물었던 줄을 손에 쥐고 같은 방법으로 꼬아 준다.

10

꼬인 두 줄을 포개고 그림과 같이 다시 한번 꼬아주되 〈그림3〉의 방향과는 반대로 꼰다. 횟수는 동일.

11

올이 풀리지 않도록 끝에 매듭을 짓는다.

12

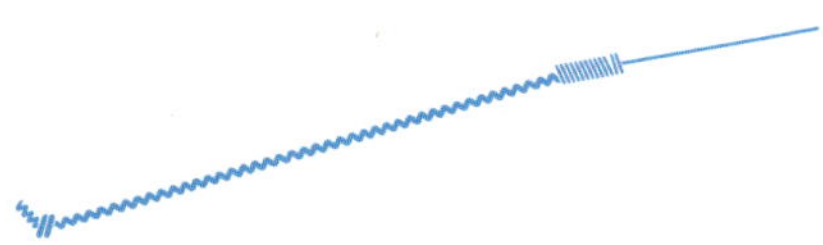

완성.

2단계 : 더블라인에 목줄 연결하기

1

목줄을 3회 감는다.

2

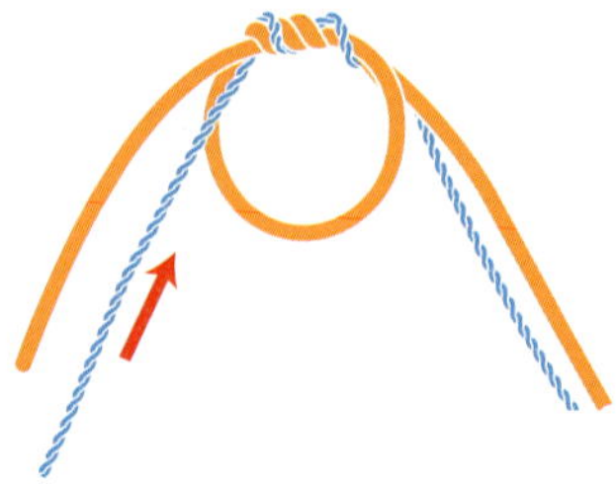

더블라인(PE라인)을 고리 안으로 방향을 맞춰 넣고 2회 감는다.

3

동시에 서서히 당긴다.

4

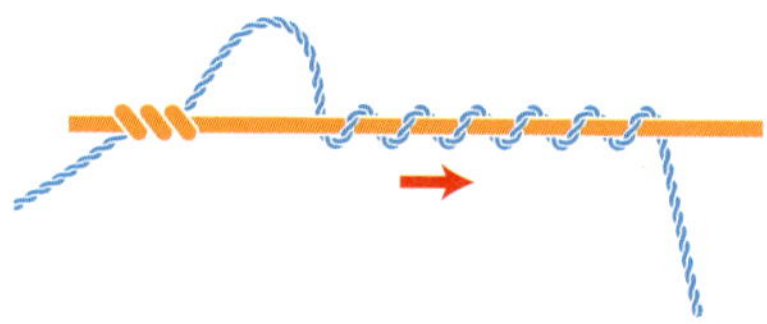

고리를 하나 만든 후 5~6회 감아 올린다.

5

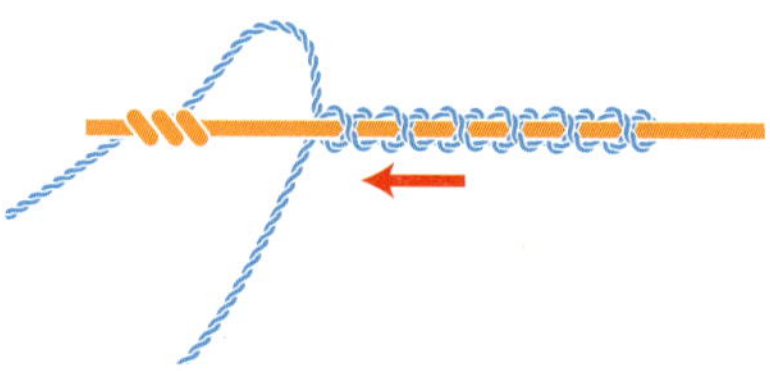

반대 방향으로 다시 5~6회 가량 감아 내린다.

6

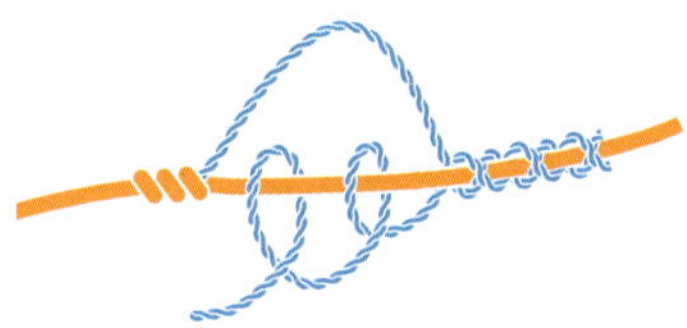

④에서 만들어놓은 고리 속으로 두 번 엇돌려 빼낸다.

완성된 개량 피셔맨즈노트

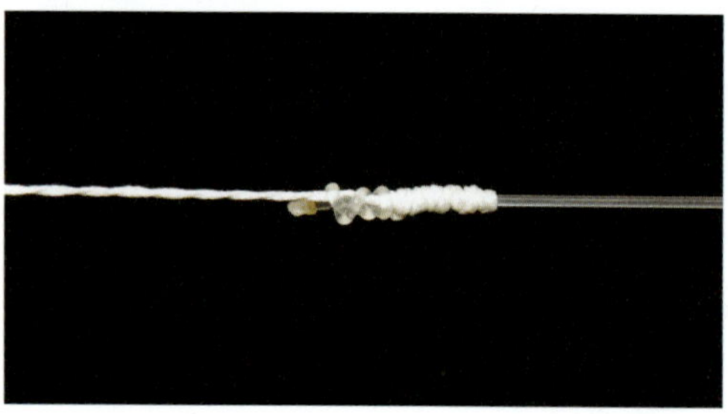

7

⑥단계에서 PE줄에 침을 조금 바르고 3방향으로 강하게 당겨 조인다.

8

자투리를 잘라내고 라이터로 지진다. 완성!

완성된 라인시스템 예시

우럭 · 광어 · 에깅용

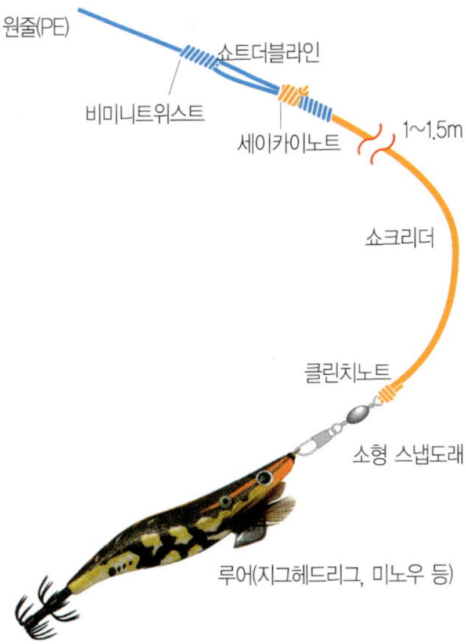

수직지깅 · 지그캐스팅용

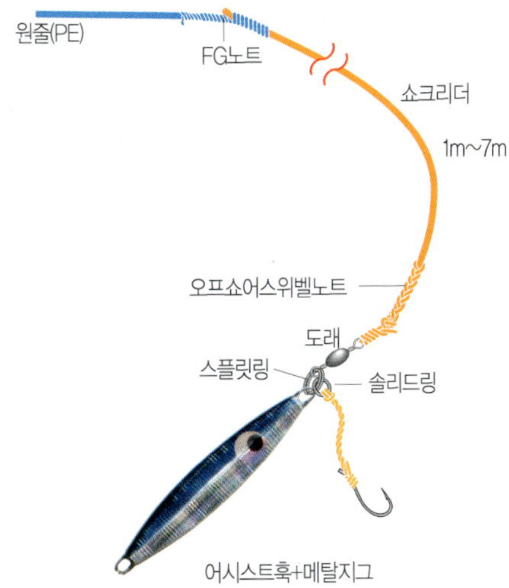

농어낚시와 기타 캐스팅용

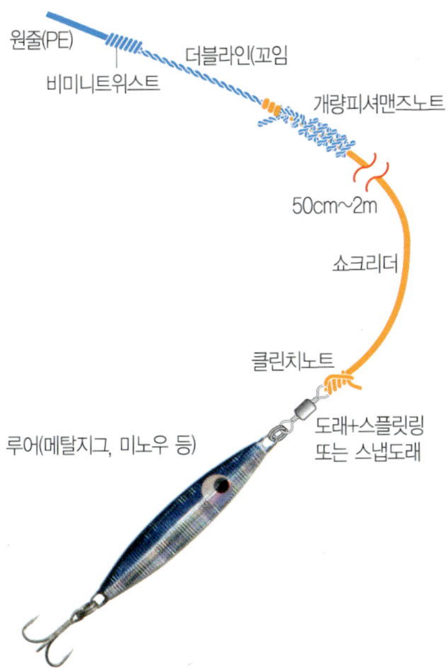

우럭 · 광어와 기타 어종 낚시용

3 Field & 8 Genre

바다 루어낚시는 필드(낚시터)에 따라 방파제낚시, 갯바위낚시, 배낚시의 3가지 종류가 있다. 또 낚시장르에 따라 농어낚시, 록피시낚시, 연안 회유어낚시, 수직지깅, 보트캐스팅, 라이트게임, 에깅(두족류낚시), 경량급 트롤링의 8가지 종류가 있다. 각 낚시종류에 따라 사용하는 낚시장비와 낚시방법이 약간씩 달라지므로 그 개략적인 분류를 알아두면 좋다.
또 바다 루어낚시의 기본이라 할 수 있는 방파제낚시 ABC를 그림을 곁들여 설명한다.

3대 필드

바다 루어낚시는 낚시터에 따라 크게 방파제낚시, 갯바위낚시, 배낚시로 나뉜다. 방파제와 갯바위의 낚시는 사용 도구나 낚시방법에 유사점이 많지만, 배낚시는 낚싯대 · 루어 · 낚시방법에서 크게 달라진다.

방파제 – 가장 대중적인 루어낚시터

바닷가의 항구나 포구에 있는 항만시설은 가장 쉽게 접근할 수 있는 루어낚시터다. 접근하기 쉽다고 해서 물고기가 적게 낚이는 것도 아니다. 볼락 루어낚시나 흰오징어, 갑오징어, 호래기 에깅은 갯바위보다 항만시설 주변에서 더 잘 되는 편이다.

전남 여수시의 하멜방파제. 여름에는 고등어, 가을에는 갑오징어와 문어가 잘 낚이는 여수시민들의 산책낚시터다.

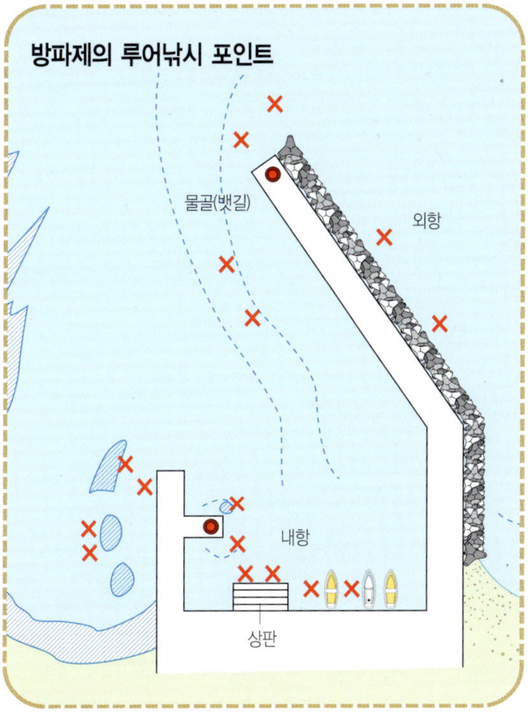

테트라포드가 놓인 방파제 외항에서 에기를 사용해 흰오징어를 낚아 올리고 있다.

항만의 낚시터 중 가장 대중적인 장소는 항구 안쪽과 방파제다. 수면과의 거리가 높은 경우도 많고 테트라포드와 같이 복잡하여 서있기 불안한 장소도 많지만, 대체적으로 편평하여 이동과 낚시에 편한 장소가 많다.

방파제의 포인트는 조류가 닿는 곳, 끝부분, 테트라포드에 주로 형성된다. 방파제 주위에는 항상 물고기들이 모여 있다. 바닥에 숨어살기 좋아하는 어종이라면 복잡한 구조를 갖는 테트라포드나 구조물 주위가 안식처가 되므로 그런 장소가 포인트다. 한편 조류를 따라 이동하는 회유어라면 방파제의 끝부분이나 꺾어지는 부분 등 조류의 움직임이 좋은 장소가 포인트다.

방파제낚시의 주의사항

●혹시 모를 추락사고 방지를 위해 구명동의 착용을 잊어서는 안 된다.

●바람막이가 없는 방파제의 특성상 바람이 강하게 부는 경우에는 출조를 자제한다.

●테트라포드 끝의 파도에 젖어 있는 부분은 해조류가 자라서 대단히 미끄러우므로 밟지 말아야 한다.

갯바위 – 약간 난코스지만 조과는 확실하다

섬과 해안에 자연적으로 형성된 갯바위는 복잡한 수중구조와 항상 원활한 조류소통이 물고기들에게는 가장 좋은 서식조건을 제공하는 장소다. 들쑥날쑥한 지형으로 인해 방파제보다는 조금 어려운 낚시터라고 말할 수 있지만, 더 확실한 조과를 보장한다.

갯바위의 포인트는 암초 주변, 포말지대, 수중여에 형성된다. 우럭과 같이 바닥에 숨어사는 물고기는 암초 사이사이 그림자 져 있는 곳에 들어가 있다. 수중여 주변, 골이 져 파인 곳, 솟아오른 곳 등이 다 포인트다. 먼 장소만 노릴 것이 아니라 바로 발 앞도 포인트다. 다만 그만큼 여걸림도 많아 루어 손실이 많다. 파도로 인해 항상 하얀 거품이 일고 있는 포말 속도 좋은 포인트로서 농어가 이런 곳을 좋아한다.

방파제나 선착장에서 좌우로 걸어가면 암반으로 형성된 갯바위가 나타난다. 그 중 낚시가 잘 되는 갯바위 구간은, 물속 멀리까지 암초가

제주도 성산 일출봉 앞 삼각여에서 낚인 부시리. 갯바위에선 방파제보다 대형어를 만날 확률이 높다.

우럭과 넙치가 잘 낚이는 인천 앞바다 공경도 갯바위.

호쾌한 갯바위낚시의 매력. 제주도 부시리와 일전을 치르고 있다.

많이 깔린 곳, 다른 지역보다 바다로 많이 돌출돼 있어 수심이 깊고 조류가 빠른 곳이다. 수심이 깊고 조류가 빠른 돌출 갯바위는 농어, 삼치, 고등어 등 회유어가 잘 낚이고, 수심이 얕아도 암초가 많이 깔린 곳은 우럭, 쥐노래미, 볼락 등 록피시가 잘 낚인다. 조류가 빠른 갯바위는 아침~낮에 낚시가 잘 되고 얕은 암초지대는 해거름~밤에 낚시가 잘 된다.

한편 배를 타고 섬으로 들어가서 즐기는 섬 갯바위낚시는 뱃삯이 추가돼 비용이 비싸지만 확실한 조과를 거둘 수 있어서 베테랑 낚시인들이 즐기는 장르다.

갯바위의 루어낚시 포인트

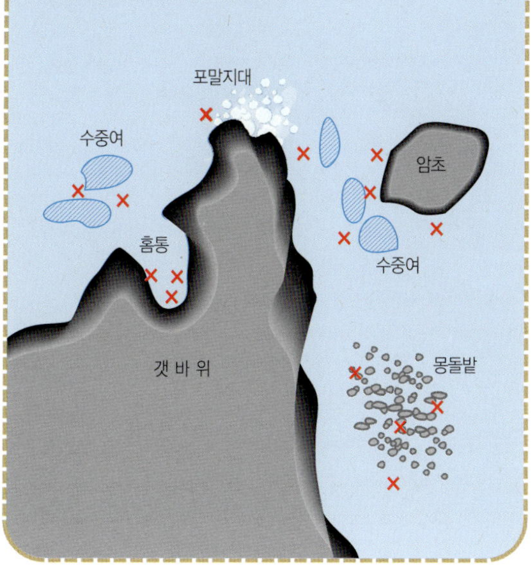

갯바위낚시 주의사항

●지형이 험한 만큼 위험도 따른다. 만일 넘어진다면 중상을 입을 수도 있으므로 항상 주의할 것. 갯바위신발, 구명동의 착용은 필수다. 단독 출조는 삼갈 것.

●항상 썰물과 밀물을 염두에 둔다. 간만의 차이로 인해 퇴로가 없어지거나 하는 장소도 많다. 간출암에 오를 때는 더욱 주의할 것.

●일기예보를 확인하고 파도가 높거나 바람이 강한 날에는 출조를 삼간다.

●이른 새벽에 진입하거나 어두워진 후에 철수할 때를 대비해 랜턴은 필수 휴대품.

낚싯배 – 대형어를 가장 쉽게 낚을 수 있다

해안에서 접근할 수 없는 장소에서 낚시를 한다는 것이 배낚시의 최대장점이다. 또 깊은 수심에 머무는 대형어를 갯바위나 방파제보다 낚아 올리기 쉽다. 낚시환경이 안정적이므로 보다 좋은 조과를 기대할 수 있다.

배낚시는 루어를 사용하는 방법에 따라 다시 3가지 형태로 구분할 수 있다. 루어를 육지에서와 마찬가지로 캐스팅하는 보트캐스팅, 무거운 지그를 수직으로 가라앉혀 사용하는 수직지깅(버티컬 지깅), 배를 계속 달리면서 루어를 끌고 다니는 트롤링이다.

루어 배낚시의 포인트는 수중여, 급심지역, 침선 주변, 베이트볼(Bait ball), 갈매기 무리, 부유물 등이 대표적이다. 대상어에 따라 수면 바로 아래로부터 해저바닥에 이르기까지 바다 전역이 포인트가 될 수도 있다. 그러나 조류, 수온, 물색, 수중지형 등 물리적 조건이 만족되어야 함은 물론 대상어의 먹잇감이 되는 작은 물고기 무리들이 존재하여 먹이사슬을 이루고 있는 장소라야 한다. 이러한 장소를 어군탐지기로 찾아

서해 고군산군도 앞 선상에서 루어낚시로 농어를 노리고 있다. 기동성 넘치는 배낚시는 갯바위보다 어군을 만날 확률이 높다.

배낚시 포인트(수중여, 급심, 침선, 베이트볼, 갈매기 등)

내기도 하지만 경험이 풍부하고 지역에 정통한 선장의 실력이 무엇보다도 중요하다.

동해 왕돌짬 선상 지깅낚시의 부시리 조과.

배낚시 주의사항

●여러 명이 한 배를 탔으므로 공간의 제약이 따른다. 무리한 행동을 피해 안전사고를 예방한다.

●여럿이 낚시를 하는 경우 가능한 한 같은 굵기의 낚싯줄, 같은 무게의 지그를 사용하면 서로 간의 줄엉킴을 최소화할 수 있다.

●한 사람이 입질을 받았다면 서로 낚싯줄이 엉키지 않도록 다른 사람들은 신속히 채비를 걷어 들이고 파이팅 중의 낚시인들을 보조해 주는 것이 예의다.

●승선 시에는 필히 구명동의 착용.

8대 장르

바다 루어낚시는 낚시대상어의 종류에 따라, 또 사용하는 도구의 차이에 의해 다음의 8가지 장르로 구분된다. 이 8가지 낚시방법을 마스터하면 바다 루어낚시에선 더 배울 게 없는 셈이다.

1. 농어낚시

바다 루어낚시의 대표적 대상어를 말한다면 농어다. 농어 루어낚시는 바다 루어낚시의 장르 중에서 가장 먼저 시도되었고 또 빠르게 발전하였다. 역사가 깊은 만큼 독자적인 기법, 장비, 루어도 따로 개발되었으므로 다양한 장르 중에서도 농어낚시를 특별히 따로 구분하고 있다.

농어 루어낚시는 바다 루어낚시의 기초 단계에서부터 고급 단계까지 모두 함축되어 있는 낚시다. 바다 루어낚시 입문자라면 꼭 한번 경험해 볼 필요가 있는 장르다. 과거에 주로 시도되던 것은 거친 갯바위낚시이지만 요즘은 방파제

농어낚시. 제주도 해안에서 야간 루어낚시를 시도해 농어를 낚아 올리고 있다.

나 하천 하구의 제방에서도 루어로 농어를 많이 낚는다. 서해에서는 농어 루어 배낚시도 인기가 높다.

2. 록피시낚시

주로 수중의 암초나 인공구조물 등에 의지해서 살아가는 물고기를 '록피시'라고 부른다. 우럭, 볼락, 넙치, 쥐노래미 등과 같은 종류다. 이들을 루어로 낚아내는 형태를 '록피시낚시'라고 명명하였다.

록피시낚시는 민물 루어낚시와 기법이 유사하고 공통되는 요소가 많아 초보자도 쉽게 접근할 수 있는 바다 루어낚시의 입문 코스다.

록피시낚시. 군산 개야도 갯바위에 내린 낚시인들이 우럭, 쥐노래미, 넙치 등을 낚으며 휴일을 즐기고 있다.

3. 연안 회유어낚시

갯바위나 방파제에서 방어, 부시리, 삼치, 줄삼치, 가다랑어 등과 같은 회유어를 상대로 각종 루어를 원투하여 낚아내는 것을 이른다. 이른바 등 푸른 생선으로 통하는 대상어가 주류를 이룬다. 사용하는 루어는 각종 플러그와 메탈지그, 스푼 등이다. 어느 정도 무게를 갖고 있어야 원투가 용이하므로 갯바위 농어 루어낚시보다는 한 단계 중량급 낚시가 된다.

메탈지그만 사용하는 연안 회유어낚시를 따로 '연안지깅(쇼어지깅, Shore jigging)'이라고 부르고 있다.

4. 수직지깅

수직지깅(Vertical jigging)이란 한바다로 배를 타고 나가 깊은 수심에 머무는 대형어를 무거운 메탈지그로 직공하여 낚는 방법이다. 매우 다이내믹한 재미를 맛볼 수 있는 장르다. 대구, 방어, 부시리, 삼치 등 심해에 살거나 회유하는 어종이 주요 대상어다.

메탈지그를 가라앉히고 릴과 낚싯대를 이용해 기민하게 수직방향으로 움직여 주는 형태에서 이름이 유래하는데 일반적으로 '지깅'이라 하면 바로 이 수직지깅을 지칭한다. PE 재질의 낚싯줄이 개발되면서 비약적으로 발달한 장르로 이 지깅 이후에 대물의 개념이 한층 업그레이드되었다. 대상어에 따라 수면 바로 아래로부터

수직지깅. 남해서부의 원도인 가거도 해상에서 부시리를 걸어서 사투를 벌이고 있다.

해저에 이르기까지 바다 전역이 포인트가 될 수 있다.

5. 보트캐스팅

배를 이용해 갯바위나 방파제에서는 노릴 수 없는 포인트를 직접 공략할 수 있는 방법이다. 먹이를 찾아 회유하는 대상어를 배를 이용해 찾아가므로 보다 좋은 조과를 올릴 수 있는 장점이 있다.

같은 배낚시이지만 수직지깅과 다른 점은 루어를 바로 가라앉히지 않고 연안에서와 마찬가지로 캐스팅한다는 것이다. 깊은 수심의 바닥층 공략이 아니라 얕은 장소의 암초, 수중여 주변이나 부유물, 베이트볼(Bait ball : 수면에 나타나는 대상어의 먹잇감)을 찾아 낚시를 한다.

6. 라이트게임

전문적으로 장르가 따로 구분되어 있지 않고 루어에 손쉽게 낚이는 소형어 낚시를 통틀어 라이트게임이라고 부른다. 갈치, 고등어, 전갱이, 황어 등이 여기에 속하는 대상어라고 할 수 있다. 특별한 전문적 장비를 구비할 필요 없이 민물 루어낚시 장비로도 충분히 즐길 수 있어 바다루어 초보자나 가족낚시에 적합하다.

7. 에깅(두족류 낚시)

오징어나 문어, 주꾸미 등을 낚는 것을 말하는데, 이중에서 '에기'라고 부르는 특수한 오징

거제도 갯바위에서 에기로 낚은 흰오징어.

어뿔을 사용하여 주로 흰오징어(무늬오징어)를 낚는 것을 따로 '에깅'이라고 지칭하고 있다. 이외에도 참오징어(갑오징어), 창오징어(한치)가 주요 대상어다. 원래는 흰오징어 낚시만 에깅이라 칭하였으나 근래에는 갑오징어나 창오징어도 에기로 많이 낚고 있으며 그래서 에깅의 범주에 포함시키고 있다.

또 문어와 주꾸미도 전용 루어를 사용해서 낚기는 하지만 역시 에기에 잘 낚이는 어종이다. 에깅은 최근 가족낚시로 인기가 높아지고 있다.

8. 경량급 트롤링

여름철 제주도에서 성행하는 낚시방법으로 가다랑어, 줄삼치 등 소형 다랑어류를 대상으로 하는 '끌낚시'다. 어부들은 낚싯대 없이 낚싯줄에 여러 개의 납을 부착한 납줄에 꼴뚜기 형태의 비닐베이트나 우각(牛角) 등으로 만든 간단한 루어를 달아 배의 동력을 이용해 끌고 다니며 입질을 기다린다. 보트캐스팅 도구나 지깅 도구에 고속으로 움직여도 밸런스가 좋은 미노우 형태의 루어를 사용하는 것이 일반적이다.

루어낚시 대상어종의 3대 필드 & 8대 장르 분류

어 종	필드별			장르별							
	방파제	갯바위	배	농 어	록피시	연안캐스팅	수직지깅	보트캐스팅	라이트게임	트롤링	에 깅
가다랑어	O	O	O			O		O		O	
갈 치	O		O				O		O		
고등어	O	O							O		
넙 치	O	O	O		O						
농 어	O	O	O	O				O			
대 구			O				O				
만새기			O				O	O		O	
방 어	O	O	O			O	O			O	
부시리	O	O	O			O	O	O			
볼 락	O	O	O		O						
삼 치	O	O	O			O	O	O			
우 럭	O	O	O		O						
전갱이	O	O	O						O		
줄삼치	O	O	O			O		O		O	
쥐노래미	O	O			O						
주꾸미	O		O								O
참 돔			O				O				
갑오징어	O		O								O
창오징어	O		O								O
흰오징어	O	O	O								O
황 어	O								O		

※예를 들어 우럭낚시의 경우에, 우럭은 필드별로 보면 방파제에서도 낚고 갯바위에서도 낚으며 배를 타고도 낚으므로 '방파제낚시'에도 '갯바위낚시'에도 또 '배낚시'에도 속한다. 이외에 장르별로는 우럭은 암초지대에 서식하는 대표적인 대상어이므로 '록피시낚시'로 표현하기도 한다.

초보자를 위한 방파제 루어낚시 ABC

방파제는 바다 루어낚시의 기초적 필드이자 실제로 가장 쉽게 자주 접하는 낚시터다.
따라서 초보자라면 일단 방파제에서 낚시를 시작하는 것이 올바른 수순이다.

처음 가는 방파제에서 포인트를 찾는 법

소문만 듣고 처음 가는 방파제. 무엇이 낚일 지는 미지수다. 특별히 낚고자 하는 어종이 있다면 그에 맞춰 장비를 선택하지만 무슨 물고기가 낚일 지 알 수 없는 상황이라면 지참해야 할 가장 기본적인 장비는 두 가지다.

①농어낚시 장비(9~13cm의 미노우나

방파제낚시터로 유명한 통영 매물도 당금방파제. 사진 왼쪽의 외항 테트라포드에서 각종 록피시와 흰오징어가 잘 낚인다.

처음 온 방파제 둘러보기

30~50g의 지그 사용에 적합)–이 장비로는 농어, 방어, 삼치, 흰오징어, 대형 광어 등을 낚을 수 있다.

②우럭낚시 장비(지그헤드리그나 소형 미노우, 스푼 사용에 적합)–이 장비로는 우럭, 광어, 쏨뱅이, 개볼락 등을 낚을 수 있다.

※기타 준비물 : 아이스박스, 뜰채, 구명동의(낚시조끼 겸용), 선글라스 등

방파제 끝부분

방파제의 맨 끝은 최고의 포인트다. 조류 소통이 원활하여 항상 먹잇감이 풍부하므로 이를 노리는 물고기들도 많이 모인다. 또한 좌우가 트여있어 낚시하기에 편하다. 조류 소통이 좋으므로 방어와 같은 회유어는 물론 농어, 록피시 등 모든 어종이 낚인다.

중간 꺾인 부분

대형 방파제는 대부분 중간에서 한 번 꺾인 형태를 하고 있는 경우가 많다. 평범하다가 변화가 있는 부분은 조류의 흐름에 변화가 있는 장소이므로 항상 포인트라고 보면 좋다. 각종 록피시, 농어, 흰오징어가 낚인다.

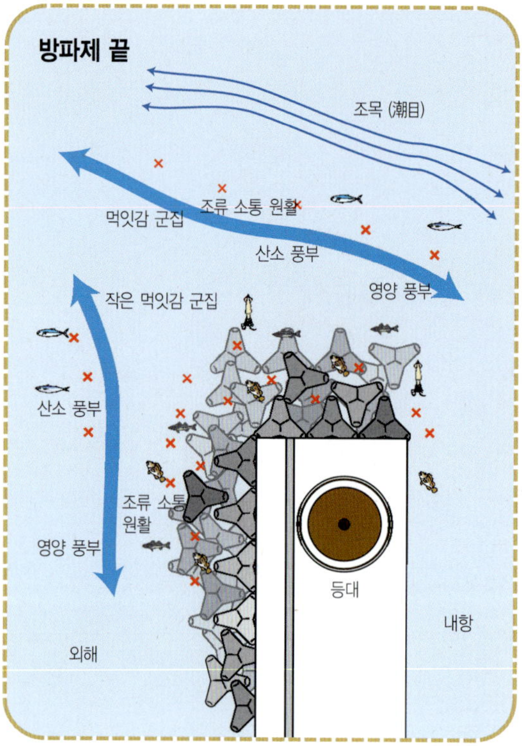

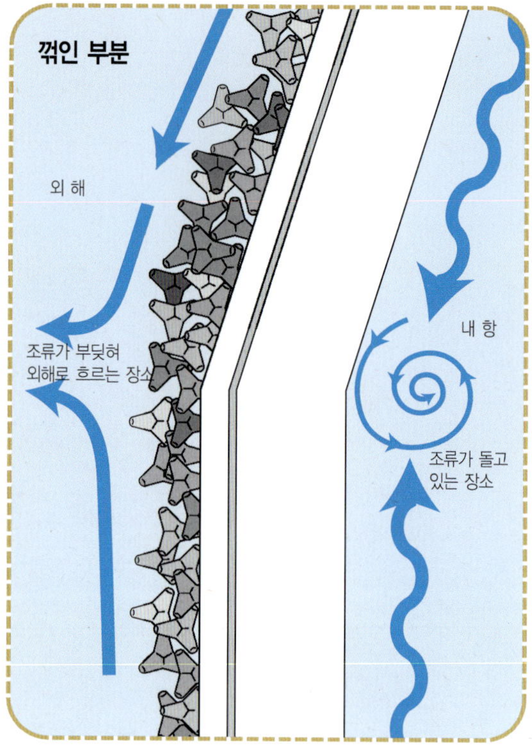

접합부

방파제는 하나의 큰 콘크리트 덩어리가 아니라 몇 개의 대형 구조물이 이어져 있는 형태이다. 그런 접합부는 항상 틈이 있고 수중에서는 그 틈 자체가 스트럭처임과 동시에 이를 중심으로 해조류나 패류가 부착되어 포인트를 만든다. 우럭, 개볼락, 쏨뱅이 등 각종 록피시가 낚인다.

테트라포드

복잡하게 얽히고설킨 테트라포드 사이사이 공간이 각종 록피시의 안식처다. 또 작은 물고기는 물론 여러 가지 동식물이 자라고 있어 이를 노리는 물고기도 주위를 맴돈다. 다만 소형 테트라포드는 특별한 문제가 없지만 대형 테트라포드의 경우는 안전사고에 유의해야 한다. 농어, 방어, 우럭, 쏨뱅이, 개볼락, 흰오징어 등이 테트라포드 속이나 주변에서 낚인다.

내항 물골 주변

항구를 드나드는 배들이 이용하는 길로 특히 수심이 깊다. 해저지형이 변화하는 장소는 좋은 포인트이다. 해저가 모래나 자갈이라면 각종 록피시, 광어, 흰오징어 등이 낚이고 해저가 진흙이라면 참(갑)오징어 등이 낚인다.

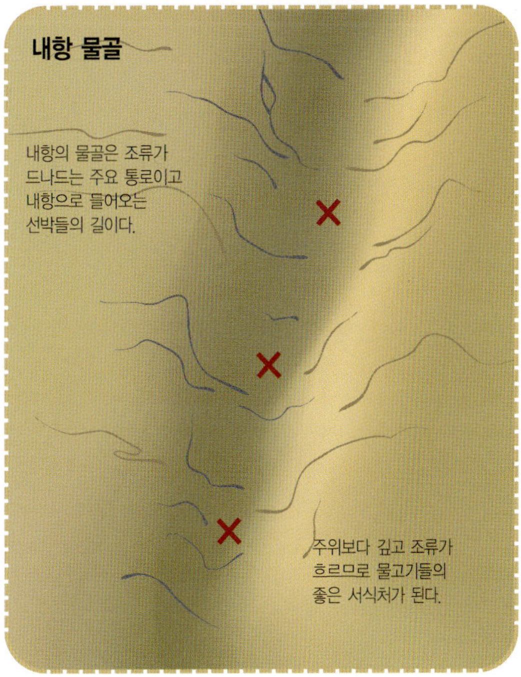

해조류지대

해조류가 무성하게 자라난 장소는 물고기의 산란장이기도 하고 어린 치어의 생활터전이기도 하다. 이런 작은 먹이를 노리는 물고기들이 모인다. 볼락 등 록피시가 주로 낚인다.

내항 바지선 및 정박 중인 선박 주변

바지선이나 오래 정박 중인 배가 만드는 그림자 주변에는 작은 물고기가 모이므로 좋은 포인트가 된다. 또 바지선의 바닥에는 해조류나 패류가 서식하게 되어 인위적인 생태계가 만들어져 있다.

해조류 군락

바지선과 선박 주변

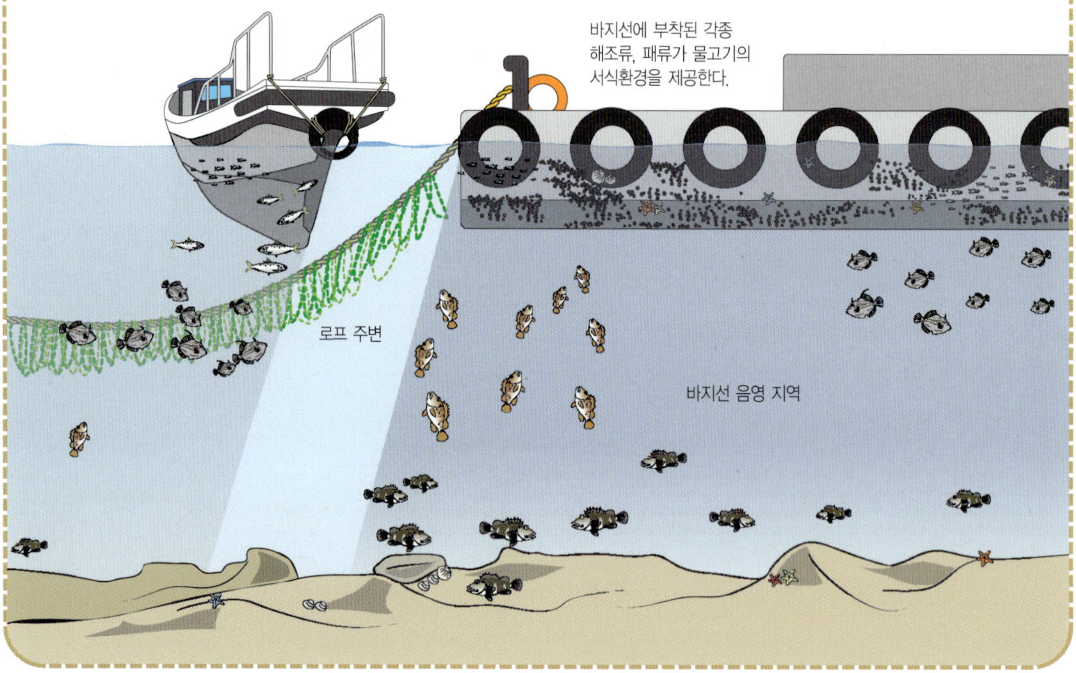

남해안의 방파제에서 볼락을 낚고 있다. 볼락은 울산~부산~사천의 남해동부 내만 방파제에서 밤에 잘 낚이는 최고급 루어낚시 대상어다.

실전에서 필요한 방파제낚시 기술

방파제의 물고기들은 어디에 있으며 어떻게 낚을 것인가? 내가 서 있는 방파제의 성격, 즉 수심, 바닥상황, 조류, 물때를 파악해야 물고기를 낚을 수 있다. 빨리 물고기를 낚고 싶지만 무작정 루어를 던져서는 헛수고다. 귀찮은 일이지만 중요한 일이므로 새로운 방파제에 가면 꼭 다음 사항들을 단계적으로 파악해두자. 이 과정은 방파제가 아닌 갯바위에서 루어낚시를 할 때도 필요하다.

▲포구 안쪽의 선착장 상판 위에서 볼락을 낚고 있다. 통영 사량도.
▼울산 화력발전소 앞 방파제를 찾은 낚시인들. 동해안의 방파제는 파도가 치는 날엔 위험하므로 잔잔한 날 찾아야 한다.

1단계 : 방파제의 수심부터 측정하라

1. 낚시터로 가기 전에 알아두어야 할 사항이 있다. 자신의 릴의 핸들을 한 바퀴 돌리면 낚싯줄이 얼마만큼의 거리가 감기는가를 확인해 둔다. 릴의 포장박스나 설명서에 표기되어 있다.

릴핸들 회전과 감기는 줄 길이

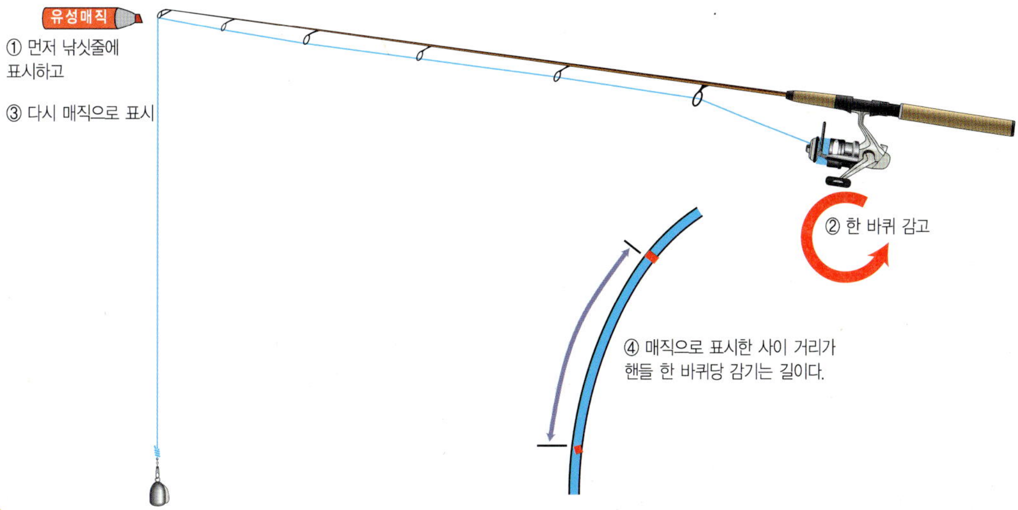

바닥지형 파악하기

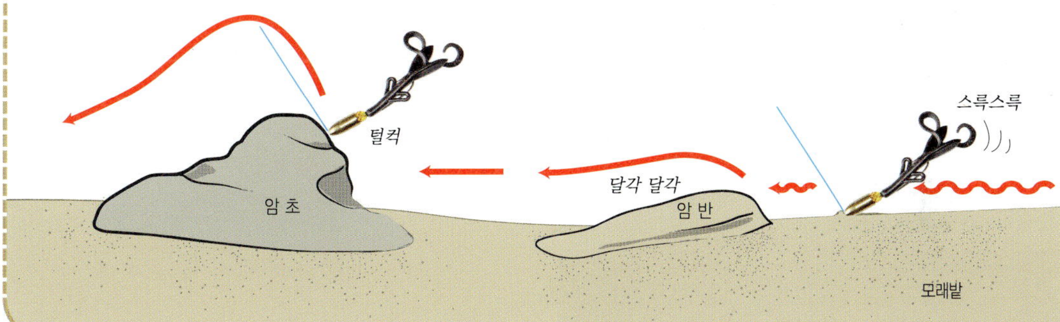

혹시 박스나 설명서를 이미 버려서 알 수 없다면 직접 확인해 본다.

확인방법은 간단하다. 낚싯대에 릴을 부착하고 가이드에 낚싯줄을 통과시킨 후, 톱가이드로부터 넉넉히 줄을 내리고 톱가이드 부근에서 낚싯줄에 유성펜으로 표시를 한다. 다음에 릴의 핸들을 한 바퀴 돌리고 다시 낚싯줄에 표시한 후 그 사이의 거리를 자로 재보면 된다.

실제로는 릴의 스풀에 낚싯줄이 적게 감겨있을 때와 꽉 차게 감겨 있을 때의 차이가 있으므로 릴 구입 후 낚싯줄을 감을 때 처음 감기 시작할 때와 거의 다 감았을 때를 각각 확인해 두면 더욱 좋다. 스풀에 감긴 낚싯줄의 양을 보고 핸들 한 바퀴에 얼마 정도 거리인가를 대충 짐작할 수 있게 한다.

2. 낚시터에 도착하면 방파제의 일정 장소에서 보통 사용하는 루어보다 조금 무거운 봉돌을 연결한다. 봉돌이 조류의 흐름에 떠내려가면 좀 더 무거운 것으로 교체한다. 그리고 낚싯대를 수평으로 하여 수직으로 봉돌을 낙하시킨다.

3. 릴에서 낚싯줄이 풀어지는 것을 손으로 제어하면서 천천히 봉돌이 가라앉도록 한다.

4. 봉돌이 바닥에 닿는 순간을 느끼면 낚싯줄이 팽팽해지게 하고서 릴을 천천히 감기 시작한다. 봉돌이 수면에 나올 때까지 핸들을 몇 바퀴 돌리는가를 센다. 이때 낚싯대는 수평을 유지한다.

5. 핸들 회전 14회, 1회전에 70cm 감기는 릴이라면, 그 장소의 수심은 "14×70=980" 9.8m 정도임을 알 수 있다.

가로등이 켜진 선창 내만에선 밤에 볼락, 전갱이, 호래기 등이 잘 낚인다.

6. 수심을 측정한 장소에서 방파제 위를 따라 5m 또는 10m 정도 이동하면서 다시 같은 방법으로 수심을 알아간다. 자신이 원하는 만큼 이동하면서 수심을 측정하다 보면 어디가 더 깊고 얕은지 바닥사정을 파악해 결국 그 방파제의 물 속은 내 손 안에 있게 된다.

2단계 : 바닥지형을 판별하라

루어를 꼭 바닥에 가라앉힐 필요가 있는가에 대해서는 어종에 따라 다르다. 바닥암초에 의지해 사는 록피시도 있고 수면을 돌아다니며 사는 회유어도 있다. 그런데 록피시를 낚는다면 당연히 루어를 먼저 바닥에 가라앉혀야 한다. 울퉁불퉁한 암초인지 모래바닥인지 진흙 펄인지를 아는 방법이 필요하다. 더욱이 회유어도 바닥사정을 알아야 회유경로를 이해할 수 있다.

1. 낚시터에 도착한 후 채비를 하고 루어 대신에 봉돌을 단다. 봉돌은 탈착이 쉬운 것이라면 무엇이든지 OK. 봉돌의 무게는 수심측정 때와는 달리 적절한 것을 선택해야 한다. 가능한 한 가벼운 것으로 하되 조류에 떠내려가지 않고 수직으로 가라앉을 정도의 무게면 된다.

예를 들면, 1/4oz의 봉돌을 던져서 좌우로 떠내려가면서 가라앉는다면 한 단계 무거운 3/8oz의 봉돌로 변경한다. 이것도 떠내려가면

테트라포드 구멍치기. 테트라포드 틈 사이에 웜을 내려서 우럭, 개볼락, 볼락 등의 록피시를 낚는다.

다시 한 단계 무거운 1/2oz로 교체해가는 것이다. 반대로 1/4oz의 봉돌이 수직으로 잘 가라앉는다면 한 단계 가벼운 3/16oz의 봉돌로 교체해 볼 필요가 있다. 이렇게 적절한 가벼운 봉돌을 찾는 것은 바닥지형 확인 도중에 일어나기 쉬운 여걸림을 조금이라도 예방하기 위함이다.

혹시 모를 여걸림에 루어를 잃어버려도 상관없다면 봉돌 대신에 지그헤드 리그와 같은 가라앉는 루어를 직접 사용해도 무관하다.

2. 봉돌을 20~30m 정도 가능한 한 멀리 캐스팅한다. 대부분의 방파제는 방파제 기저부에 바위가 쌓여있으므로 이를 넘겨서 봉돌이 바닥까지 가라앉도록 하기 위함이다.

3. 봉돌이 가라앉는 동안에 그냥 줄이 풀려나가도록 방치하지 말고 손가락으로 확실하게 페더링(써밍)하여 방출을 제어한다. 낚싯줄에 적당한 장력이 주어지면서 봉돌이 가라앉아야 바닥에 닿는 순간의 '탁' 하는 감촉이 전해진다.

초보자의 경우 봉돌이 바닥에 닿는 감촉을 확인하는데 어려움을 느끼겠지만 어쩔 수 없다. 반복 연습만이 살 길이다. 이를 완전히 몸에 익히면 나중에 루어가 바닥에 닿기도 전에 물고기가 입질하는 경우에도 바로 알아챌 수 있다.

4. 봉돌이 바닥에 닿았다면 릴링을 개시한다. 릴링 속도는 천천히, 봉돌이 떠오르지 않고 바닥을 질질 끌려오는 기분으로 해야 한다. 조금

이라도 속도가 빨라 봉돌이 바닥에서 뜨면 감촉을 알 수 없으므로 릴링 속도가 중요하다.

5. 두 손으로 느껴지는 감각을 확인한다. 일반적으로 '스륵스륵' 하는 느낌은 모래, '달각달각' 하는 느낌은 암반이다. 갑자기 '덜컥' 하는 느낌은 암초나 돌에 닿았을 때의 느낌이다. 스륵스륵하다가 덜컥한다면 모래밭에 암초가 있다는 것을 의미한다. 덜컥하는 경우 바로 릴링을 멈추고 낚싯대를 훌쩍 들어 올려 봉돌이 암초를 피하도록 한다. 암초의 크기를 알 수 없으므로 처음에는 낚싯대를 슬쩍 들어보고 그래도 덜컥한다면 다음에는 낚싯대를 좀 더 힘차게 들어 보면서 암초의 크기를 가늠한다. 이 과정을 통해 모래밭 중간에 있는 암초의 크기가 어느 정도인지를 알 수 있다.

6. 이 과정을 방파제를 좌우로 이동하면서 반복해 가면 머릿속에 수중지도가 대충은 그려지게 된다. 정밀 지도는 필요 없고 루어가 걸려버리는 암초의 위치와 크기가 파악되는 정도의 수확으로 충분하다. 또한 그 암초 주변은 록피시가 있을 것이므로 그 장소를 주요 목표로 공략하면 된다.

두 사람이 낚시해서 둘 다 물고기를 낚았지만, '낚은 것'과 '낚인 것'의 차이는 바로 바닥지형 확인을 한 사람과 그렇지 않은 사람의 차이다. 더욱이 조과 차이가 크다는 점을 이해한다면 수중지형의 확인은 필수사항이다.

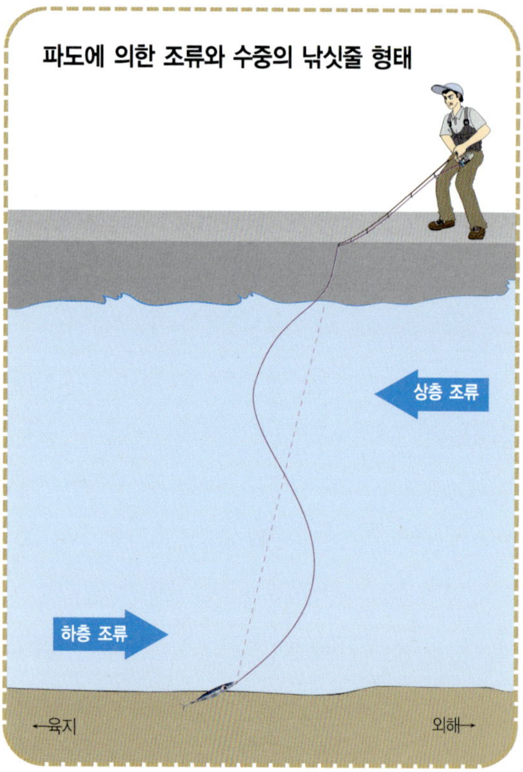

3단계 : 수면의 조류와 심층의 조류를 읽어라

바다에 사는 물고기는 바닷물의 흐름, 즉 조류와 불가분의 관계에 있다. 물이 흐르지 않으면 별로 먹이활동을 하지 않고 너무 세게 흐르면 루어가 떠내려가거나 흙탕물이 일어나 낚시가 곤란해지는 경우도 있다. 적당히 흘러야 조과가 좋아진다.

이러한 상식적인 이야기 말고 방파제는 항상 특이한 상황이 일어나고 있다. 파도 때문에 생기는 현상으로서, 수면 쪽은 항상 육지 쪽으로 흘러오고 아래쪽은 항상 바다 쪽으로 흘러나가는 것이다. 즉, 같은 장소이지만 물 속 상하의 흐름이 반대라는 말이다. 예를 들면, 방파제에 서서 낚시를 하고 있는데 수면의 파도는 오른쪽으로 흘러가지만 아래쪽은 왼쪽으로 흘러나간다고 하면 내가 캐스팅한 루어에 연결된 낚싯줄은 수중에서 S자를 그리고 있을 수 있다. 이런 상황에서는 입질을 알기 어렵다. 내가 캐스팅한 루어가 어디에 있으며 낚싯줄이 어떤 상태로 휘어져 있는지를 파악해야 할 필요가 있고 이를 극복할 방법도 필요하다.

1. 채비를 완전히 갖추고 일단 캐스팅한다. 루어는 조류에 떠밀리지 않을 정도의 적당한 무게로 하여 바닥을 닿는 것을 확인한다. 루어는 완전히 수직으로 가라앉는 무게가 아니라 약간 조류를 타고 밀리듯 가라앉는 무게를 선택하는 것이 최선의 선택이다.

2. 낚싯줄이 좌우 어느 쪽으로 흘러가는지 확인하고 낚싯대를 그쪽으로 기울인다. 상층부의 조류 방향을 알 수 있으므로 낚싯줄이 수중에서 어떻게 되어있는지도 알 수 있다. 바닥의 조류는 상층부와는 반대방향임을 감안하면 내가 던진 루어가 대충 어느 지점에 있는가도 짐작할 수 있다.

3. 조류의 영향을 덜 받는 루어의 선택이 중요하다. 넓적하다거나 부피가 큰 루어일수록 조류의 영향이 크다. 같은 무게라도 작고 날씬한 모습의 루어가 조류에 잘 밀리지 않는다는 것을 알아두자. 스푼보다는 메탈지그가, 넓은 꼬리의 그럽보다는 섀드테일의 그럽이, 라운드 지그헤드보다는 불릿(총알 모양) 지그헤드가 조류의 영향을 덜 받는다.

카운트다운의 실제

카운트다운은 민물의 쏘가리낚시에서 자주 언급되는 말로 쏘가리낚시의 경험이 있는 사람이라면 더 이상 설명은 필요 없다. 방파제에서는 수심이 2~3m 정도라면 특별히 신경 쓰지 않아도 되지만 10m가 넘는 수심이라면 '하나, 둘, 셋…' 의 카운트다운은 필수조건이다. 이때 중요한 것은 수를 세는 속도다.

1. 캐스팅한 루어가 수면에서부터 바닥까지 다다르는 속도를 측정하는 것이 낚시의 카운트다운이다. 루어가 수면에 떨어졌을 때 카운트를 시작하여 바닥에 닿을 때까지 한다. 루어의 무게, 부피, 형태에 따라 많이 달라지므로 익숙해질 필요가 있다.

2. 자신 나름의 일정한 속도로 카운트하되 항상 일정해야 한다. 보통 수를 세라고 하면 사람마다 자신의 심박 수와 비슷한 속도로 수를 센다. 그러나 사람마다 또 상황에 따라 심박 수가 다르므로 항상 일정한 속도로 세기란 어려운 일이다. 그러므로 시계의 초침을 이용하는 것이 일

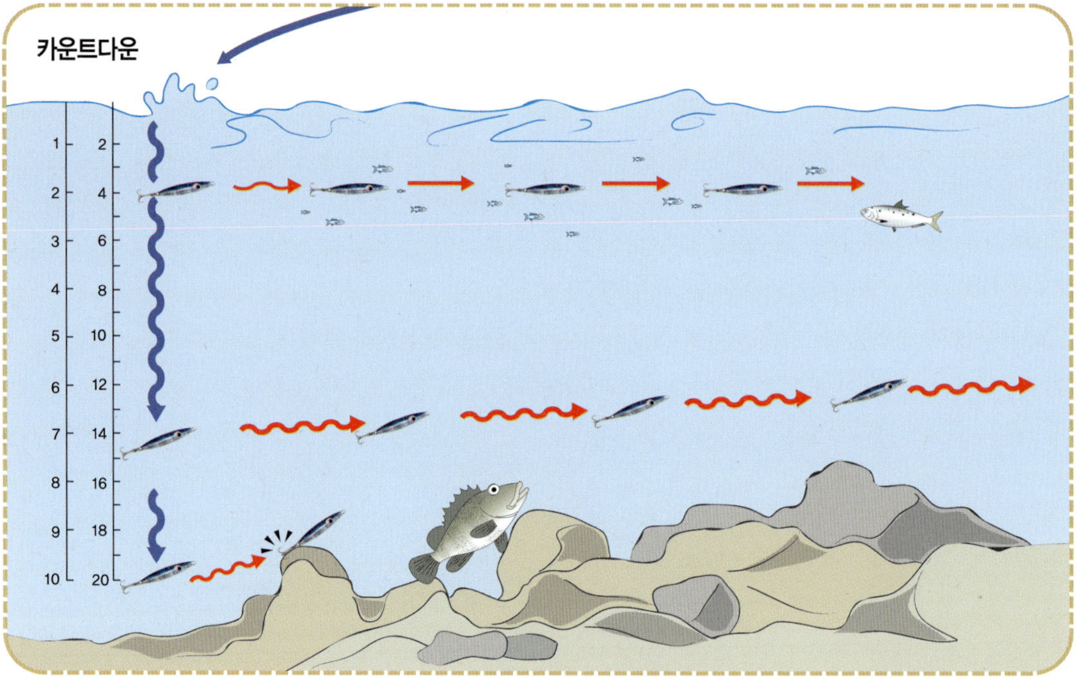

정한 속도를 만드는 지름길이다.

3. 카운트다운이 완료되면 수중세계의 수심이 입체적으로 머릿속에 그려진다. 카운트에 따라 루어의 위치가 어느 정도 수심인지 짐작할 수 있다. 카운트를 천천히 세는 것이 좋은가 빨리 세는 것이 좋은가를 본다면 역시 빨리 세는 편이 좋다. 루어가 가라앉는 속도, 즉 루어가 위치하는 수심 파악이 정밀해지기 때문이다. 예를 들면 수심이 10m인 낚시터에서 1초에 50cm씩 가라앉는 루어를 사용한다고 할 때, 2초에 1씩 세면 카운트 10에 루어가 바닥에 닿는다. 1초에 1씩 세면 카운트 20에 바닥에 닿는다. 카운트 중간에 멈추고 릴링을 시작하면 루어의 위치는 해당수심에서 움직이게 되는데 수심파악을 보다 정밀하게 하고 싶다면 당연히 카운트 20을 선택하는 것이 좋다. 이와 같다면 1초 간격으로 수를 1씩 카운트하기보다는 0.5초에 1씩 카운트하는 편이 더 정밀하다.

4. 카운트다운은 록피시낚시에서는 주로 루어의 해저 도달(포인트 진입)이라는 목적과 루어의 손실을 가져오는 여걸림을 회피하는 목적으로 사용되지만, 회유어 낚시의 경우에는 어군이 형성된 수심, 즉 입질이 있는 수심파악에 도움이 된다. 카운트를 10~15~20으로 바꿔가면서 회유어들이 모여 있는 수심층을 찾아내는 것이 열쇠다.

물때와 간만조 시간에 따른 입질 변화

초썰물과 초밀물에 물고기가 잘 낚인다

바다에는 달의 차고 기우는 정도에 따라 조류가 세지고 약해지는 물때가 있고, 또 하루 두 번 밀물과 썰물이 발생한다. 민물낚시에서는 아무 때고 낚시터에 도착하면 낚시가 가능하지만 바다에서는 이 물때와 밀물 썰물에 의해 물고기가 낚이고 안 낚이는 큰 차이가 있다. 동해의 경우는 그렇게 큰 차이가 없지만 특히 서해에서는 간만의 차이가 매우 심하므로 썰물이 한창인 때에 도착한 방파제에는 아예 물이 없이 바닥이 드러나 있는 경우도 있다.

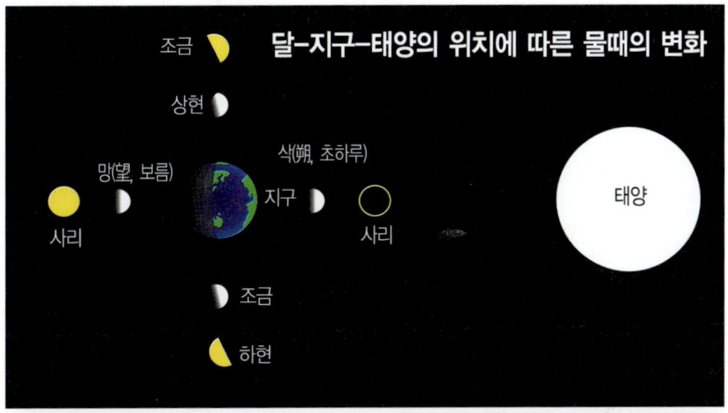

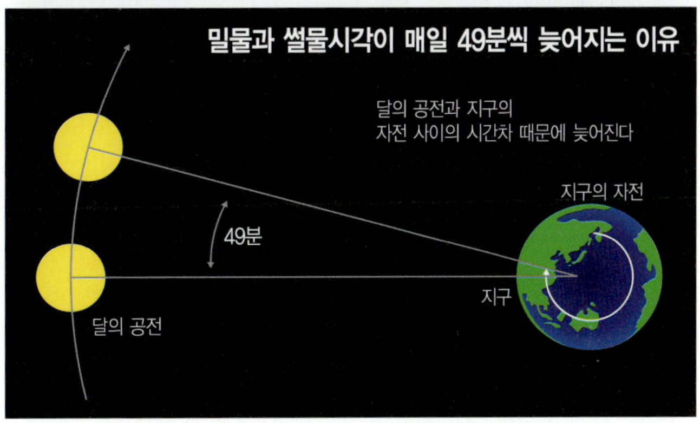

1. 음력으로 보름(15일)이나 그믐(30일)은 사리물때로 조류가 매우 빠르게 흐르고 간만차도 크다. 음력으로 8일과 23일은 조금물때로 조류가 거의 흐르지 않고 간만차도 적다. 출조 전에 미리 음력을 확인하는 습관을 들인다.
2. 낚시터의 만조시간과 간조시간을 미리 알아두는 것도 중요하다. 바닷물고기는 물이 흘러야 입질을 하므로 완전 간조나 만조 전후에는 입질이 뜸하다. 한 예로, 어제는 오후 12시가 만조로 썰물이 시작된 후 오후 2시에 잘 낚였으므로 오늘도 오후 2시에 잘 낚일 것이란 상상을 할 수 있지만, 밀물과 썰물은 매일 49분씩 느리게 일어나므로 오늘의 피크시간은 이론적으로 오후 2시 49분이다.
3. 이론적으로는 아침 일출 전후와 저녁 일몰 전후의 시간대가 최고로 좋은 시간이고 이때에 적당한 속도로 조류가 흐른다면 좋은 조과를 올릴 수 있다.
4. 동해의 방파제는 물때에 영향이 적지만 서해의 방파제는 물때에 따라 낚시가 불가능한 장소도 있다. 대부분 진흙펄로 조류가 센 사리를 전후해서는 흙탕물이 일어나 낚시를 못하는 경우도 있다.
5. 무작정 낚시터로 향하지 말고 인근 낚시점에 연락해 사전에 정보를 조사하는 것이 조과를 올리는 지름길이다.

19 어종별 루어낚시 가이드

우리나라 바다에서 루어로 낚을 수 있는 물고기는 너무나 많다. 육식성 어종이나 잡식성 어종은 모두 루어낚시 대상어종이라 봐도 된다. 그중에서 특히 루어에 잘 낚이고, 우리나라에서 인기 있는 바닷고기 19종을 뽑아 실전낚시 테크닉을 상세히 소개한다.

일러두기

▶난이도 구분

*초급 : 특별한 전용장비 없어도 쉽게 낚을 수 있는 대상어. 패밀리피싱에도 적합한 클래스.
*중급 : 기본적인 장비와 어느 정도 전용도구를 갖추고 낚는 대상어. 일반적인 클래스.
*고급 : 전용장비와 철저한 사전 준비를 요하는 대상어, 열정을 갖고 도전하는 클래스.

▶필드 구분

*갯바위 *방파제 *배낚시

▶장르 구분

*농어 *록피시 *연안캐스팅 *수직지깅 *보트캐스팅 *라이트게임 *에깅 *트롤링

SUNLINE

ROCKY MOUNTAIN
BUSINESS OBJECTS

BadaLure

갈치

Cutlass fish

식탁을 풍성하게 만드는 최고급 어종인 갈치.
누구에게나 친근한 물고기로서
여름과 가을에 루어로 쉽게 낚을 수 있다.

시 존 · 1 2 3 4 5 6 **7 8 9 10 11** 12

연안낚시 · 초급 방파제 라이트게임

배 낚 시 · 중급 배낚시 수직지깅

습성과 낚시특성

야행성 어류, 면도날 이빨에 대비해야

갈치낚시엔 특별한 목줄이 필요하다. 날카로운 이빨을 갖고 있어 웜 루어를 잘라먹거나 일반적인 목줄은 쉽게 잘려나가기도 한다. 가는 와이어나 케블러 합사를 목줄로 사용하며, 일반 낚싯줄이라면 굵은 줄을 써야 한다. 비늘이 없고 만지면 은분이 묻어나는데 이 은분은 구아닌이라는 유기염 성분으로 인조진주의 광택재료다. 특이하게도 머리를 위로 하고 수직으로 서서 헤엄치는 유영모습을 갖고 있다. 낮에는 깊은 모래나 펄바닥에 있다가 밤이 되면 수면으로 올라오는 특성이 있어 낚시는 초저녁부터 새벽까지 주로 밤에 행해진다.

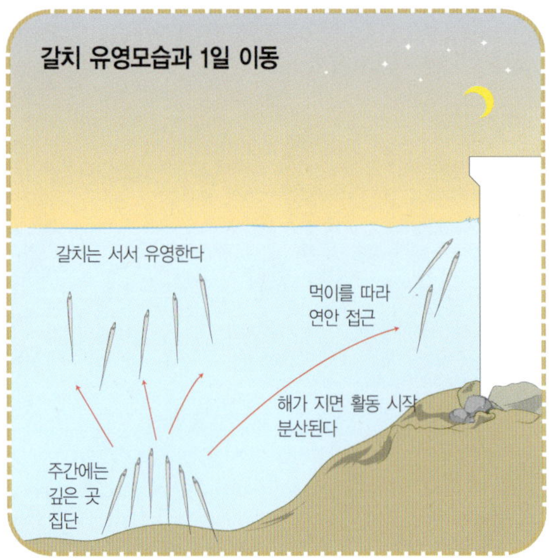

갈치 연안낚시 장비 채비

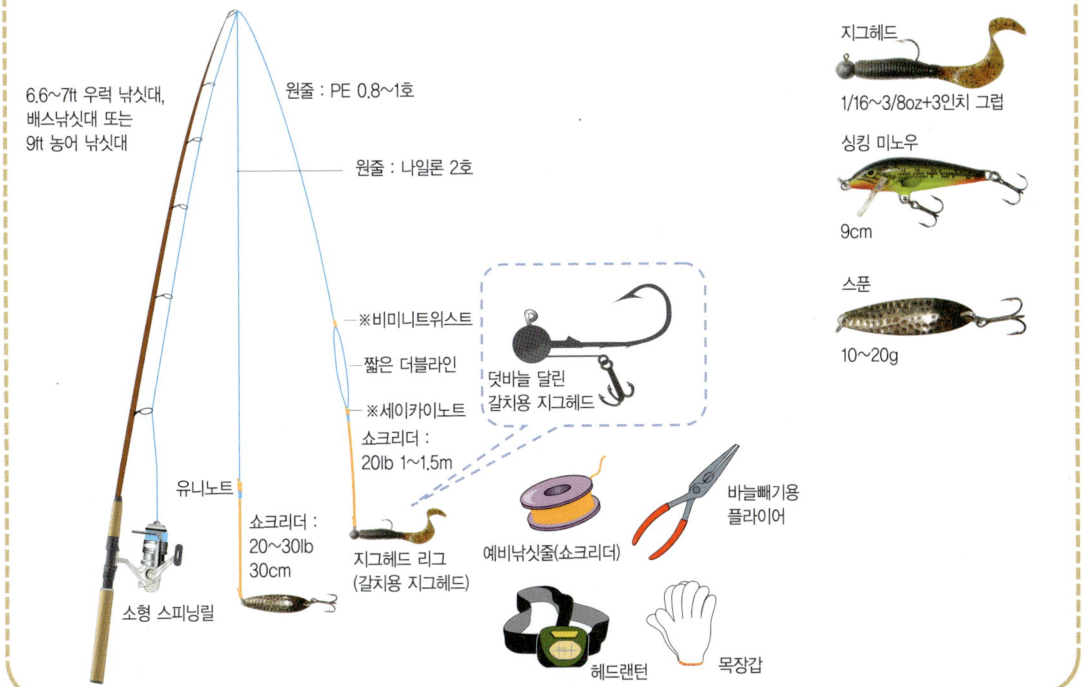

갈치 루어낚시의 피크시즌인 9월에 진해 명동방파제(좌)와 여수 돌산도 방죽포방파제(우)에서 지그헤드로 갈치를 낚고 있다.

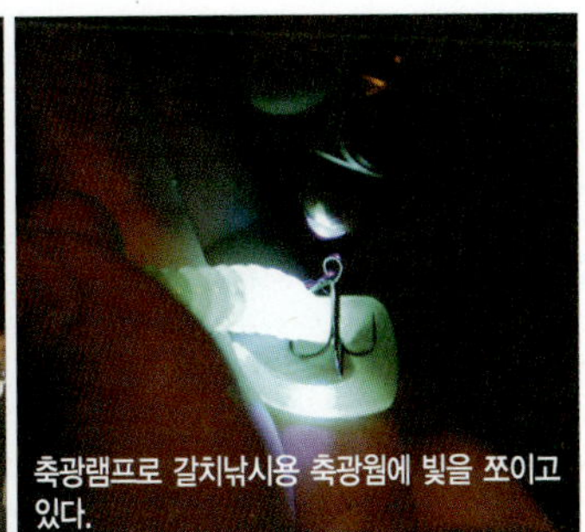
축광램프로 갈치낚시용 축광웜에 빛을 쪼이고 있다.

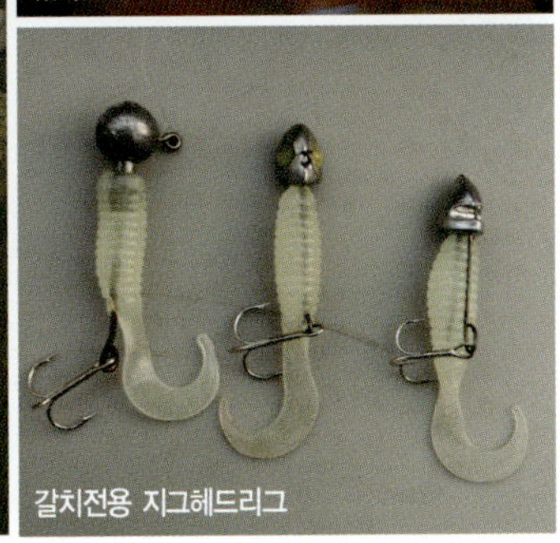
갈치전용 지그헤드리그

연안낚시

특히 잘 낚이는 항만과 방파제 따로 있다

■태클 & 채비

낚싯대 : 길이 6.6~7ft, 강도는 미디엄라이트(ML)가 기준. 낚시하는 장소가 수면에서 높은 경우라면 8~9ft의 연질 농어용 낚싯대도 OK.

릴 : 2500번급 소형 스피닝릴

라인 : 나일론 2호(6~10lb) 전후를 기준으로 사용한다. 어두울 때 도움이 되는 형광색 줄도 좋다. 날카로운 이빨에 잘리는 것을 대비해 짧게 쇼크리더를 연결해 사용하는 것이 좋다. 쇼크리더는 4~5호(20lb)의 나일론이나 플로로카본, 길이는 100~150cm 정도로 충분하다. 그래도 불안하다면 와이어나 케블러줄을 10~20cm 정도 이어서 덧달아도 좋다.

루어 : 지그헤드 리그(지그헤드 1/16~3/8oz, 덧바늘 달린 것, 그럽 3인치), 싱킹 미노우(길이 9cm 전후), 스푼(10~20g).

■루어 활용방법

각각의 루어를 아주 느리게 단순 릴링한다. 복잡한 액션을 주지 않는 것이 보다 효과적이다. 기본적으로 표층부터 차례로 갈치의 유영층을 찾아가며 릴링한다.

■포인트 찾기

주요 먹이인 멸치나 기타 작은 물고기 무리를 따라 움직이는 특성이 있으므로 이러한 작은 물고기들이 많이 회유하는 장소를 찾는 것이 열쇠

갈치 루어 활용법

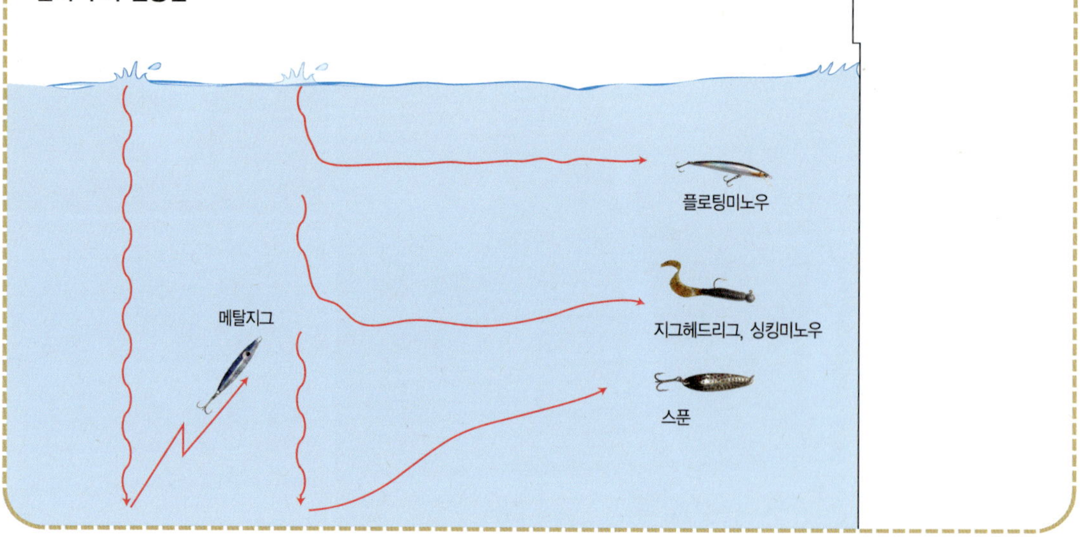

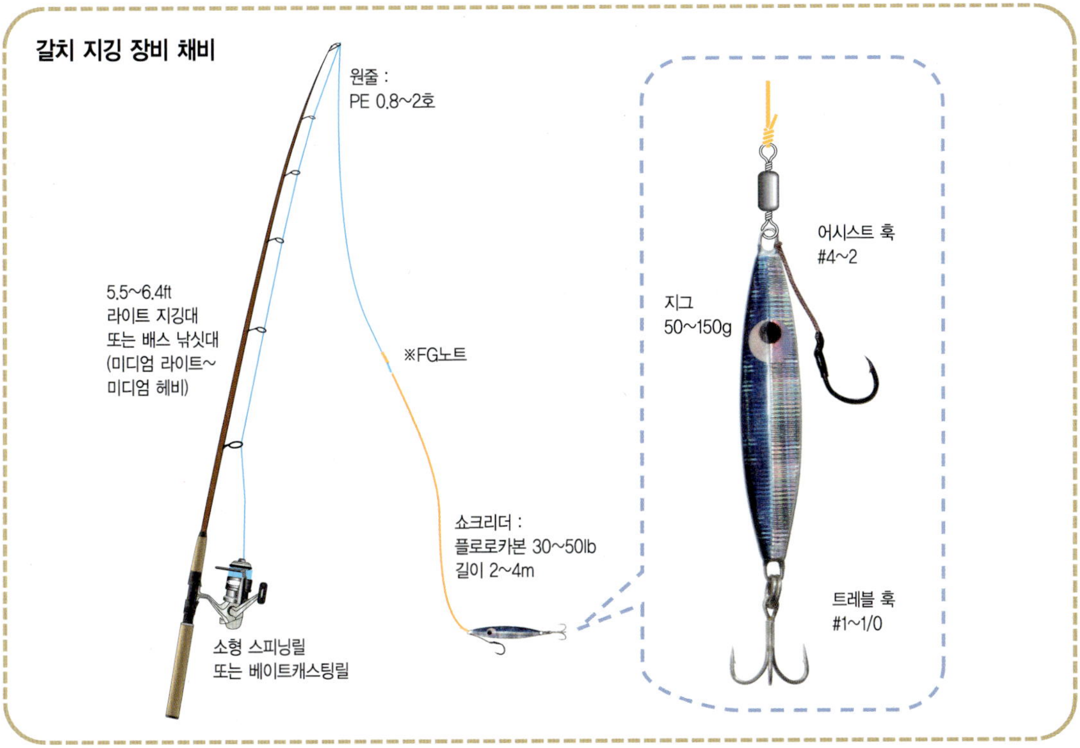

다. 먹이고기의 유무가 그날의 조과를 좌우한다. 먹잇감이 되는 작은 물고기 떼가 출현하는 항만, 방파제, 제방, 갯바위가 모두 포인트다. 이런 장소란 조류 소통이 좋고 수심이 어느 정도 확보되어 있는 장소다. 또한 갈치는 하루 동안에 낮에는 깊은 곳, 밤에는 얕은 곳을 왕복하는 습성이 있으므로 가까운 거리에 수심이 아주 깊은 장소가 있어야 갈치 낚시터가 된다.

이외에 산란을 위한 회유도 있는데 그 코스가 매년 그렇게 다르지 않다는 것도 알아두면 좋다. 즉 낚이는 장소와 낚이지 않는 장소가 구분되어 있으므로 갈치 낚시실적이 좋은 장소는 매년 잘 낚이고 낚이지 않다가 갑자기 낚이는 낚시터는 드물다는 사실.

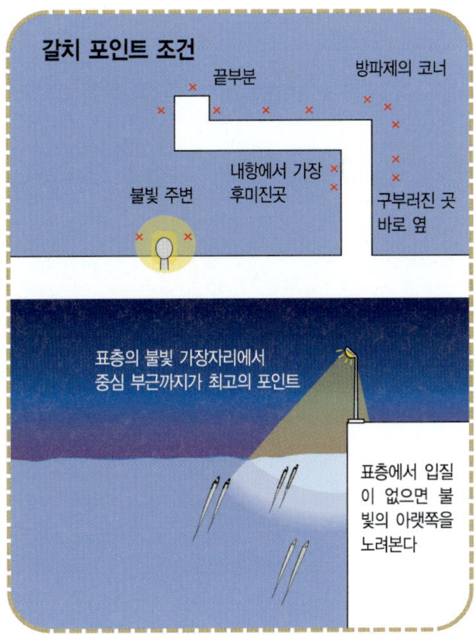

배낚시
선장 안내 따라하면 초보자라도 쉽게 낚아

■태클 & 채비

낚싯대 : 5~6ft의 연질 갈치전용 지깅대, 또는 동일한 길이의 미디엄(M)~미디엄헤비(MH)의 배스낚시용 낚싯대면 충분하다.

릴 : 2500~3000번급 중소형 스피닝릴이나 양축릴, 다 사용할 수 있다. 녹 방지 기능이 있는 제품이라면 배스낚시용 베이트캐스팅릴도 사용할 수 있다.

라인 : PE 0.8~2호를 사용한다. 선상에서 수심 파악이 용이하도록 일정 길이마다 여러 색상으로 만들어진 것이나 수심마킹이 되어있는 낚싯줄을 사용하는 편이 좋다. 쇼크리더는 나일론이나 플로로카본 30~50lb 줄을 2~4m 연결한다. 갈치의 날카로운 이빨에 대한 대책으로 쇼크리더의 끝부분 20cm 정도를 두 겹으로 쓰거나 와이어, 케블러 줄을 연결해도 좋다.

루어 : 메탈지그(80~150g, 바늘은 뒤쪽에 #1~1/0 크기의 트레블훅을 기준으로 하고 위쪽에 #4~2 크기의 어시스트 훅을 동시에 덧달아 사용하면 효과적)

■루어 활용방법

특별한 지깅동작 없이 단순한 릴링으로도 좌우로 잘 움직이는 형태의 지그가 유리하다. 갈치는 불규칙하고 갑작스런 움직임이나 너무 빠른

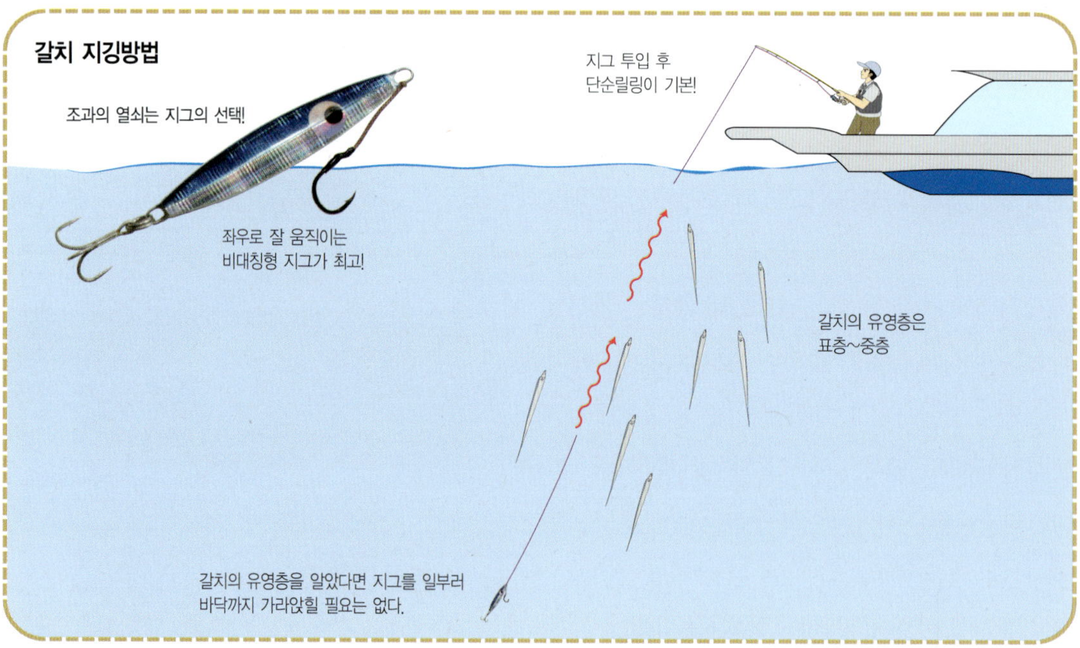

속도에는 반응하지 못하므로 일정하고 부드럽게 지그를 움직이는 것이 필요하다.

입질이 오는 수심층을 파악하는 것이 중요한데 표층에서 중층 사이에서 대부분의 입질이 오므로 입질수심이 파악되었다면 지그를 일부러 밑바닥까지 내릴 필요는 없다.

Check Point

★ 갈치의 날카로운 이빨은 살짝 닿아도 자신도 모르게 상처를 입기도 한다. 플라이어를 준비해 바늘을 빼자.
★ 밤낚시 준비는 철저히.
★ 입이 큰 갈치에게는 덧바늘이 효과적이다.
★ 루어의 화려한 액션은 역효과.
★ 포인트는 베이트피시 + 인근에 깊은 수심 + 조과가 확인된 장소.

■포인트 찾기

야간 배낚시는 배에 설치된 조명에 의해 모여든 작은 물고기에 의해 자동적으로 어군이 형성되므로 신경 쓸 필요가 없다. 선장이 정해준 장소에서 즐기면 OK.

면도날처럼 날카로운 갈치의 이빨.

가을이면 갈치 낚시인들로 불야성을 이루는 진해 명동방파제.

뼈째 썬 즉석 갈치 회. 갈치는 물에서 나오면 바로 죽기 때문에 갈치 회는 낚시터에서만 맛볼 수 있는 진미다.

고등어

Common mackerel

낚시인들에게는 물론이거니와 일반인들에게도 맛 있고 영양 많은 등 푸른 생선으로 친숙한 물고기다. 성장도 빠르고 무리지어 빠르게 헤엄치므로 낚는 재미도 좋다.

시 존 • 1 2 3 4 5 6 **7 8 9 10 11** 12

초급 방파제 라이트게임

습성과 낚시특성
여름과 가을에 놀라운 탐식성 발휘

고등어는 여름부터 가을까지 서해와 남해에 떼를 지어 나타나서 부유성 갑각류, 오징어, 작은 어류를 잡아먹는다. 이때는 산란이 끝난 후여서 움직이는 먹잇감에는 닥치는 대로 달려드는 탐식성을 보이기 때문에 루어로 쉽게 낚을 수 있다. 서해에는 7~9월, 남해에는 9~11월에 고등어 떼가 나타난다. 산란은 지역 차가 있으나 3~6월이다. 갓 낚아 올린 고등어의 맛은 시장에서 산 염장고등어와는 확연히 다르다. 흔히 굽거나 졸여 먹는데, 살아 있을 때 피를 빼고 포를 뜬 다음 소금물에 씻어 기름기를 적당히 제거한 뒤 회로 먹어도 맛있다.

카드채비로 다수확 낚시도 즐겨보자!

고등어가 무더기로 낚일 땐 루어 대신 바늘이 여러 개 달린 생미끼용 카드채비를 써보는 것도 재미있다. 카드채비의 각 바늘엔 크릴을 미끼로 꿰지만 미끼 없이 어군 사이에 먹이경쟁이 벌어지면 빈 바늘만 던져도 낚이는 재미가 쏠쏠하다.

낚싯대 : 10ft 이상의 루어낚싯대 또는 일반 갯바위 찌낚싯대 1~2호.

릴 : 3000번 안팎 중형 스피닝릴

라인 : 나일론 3호를 원줄로 사용한다. 원줄에 도래를 이용해 카드채비를 연결한다.

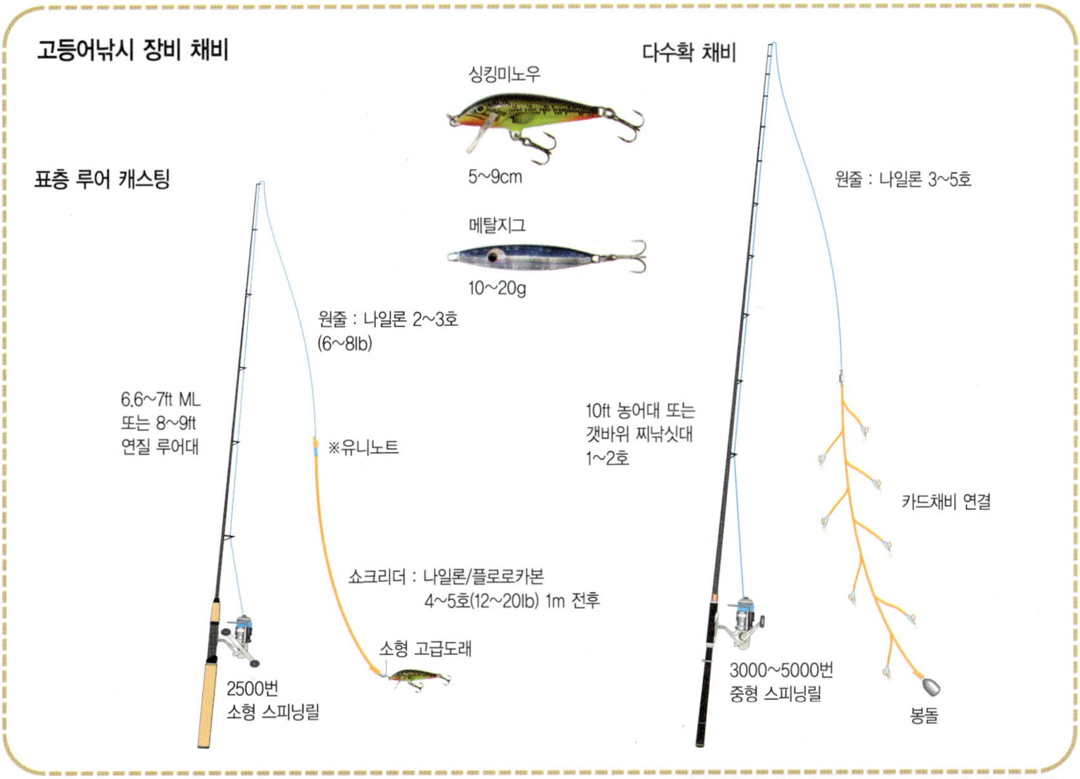

싱싱한 활어로만 만들 수 있는 맛깔스런 고등어 회. 달고 기름진 맛이 중독성을 띤다.

남해 갯바위에서 낚인 고등어. 떼 지어 다니는 고등어는 풍성한 마릿수 재미가 일품이다.

연안낚시
장비와 기법 간단해 쉽게 낚을 수 있다

■태클 & 채비

낚싯대 : 길이 6.6~7ft, 강도는 미디엄라이트(ML)가 기준. 낚시하는 장소가 수면에서 높은 경우나 생미끼 낚시인들과 한자리에서 낚시하는 경우에는 낚인 고등어를 강제처리하기에 쉬운 8~9ft의 연질 농어용 낚싯대도 좋다.

릴 : 2500번급 소형 스피닝릴로 고속기어비 갖춘 것.

라인 : 나일론 2~3호(6~8lb)를 기준으로 사용한다. 루어에 직결하여도 무리는 없지만 짧게 쇼크리더를 연결해 사용하는 것이 더 좋다. 쇼크리더는 4~5호(12~20lb)의 나일론이나 플로로카본, 길이는 1m 이내로 충분하다.

루어 : 싱킹 미노우(길이 5~9cm), 메탈지그(10~20g).

■루어 활용방법

가능한 한 멀리 던지고 빨리 감아 들이는 방법이 기본. 릴링 중간에 강한 저킹과 폴링을 섞어

고등어 루어 활용법

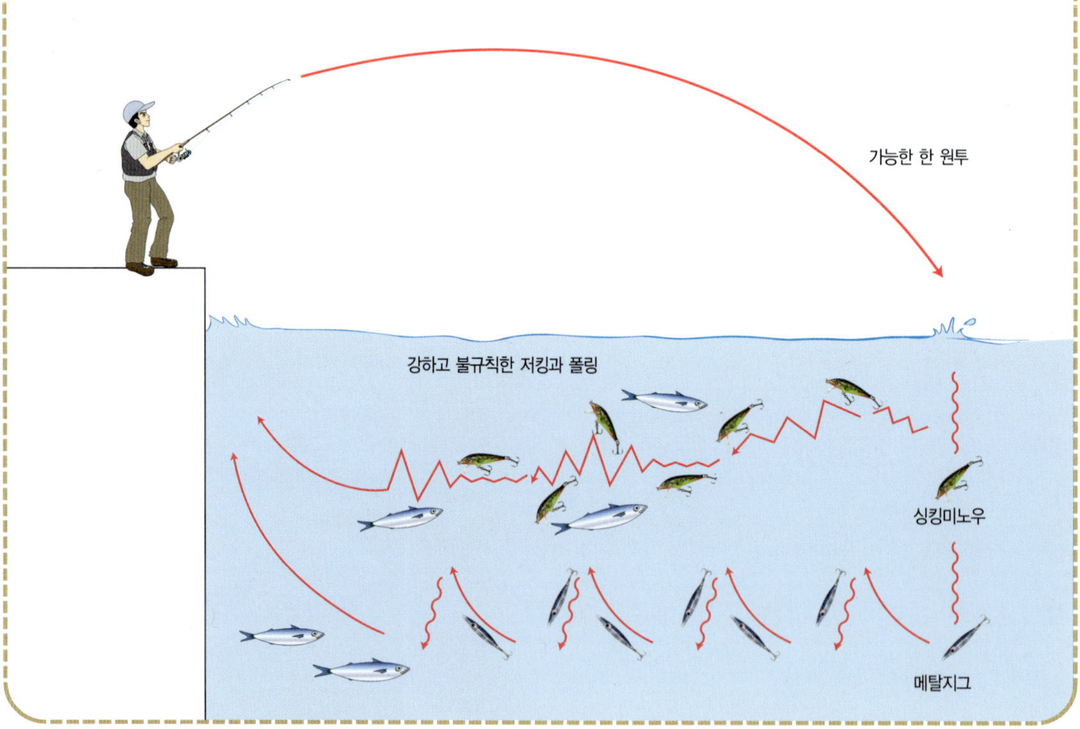

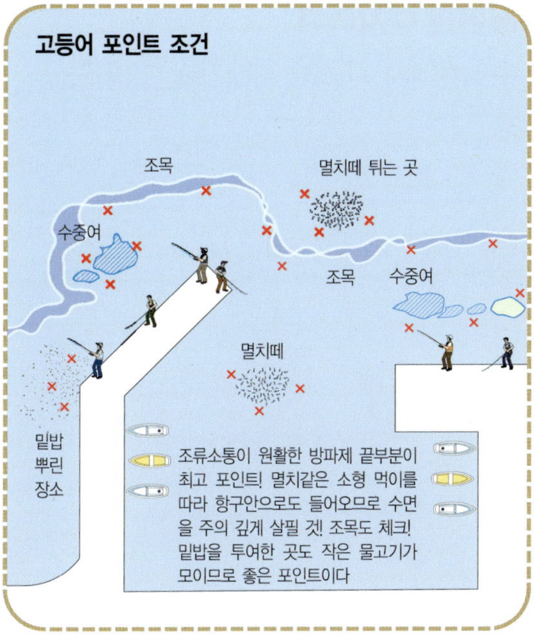

다수확채비로 낚아 올린 고등어.

불규칙하게 릴링하면 좋다.

■포인트 찾기

고등어 같은 회유어는 먹잇감을 따라 조류를 타고 이동한다. 조류 소통이 좋고 멸치와 같은 작은 물고기가 모이는 장소를 찾는다. 이러한 장소는 방파제의 끝부분, 중간의 꺾이는 부분, 수중여 부근이다. 또 수면을 잘 관찰해 멸치 떼가 튀는 장소라든가 갈매기가 날고 있는 부근을 확인한다.

이외에 밑밥을 이용해 인위적으로 포인트를 만들기도 한다. 방파제의 경우 생미끼 낚시인들과 한자리에서 낚시를 하게 되므로 집어를 목적으로 밑밥을 사용하는 것도 좋다.

Check Point

★ 낚아 올리면 금방 죽고 선도도 쉽게 떨어지므로 낚는 즉시 피를 뽑아 얼음쿨러에 담는 것이 좋다.
★ 방파제에선 여러 사람이 함께 낚시하게 되므로 캐스팅이나 랜딩에 있어 서로에게 불편이 없도록 배려하자.
★ 다수확채비를 사용할 때는 입질이 오면 바로 감아올리지 말고 낚싯대를 한번 살짝 챔질하고 다시 릴링하며 두 번째 입질을 기다리기를 계속하면 바늘마다 줄줄이 낚아 올릴 수 있다.
※ 같은 장소에서 낚인다 – 볼락, 전갱이, 줄도화돔

넙치(광어)

Flatfish

한국인이 가장 좋아하는 횟감인
넙치는 광어라는 속명으로 더 많이 불린다.
동서남해에 다 서식하고 있지만
특히 서해에 많다.

시 존 · 1 2 3 4 5 6 7 8 9 10 11 12

연안낚시 · 중급 방파제·갯바위 록피시

배 낚 시 · 중급 배낚시 록피시

습성과 낚시특성

수도권에서 가까운 서해가 넙치의 보고

넙치는 몸이 납작하고 눈이 왼쪽으로 몰려있어 오른쪽으로 몰려있는 가자미 · 도다리와 구분된다. 입이 크고 날카로운 이빨을 가지고 있으며 작은 물고기나 갑각류 등을 활발하게 잡아먹으므로 루어에 잘 낚인다. 우리나라 전 연안의 모래와 암초가 섞인 바닥에서 살고 있다. 특히 태안, 보령, 군산, 격포 앞의 서해에 많다. 우리나라에서 가장 많이 양식하는 어종이기도 한데, 해안의 광어 양식장 주변은 바다로 흘러든 개체가 많아 최적의 포인트가 되기도 한다.

바다 루어낚시의 주어종이라면 역시 우럭이 첫째지만 21세기에 들어서면서 우럭의 자원은 줄어들고 있는 것이 확실하다. 낚시인이 늘어난 만큼 남획에도 원인이 있지만 그 외에 공해나 수온변화도 원인이 될 수 있다. 급기야 우럭의 최소 채포금지체장이 23cm로 상향 조정되면서 연안에서 낚이는 우럭은 거의 낚으면 안 되는 크기라고 봐도 과언이 아닐 정도가 되었다. 그런데 언제부터인가 대신 넙치가 잘 낚이게 되었다. 방류사업 덕택이라고 말하기도 하지만, 서해안은 원도는 물론 연안에서도 넙치 개체수가 늘어난 것을 실감할 정도다. 우럭 위주가 아니라 넙치 위주로 출조하는 그룹도 많아졌다. 이제 서해 바다 루어낚시의 주요 어종은 우럭이 아

넙치 연안루어 장비 채비

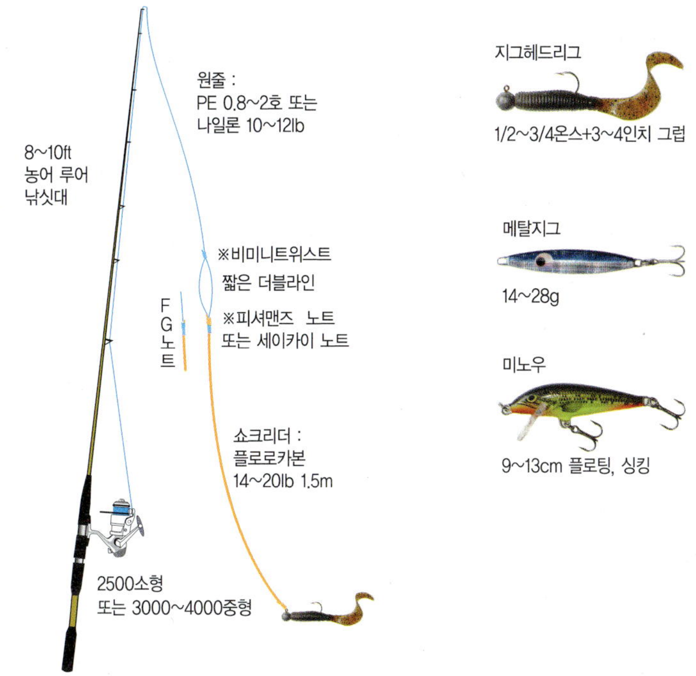

인천 소청도에서 낚은 넙치. 서해 갯바위 전역이 넙치의 황금어장이다.

니라 넙치로 개정해야 할지도 모른다.

연안낚시
우럭낚싯대나 농어낚싯대로 모두 가능

■태클 & 채비

낚싯대 : 우럭낚시를 겸하는 경우라면 길이 7ft 정도, 강도는 미디엄라이트(ML)가 적합하다. 본격적으로 넙치를 노린다면 8~10ft의 농어낚싯대를 사용하는 편이 무거운 루어를 사용할 수도 있고 여러모로 편리하다.

릴 : 우럭낚시를 겸하는 경우라면 2500번급 소형 스피닝릴, 일반적으로는 3000~4000번급 중소형 스피닝릴을 사용한다.

라인 : 소형 스피닝릴을 사용한다면 나일론 6~10lb(2~3호)를 사용하면 된다. 40cm 이상을 노리는 본격적인 넙치낚시라면 원줄은 PE 0.8~2호나 나일론 10~12lb에 쇼크리더로 플로로카본 14~20lb를 1.5m 쯤 연결한다.

루어 : 지그헤드 리그(1/2~3/4oz 지그헤드+3~5인치 그럽), 메탈지그(14~28g), 미노우(9~13cm. 플로팅, 싱킹 각종)

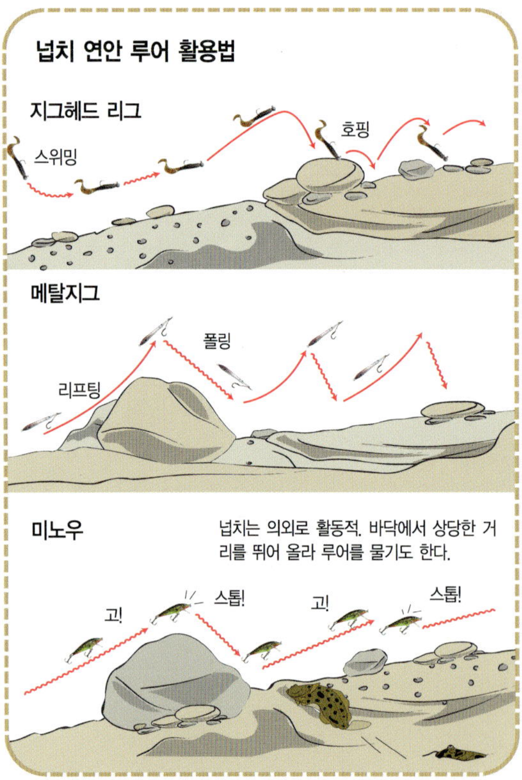

풍성한 넙치 조과를 자랑하는 낚시인들.

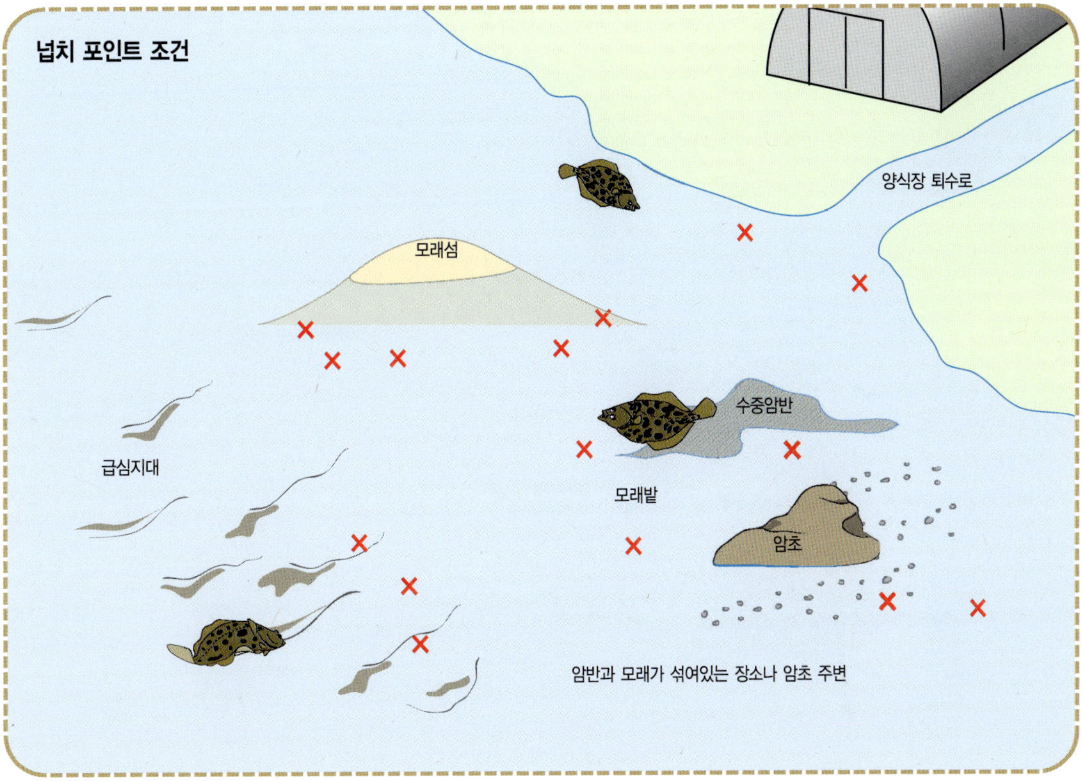

■**루어 활용방법**

지그헤드 리그와 메탈지그는 원투하여 바닥 부근을 리프팅&폴링으로 탐색한다. 근거리의 여 주변과 같이 얕은 장소에서는 미노우를 스톱&고 시킨다.

■**포인트 찾기**

가장 먼저 모래바닥을 찾는다. 암반이나 암초 사이에 모래밭이 형성된 곳, 자갈밭이나 암초지대와 모래밭의 경계지역 등이 좋은 포인트다. 모래밭이라도 수심이 갑자기 달라지는 장소가 좋다. 바닥 사정을 잘 모른다면 루어를 폭넓게 캐스팅해 가면서 루어가 스치는 바닥의 느낌을 확인하여 모래바닥을 먼저 찾아내고 그 장소를 집중 공략.

배낚시
지그헤드 주로 쓰지만 메탈지그가 위력적

■**태클 & 채비**

낚싯대 : 길이 6~7ft, 강도 미디엄(M)~미디엄

넙치 배낚시 장비 채비

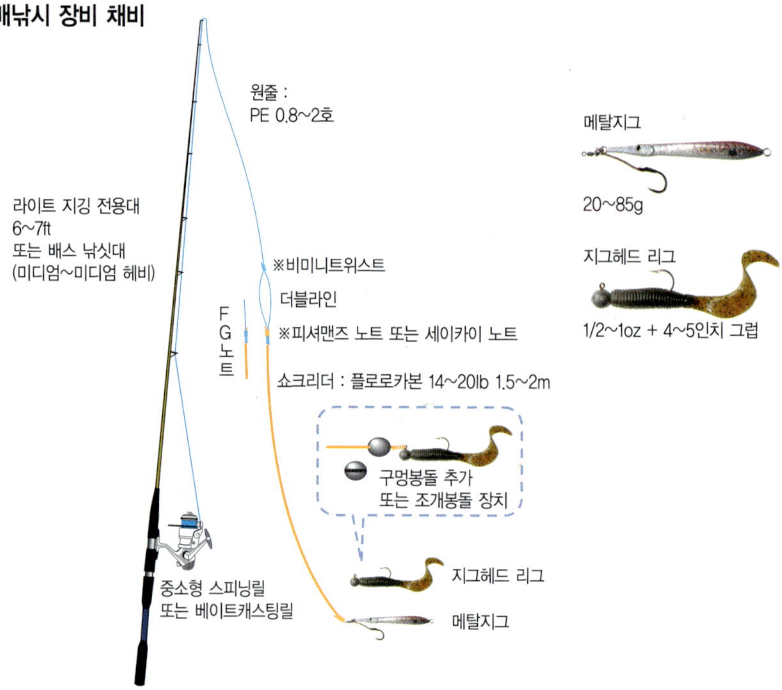

헤비(MH)의 배스용 낚싯대를 사용한다. 조류가 강한 장소에서는 아주 무거운 루어를 사용하는 경우도 있으므로 좀 더 강한 낚싯대나 지깅용 낚싯대도 좋다.

릴 : 3000~4000번급 중소형 스피닝릴이나 배스낚시용 베이트캐스팅릴 중에서 권사량이 넉넉한 것을 사용한다.

라인 : 원줄은 PE 0.8~2호, 쇼크리더로 플로로카본 14~20lb를 1.5m 정도 연결한다.

루어 : 지그헤드 리그(1/2~1oz.지그헤드+4~5인치 그럽), 메탈지그(20~85g)

넙치 구이

넙치 초밥

■루어 활용방법

지그헤드 리그와 메탈지그의 사용방법은 동일하다. 깊은 장소에서는 수직으로 가라앉히고 고패질(바텀 범핑, Bottom Bumping)을 반복한다. 메탈지그 중에는 넙치 전용 지그도 있는데 저킹과 폴링으로 폭넓은 좌우 움직임을 보여 넙치의 입질이 더 좋도록 만든 것이다. 메탈지그를 구입하면 하단에 트레블훅이 부착된 제품이 많은데, 그대로 사용하면 바닥걸림이 심하다. 트레블훅을 떼어내고 대신 루어 상단에 어시스트훅을 연결해서 쓴다.

Check Point

★ 입질을 모르고 지나칠 수도 있으니 무언가 작은 변화가 있다면 일단 빠르게 챔질해보자.
★ 넙치는 저서성이지만 의외로 수면 가까이까지 도약해 루어를 따라 나오기도 한다.
★ 이빨이 날카로우므로 맨손으로 바늘을 빼는 것은 금물. 플라이어를 준비하도록.
★ 보호를 위해 21cm 이하는 법적으로 채포금지다.
※ 같은 장소에서 낚인다 – 양태, 우럭, 농어

■포인트 찾기

수심이 깊을 뿐 연안 낚시에서의 포인트와 같다.

서해 군산 흑도 근해에서 배낚시로 넙치를 낚아 올리고 있다.

농어

Sea bass

바다루어낚시 중에서 가장 먼저 시작된 원조가 바로 농어 루어낚시다. 바늘에 걸리면 수면을 펄펄 날며 꾼들을 흥분의 도가니에 빠뜨리는 손맛 백점의 루어낚시 대표 대상어.

시 존 • 1 2 3 **4 5 6 7 8 9 10 11** 12

연안낚시 • **중급** **방파제·갯바위** **농어낚시**

배 낚 시 • **중급** **배낚시** **농어낚시**

습성과 낚시특성

동아시아 해역에만 사는 귀한 물고기

농어속(屬) 어류의 분포는 동아시아에 국한되어 있다. 세계적으로 '농어(영어로 Bass)' 라는 이름을 가진 물고기는 수많은 종류가 있지만, 실제로 농어와는 유전자가 전혀 다른 상관없는 물고기들이다. 즉 농어는 우리나라와 일본, 중국 및 대만에서만 서식하는 매우 귀한 토종 물고기다. 여기에는 그냥 일반적으로 다 농어라고 부르기도 하지만 유전자가 조금 달라 사촌형제쯤으로 분류되는 두 종류, 점농어와 넙치농어도 있다. 또 예상치 못한 교잡에 의해 생겨난 종류도 있다.

바다에 사는 농어는 민물을 거슬러 오른다. 강이 짧고 기수역이 발달한 일본에서는 농어의 강낚시가 보편화되어 있다. 우리나라 역시 농어는 민물을 거슬러 올라 서울 한복판 한강대교 밑에서 낚이기도 한다. 그만큼 농어는 민물을 좋아한다. 부산의 수영강, 영덕 강구의 오십천, 전라남도의 섬진강 하류에서도 농어가 잘 낚인다. 농어와 점농어가 민물에 호감을 갖고 있는 것으로 알려져 있는데 특히 서해에 서식하는 점농어가 민물을 더 좋아하는 것 같다. 대만에서는 점농어를 아예 민물에서 양식하고 있고 민물에서 번식도 가능한 것으로 알려져 있다. 중국의 경우 하구에서 400km 상류까지 소상한 점농어가 포획된 기록도 있다.

농어는 크기에 따라 불리는 토속적인 이름이 따로 있다. 30cm 이하의 작은 농어를 일반적으로 '깔따구'라고 부르고 그보다 커야 농어라고 취급한다. 깔따구는 주로 충청도, 전라도에서 부르는 이름이며, 경상도에서는 작은 농어를 '까지매기'라고 부른다. 서해안에서는 언제부터인지 80cm 이상 미터급 농어를 따로 '따오기'라고 부르고 있다.

일본의 경우, 농어를 출세어(出世魚)라고 해서 성장과정에 따라 명칭이 달라진다. 일본 서부 관서지방에서는 2년생(20~30cm급)을 '세이고', 3년생(40~60cm급)을 '훅코', 4~5년생 성어를 '스즈키'라 한다.

점농어 *Lateolabrax maculatus*(McClelland, 1844)

농어와 동일시하기도 했지만 최근에는 확실히 구분하고 있는 종류다. 농어보다 더 크게 자라는 것으로 알려져 있는데 몸통의 점 크기가 비늘 한 개보다 더 크다. 다 자라도 몸통에 검은 반점이 남아 있는 것으로 보통 농어와 구분하지만, 보통 농어처럼 점이 없는 것도 있다. 우리나라 서해안, 중국 및 대만에만 서식했는데, 양식산업이 발달하면서 중국으로부터 일본에 수출된 점농어가 가두리를 탈출하여 자연 번식하는 바람에 이제는 일본에서도 서식하게 되었다.

윤기가 흐르는 농어 회(위)와 참돔회. 특히 여름철 서해에서 낚은 농어는 최고의 맛을 자랑한다.

넙치농어 *Lateolabrax latus*(Katayama, 1957)

넙치라는 이름처럼 체고가 높은 형태를 한 농어로 제주도에서만 낚이는 종류다. 형태적으로 아래턱 아랫면에 비늘이 나 있고(없는 경우도 있음), 꼬리지느러미가 깊게 패이지 않은 점 등으로 구분하기도 한다. 성어가 되면 주로 외양에 접한 갯바위 암초대에 서식하고 내항이나 하천에는 잘 들어오지 않는 것으로 알려져 있지만, 일본 남부의 경우에는 치어일 때 염분이 적은 기수역과 하천에 들어온 기록도 있고 그 생태는 아직 베일에 가려져 있다. 개체 수는 적지

새로운 교잡종, 아리아케 농어

일본의 큐슈지방 서쪽 바다인 아리아케(有名)해에 서식하는 개체군이다. 성어와 치어가 모두 일반 농어(*Lateolabrax japonicus*)와는 다른 형태를 하고 있고 DNA 분석결과를 보면 농어와 점농어의 교잡종으로 밝혀진 특이한 집단이다. 강한 조류와 높은 탁도라는 특수 환경에서 특별한 생태를 갖고 있는 것으로 알려져 있다. 농어양식이 활발해지면서 나타난 것인지 환경에 의해 나타난 신종인지는 아직 모르지만 아리아케 바다가 우리나라의 서해 및 남해서부와 매우 유사한 생태계를 갖고 있으므로 남의 이야기로만 볼 것이 아니다.

농어 연안낚시 장비 채비

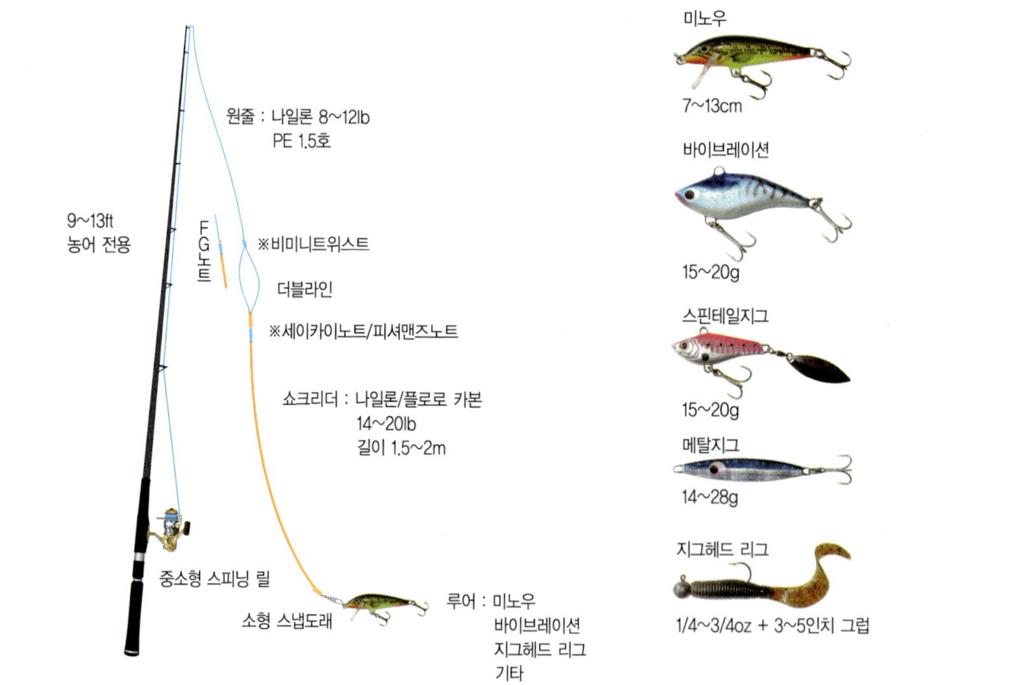

농어

점농어

넙치농어

만 맛도 좋고 손맛도 좋아 가치 있는 대상어로 손꼽힌다.

연안낚시
민물이 섞이는 강 하구에서도 낚인다

■태클 & 채비

낚싯대 : 길이 9.6~13ft인 농어 루어낚시 전용대를 사용한다. 주로 2~3절의 꽂기식으로 되어 있는데 휴대가 더 간단한 텔레스코픽 형태의 제품도 있다. 초리는 유연해도 허리힘이 강한 낚싯대를 고르도록 한다.

릴 : 3000~4000번급 중소형 스피닝릴을 선택한다. 드랙 성능이 좋은 고급제품이 바람직하다.

라인 : 원줄은 나일론이라면 8~12lb(3~4호) 정도, PE라면 1.5호 전후를 사용한다. PE 낚싯줄은 가늘고 강해 원투성능과 감도가 좋지만 줄 엉킴이 발생하기도 쉬워 익숙하지 않다면 신중하게 사용할 것. 쇼크리더는 나일론이나 플로로카본 14~20lb를 1.5~2m 정도의 길이로 사용한다.

루어 : 미노우(7~13cm, 싱킹 및 플로팅 각종), 지그헤드 리그(1/4~3/4oz 지그헤드 + 3~5인치 그럽), 메탈지그(14~28g), 바이브레이션(15~20g), 스핀테일지그(15~20g)

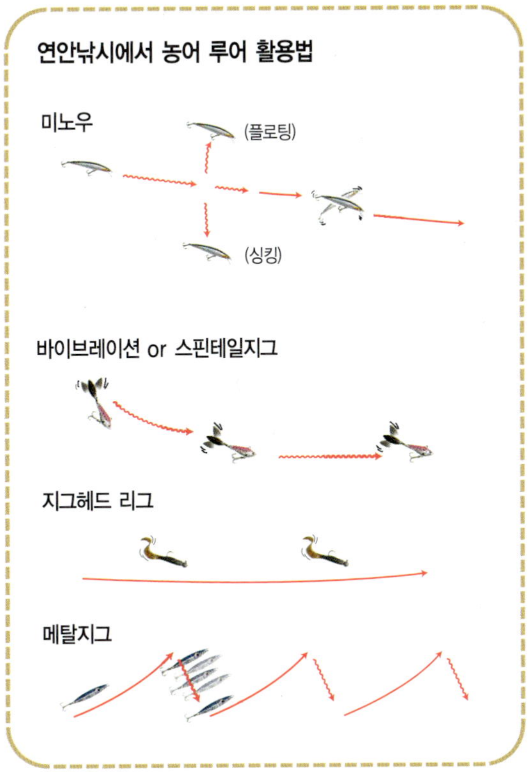

겨울철 제주도 해안에서 농어 루어낚시를 하고 있다. 거의 연중 농어가 낚이는 제주도 해안은 파도가 이는 날엔 낮에, 잔잔한 날엔 밤에 농어가 낚인다.

■루어 활용방법

미노우를 주로 쓴다. 미노우는 농어의 식성에 가장 잘 맞는 멸치 같은 소형 어류와 비슷한 외관을 갖고 있기 때문에 루어 선택에 있어서 최우선이다. 일정한 속도로 단순히 릴링하면 자동적으로 움직인다. 미노우를 따라오는 것이 확인되지만 입질로 이어지지 않는다면 중간 중간에 살짝 트위칭을 가해 입질을 유도하는 것도 좋다.

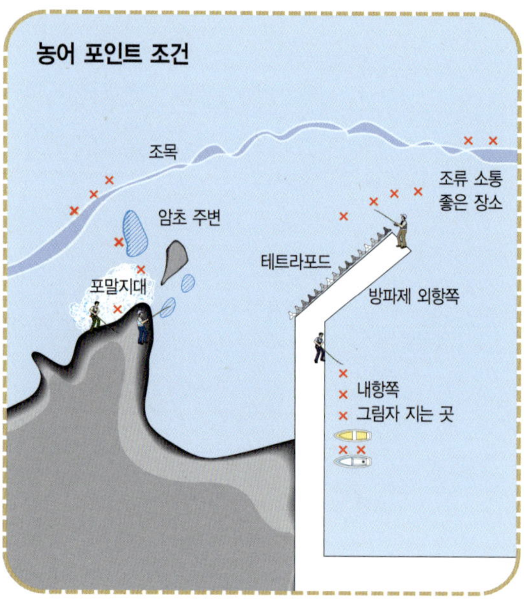

그렇지만 미노우는 크기에 비해 가볍다는 것이 단점. 그래서 더 무거운 바이브레이션, 스핀테일지그도 많이 쓰인다. 크기에 비해 무거워 잘 던져지고 사용법도 단순해 사용빈도가 높다. 사용법은 일정한 수심을 유지하며 일정한 속도로 릴링하는 것이다.

지그헤드 리그도 사용법은 유사하다. 메탈지그의 경우에는 리프트&폴링으로 사용한다.

■포인트 찾기

먹이가 되는 학공치나 멸치 떼의 유무가 포인트를 크게 좌우한다. 조류소통이 원활한 장소에 작은 먹이고기가 회유하므로 이들을 노리는 농어는 그 근처의 장애물에 잠복하고 있다. 수중암초, 간출여, 파도에 의한 포말지역 등이 좋은 포인트다. 방파제의 경우 테트라포드 부근은 발 앞부터 수심이 깊으므로 가까운 곳이 포인트가 된다.

한편 수온이 낮은 봄철 초기에는 조류가 강하지

농어 배낚시 장비 채비

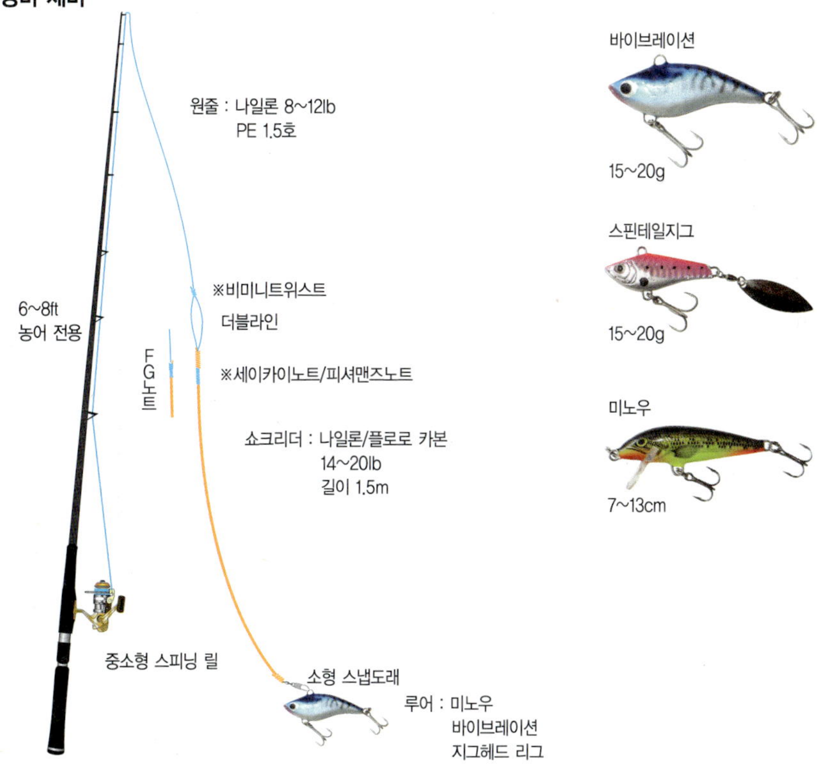

서해 먼 바다의 격렬비열도 배낚시에서 농어를 타작한 루어낚시인들. 가운데 큰 고기는 부시리다.

농어의 바늘털이. 힘차게 도약하는 대형 농어의 바늘털이는 낚시인의 간담을 서늘하게 한다.

농어 배낚시 루어 활용법

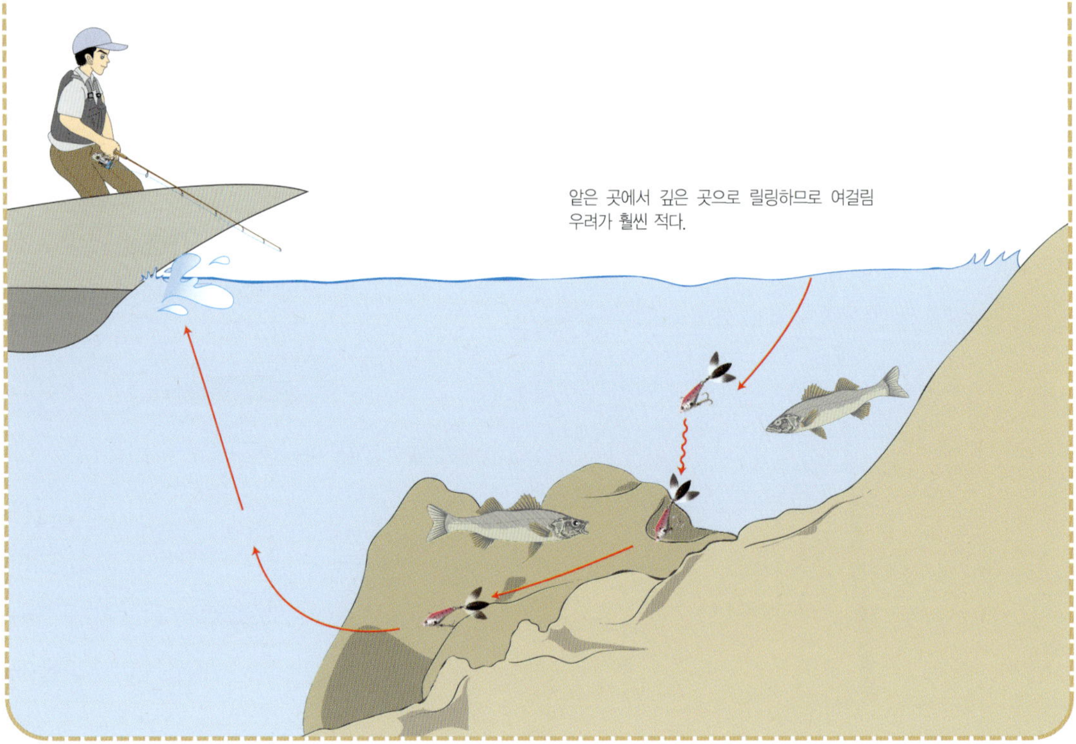

않고 특별한 장애물이 없는 얕은 자갈밭이나 모래밭에 모여 있는 경우도 있다. 특히 5~6월 서해 농어는 대부분 그런 만입부 여밭에 있다.

배낚시
바이브레이션이나 스핀테일지그가 특효

■태클 & 채비

낚싯대 : 6~8ft의 보트낚시용 농어 전용대. 기타 6ft 전후의 민물 배스낚시용 낚싯대도 충분히 사용할 수 있다.

릴 : 기본은 3000~4000번급 중소형 스피닝릴이다. 드랙 성능이 좋은 고급제품이 바람직하다.

라인 : 원줄은 나일론이라면 8~12lb(3~4호) 정도, PE라면 1.5호 전후. 쇼크리더는 나일론이나 플로로카본 14~20lb를 1.5m 정도의 길이로 사용한다.

루어 : 바이브레이션(15~20g), 스핀테일지그(15~20g), 싱킹 미노우(7~13cm)

■루어 활용방법

연안낚시에선 얕은 곳에서 깊은 곳으로 루어를 던지지만 배낚시는 깊은 곳에서 얕은 연안으로 루어를 던지므로 루어 활용이 자유롭고 다양한 연출도 가능한 장점이 있다. 특히 바이브레이션이나 스핀테일지그의 사용이 유리하다.

Check Point

★ 농어는 조류를 타고 움직이므로 하루 중에도 물때를 놓치면 조과를 기대하기 어렵다.
★ 조류가 잘 흐르는 시간에 활발히 먹이활동을 하는 농어는 사리물때가 낚시적기다.
★ 갯바위에 오를 경우에는 갯바위 신, 구명동의 착용 등 안전대책에 만전을 기할 것.
★ 배낚시의 경우에도 구명동의 착용은 필수.
★ 농어가 루어에 걸렸을 때 낚싯대를 너무 세우면 농어의 바늘털이가 심해지므로 낚싯대를 옆으로 낮추고 낚싯줄에 저항을 높여 농어를 달래가며 릴링하자.
★ 보호를 위해 30cm 이하는 법적으로 채포금지다.
※ 같은 장소에서 낚인다 - 넙치, 우럭

루어의 색상도 중요하다. 활성이 높은 농어는 어떤 루어라도 공격하지만 저수온이나 청물(아주 맑은 물) 등이 들어와 입질이 까다로운 경우라면 멸치와 같은 색상 즉, 은색 배에 파란 등을 기준으로 선택하면 좋다. 물색이 흐리거나 광량이 적은 어두운 시간대에는 금색 계열이나 레드헤드(머리가 붉고 몸체는 흰 루어) 등도 준비해 두자.

■포인트 찾기

농어 루어낚시는 한바다가 아닌 갯바위 인근이나 암초 부근에서 이루어지므로 배낚시 포인트도 연안낚시 포인트와 동일하다. 그러나 갯바위에서는 접근하기 어려운 포인트를 바다 쪽에서 쉽게 접근할 수 있다는 장점이 있다.

대구

Pacific cod

큰 입만큼 왕성한 식성을 자랑하는
대구는 루어에 대단히 잘 낚이는 물고기다.
특히 겨울철 동해 지깅의 대표 어종으로
각광받고 있다. 지깅낚시를 대중화한 일등공신.

시 존 · 1 2 3 4 5 6 7 8 9 10 11 12

중급 배낚시 수직지깅

습성과 낚시특성
차가운 겨울바다에서 맹위 떨치는 한류어

무엇이든 닥치는 대로 먹는 대식가인 대구. 루어에 대한 반응도 좋아 쉽게 낚이는 어종이다. 차가운 날씨에 깊은 수심의 한바다에서 육중한 몸매의 대구를 낚아 올리는 열기는 뜨겁다. 더욱이 고급어류라는 사실도 대구낚시의 매력 중 하나이고 낚시법도 어렵지 않은 것이 장점이다. 깊은 바다에 서식하기 때문에 연안에서는 낚을 수 없고 배낚시를 해야 한다. 진해를 비롯한 남해동부와 서해 먼 바다에도 많은 어군이 있지만 대구 지깅이 가장 활발하게 이뤄지는 곳은 묵호항을 중심으로 한 동해 해상이다.

배낚시
격렬하지 않은 지그의 고패질만으로 입질

■ 태클 & 채비

낚싯대 : 수직지깅(Vertical Jigging) 기법을 구사하므로 지깅 전용 낚싯대가 필요하다.

길이 5~6ft, 최대 지그 무게가 200g 정도의 강도를 갖고 있는 지깅 전용대를 사용한다. 사용하는 지그는 300g 이상의 무게도 사용하지만 이에 맞춘 고강도의 낚싯대는 필요 없다. 낚시 중에 지그를 격렬하게 움직일 필요가 없으므로 한 단계 낮은 강도를 사용하는 편이 무겁지도 않

대구 지깅 장비 채비

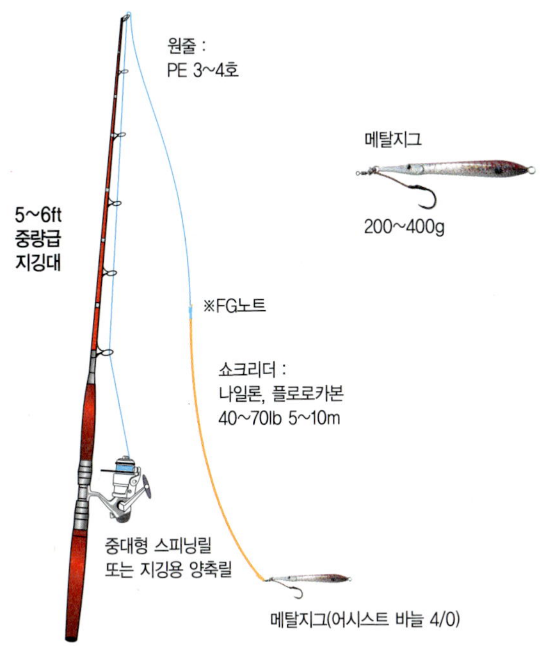

고 수월하다.

릴 : 5000~8000번급의 중대형 스피닝릴이나 양축릴을 사용한다. 튼튼하게 만들어진 지깅용 제품이라야 고장 없이 사용할 수 있다.

라인 : 원줄은 PE 3~4호를 사용한다. 대구낚시터는 수심이 매우 깊은 장소이므로 여유분을 생각해 릴에 300m 정도는 감아 두어야 한다. 쇼크리더는 나일론이나 플로로카본 40~70lb를 5~10m 정도 길게 연결한다.

루어 : 수직 지깅용 지그(200g 이상) + 어시스트 바늘(4/0 · 2개)

빠른 하강과 수류저항이 적은 저중심 형태의 지그가 적당하다. 지그의 색상은 분홍색을 기본으로 하여 파랑, 검정, 형광색 등을 준비한다. 어시스트 바늘은 크기 4/0으로 2개를 서로 길이 차가 나게 하여 라인아이에 연결한다. 바늘 목줄 길이는 지그의 중간보다 길지 않도록 한다.

■루어 활용방법

대구는 바닥 층에 머물며 이동 폭도 그리 크지 않기 때문에 지그의 동작연출도 바닥 층을 유지하는 것이 중요하다. 바닥에서 고패질이 기본이다.

–요요잉(Yoyoing) : 지그가 바닥에 닿으면 1m 정도만 감아올린 후 50cm 정도의 폭으로 낚싯대를 상하로 움직여주는 방법

–리프팅 & 폴링(Lifting & falling) : 먼저 지그를 조류에 실어 보내 가라앉히고 사선으로 가라앉은 지그가 뛰뛰듯 움직이도록 낚싯대를 당겨가며 릴링한다. 지그로 바닥을 더듬는 방법.

■포인트 찾기

서해안에서도 대구는 잘 낚이지만 지깅 낚시터는 동해안에 발달되어 있다. 해저의 요철이 큰

대구 지깅의 루어 활용법

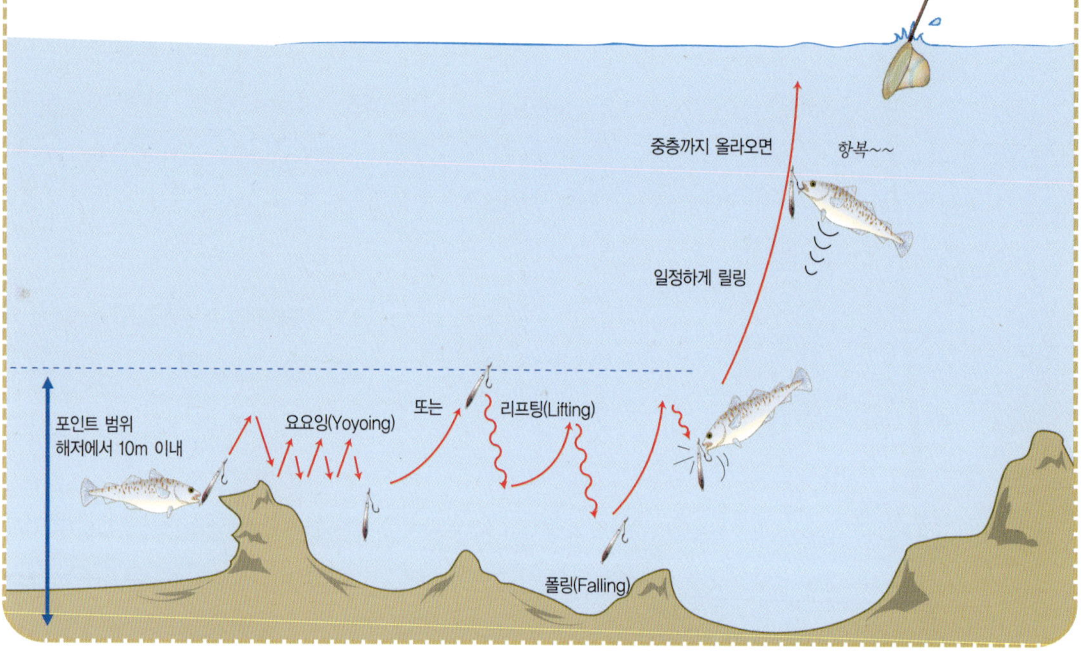

겨울 동해에서 지깅으로 낚아 올린 대구. 고급 생선인 대구는 지깅의 대중화를 이끈 주인공이다.

수직지깅에 걸려든 대구.

굵은 씨알의 대구를 낚아 올린 지깅낚시인의 환호.

Check Point

★ 대구 시즌은 추운 겨울철이므로 방한용 의복은 필수. 또 방수장갑, 젖지 않는 고무장화를 착용해야 한다.
★ 구명동의 반드시 착용.
★ 지그가 조류에 떠밀릴 때 낚싯줄을 너무 많이 풀어주면 여걸림 확률이 높아진다.
★ 여럿이 한 배에서 지깅을 한다면 동일한 굵기의 낚싯줄, 동일한 무게의 지그를 사용하는 것이 서로 줄엉킴을 예방하는 방법이다.
★ 어자원 보호를 위해 30cm 이하는 법적으로 채포금지.
※ 같은 장소에서 낚인다 – 우럭, 횟대

암반지대, 암초가 발달한 장소, 돌밭이 주요 포인트다. 모래밭이나 펄과 같이 장애물이 적은 장소에는 대구가 없다. 대구는 군집성이 있으므로 이러한 장소에 모여 있다.

어군탐지기를 동원하여 이와 같은 장소를 찾아내고 모여 있는 어군을 확인하는 것이 전제조건이므로 경험이 풍부한 유능한 선장이 조과를 좌우한다.

대구 포인트 조건

방어 · 부시리

Japanese amberjach, Yellontail

생김새가 거의 똑같은 방어와 부시리는 회유어의 대표어종이다. 루어에 반응도 좋고 강력한 끌힘을 자랑하는 호쾌한 루어대상어다. 대물은 그리 간단히 낚이지 않는 상급 클래스.

시 존 · 1 2 3 4 5 6 **7 8 9 10 11** 12
제주도의 경우는 수온이 낮은 4~5월 외엔 연중 시즌

연안낚시 · 중급 방파제·갯바위 연안 캐스팅

배 낚 시 · 고급 배낚시 수직지깅·보트 캐스팅·포핑

습성과 낚시특성

한국 바다에서 만날 수 있는 최고의 파이터!

방어와 부시리는 고속 유영력을 자랑하는 회유어로서 낚싯대에 걸면 혼이 빠질 정도로 파괴적인 손맛을 보여준다. 대표적인 난류성 어종으로서 제주도에선 가장 수온이 낮은 4~5월을 제외하고는 연중 낚이며, 서해에선 7~8월, 남해와 동해에선 8~11월에 잘 낚이고, 대형어의 경우 남해 동해 제주도에서 12~1월에 많이 낚인다. 주로 60cm 안팎의 씨알이 잘 낚이지만 여름철 서해와 겨울철 남해 · 제주도에선 1m가 넘는 대형 씨알도 자주 걸려든다. 주로 선상 지깅으로 낚지만 서해 어청도 일대와 추자군도에선 대형 톱워터루어로 수면을 공략하여 대형 부시리만 골라서 낚기도 한다.

방어와 부시리 구별법

두 어종은 동일한 장소에서 낚이는 경우도 있는

방어

학명	*Seriola quinqueradiata*
영명	Japanese amberjack
일명	ブリ(부리)
속명	사배기, 마르미

부시리

학명	*Seriola lalandi aureovittata*
영명	Yellowtail, Kingfish
일명	ヒラマサ(히라마사)
속명	히라스

제주도 갯바위에서 메탈지그로 낚아 올린 부시리.

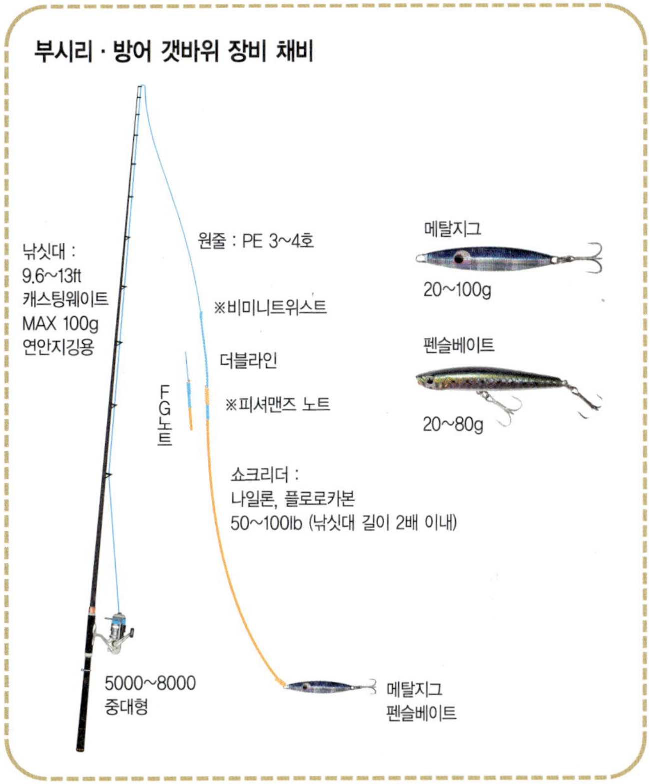

데, 겉모습이 비슷해 쉽게 구분하기 어렵다. 가장 간편한 구분법은 위턱의 후단부를 보면 알기 쉽다. 후단부가 둥글면 부시리, 각이 져 있으면 방어다(사진 참조).

연안낚시
체력을 요하는 남성적 파워게임

■태클 & 채비

낚싯대 : 3kg 이하의 소형을 노리는 경우에는 농어낚싯대로 충분하다. 그러나 본격적인 대물을 노린다면 길이 9.6~13ft에 루어 무게 100g 정도까지 원투 가능한 허리힘이 강한 스피닝 대를 갖추어야 한다.

릴 : 소형을 노린다면 3000~4000번급 중소형 스피닝릴, 대물에는 한 단계 큰 5000~8000번급 중대형 스피닝릴을 사용한다. 견고하고 성능이 좋은 고급제품을 선택하되 기어비가 높은 고속회전 릴이 유리하다.

라인 : 원줄로는 PE 3~4호를 사용한다. 그 이상의 굵기는 원투에 불리하다. 쇼크리더는 나일론이나 플로로카본을 사용하되 대상어의 크기와

낚시터 지형을 참고하여 50~100lb를 사용한다. 목줄 길이는 낚싯대 길이의 2배 이내로 사용하는 것이 낚시에 불편하지 않다.

루어 : 메탈지그(20~100g, 주로 파랑계열 색상), 펜슬베이트(20~80g)

■연안낚시의 루어 활용방법

먹잇감의 크기와 실루엣을 맞춰 비슷한 형태의 루어를 사용해야 한다. 시력이 발달된 방어와 부시리는 고속으로 움직이는 루어가 아니면 잘 낚이지 않는다. 기본적으로 낚싯대를 이용한 강한 저킹과 기민한 릴링이 뒷받침되어 루어를 초고속으로 움직여야 한다.

낚싯대를 짧게 흔들어가며 고속 릴링하는 방법도 효과적이다.

배낚시
보트캐스팅과 지깅으로 다채롭게 즐긴다

1.보트캐스팅의 태클 & 채비

낚싯대 : 6.5~8ft의 보트캐스팅용 낚싯대를 사용한다. 캐스팅 허용무게가 70~100g 정도면

방어 · 부시리 갯바위 메탈지그 활용방법

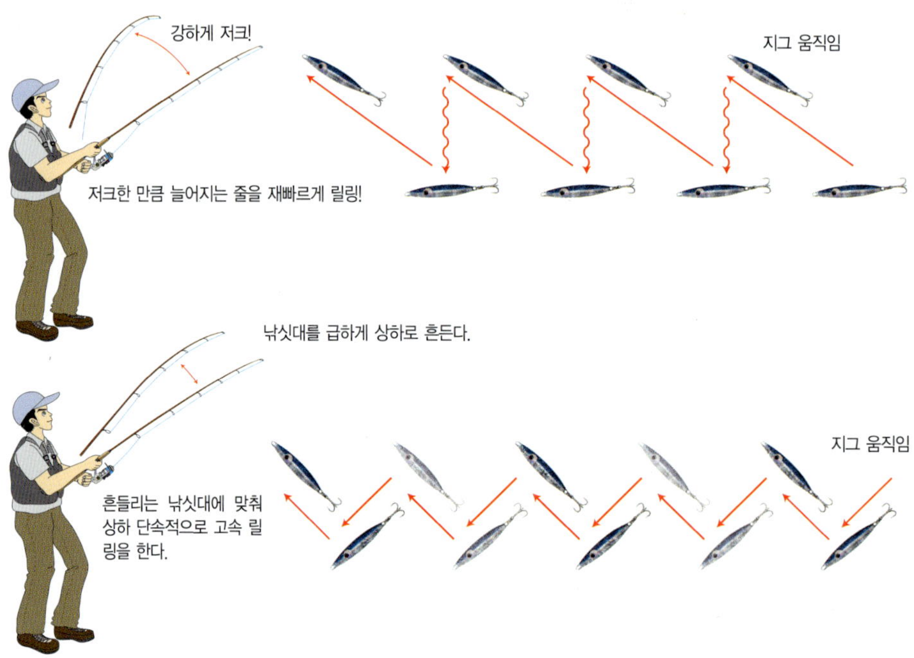

좋다.

릴 : 5000~8000번급 중대형 스피닝릴을 사용한다. 견고하고 성능이 좋은 고급 제품을 선택하되 기어비가 높은 고속회전 릴이 유리하다.

라인 : 원줄로는 PE 3~4호를 사용한다. 쇼크리더는 나일론, 대상어의 크기와 낚시터 지형을 참고하여 50~100lb를 사용한다. 길이는 낚싯대 길이의 2배 이내로 사용한다.

루어 : 메탈지그(20~100g), 포퍼, 펜슬베이트(20~80g)

방어 · 부시리 보트캐스팅 장비 채비

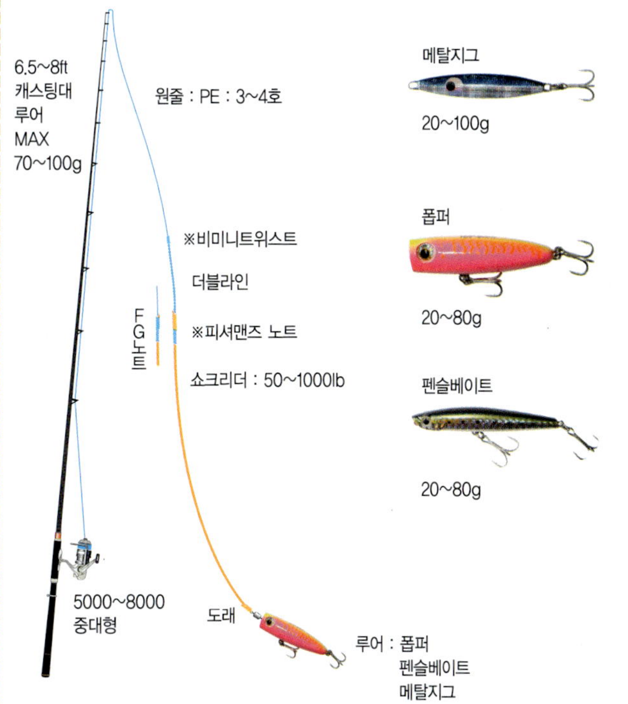

■보트캐스팅의 루어 활용방법

메탈지그는 베벨저크(Bevel jerk)가 기본 동작법이다. 폽퍼나 펜슬베이트는 부시리가 작은 물고기를 수면에서 포식하고 있을 때 바로 그 장소를 노려 사용하면 효과적이다.

2.지깅의 태클 & 채비

낚싯대 : 5~6ft의 지깅 전용으로 물고기의 크기와 사용할 지그의 무게를 감안하여 선택한다. 예를 들어 낚이는 사이즈가 평균 3kg 정도라면 사용 지그 무게가 최대 150g 정도인 라이트지깅 낚싯대를, 5~10kg 사이즈라면 사용 지그 무게가 최대 250g 정도인 중량급 낚싯대를 선택한다.

릴 : 낚싯대와 마찬가지로 대상어의 사이즈에 맞춰 크기를 결정한다. 라이트 지깅에는 3000~4000번급 중소형 스피닝릴이 적당하고 대물에는 5000~8000번급 중대형 스피닝릴을 사용한다. 지깅은 릴을 가혹하게 사용하므로 견고하고 성능이 좋은 고급제품을 선택하는 것이 좋다. 기어비가 높은 것보다는 낮은 기어비의 핸들회전이 가벼운 것이 유리하다.

양축릴을 사용한다면 지깅 전용을 선택해야 한

다.

라인 : 원줄은 PE를 사용한다. 연근해의 소형급에는 PE 2~3호, 중형 이상에는 4~5호를 사용한다.

쇼크리더는 나일론이나 플로로카본을 사용하되 대상어의 크기와 바닥 지형을 참고로 50~80lb를 사용한다. 바닥이 험한 암초지대에서는 100lb를 사용하기도 한다. 길이는 5~10m 정도 연결한다.

루어 : 수직 지깅용 지그(130~300g) + 어시스트 바늘(4/0~10/0).

수직지깅용 지그는 형태와 기능이 천차만별이

방어 · 부시리 보트캐스팅 루어 활용방법

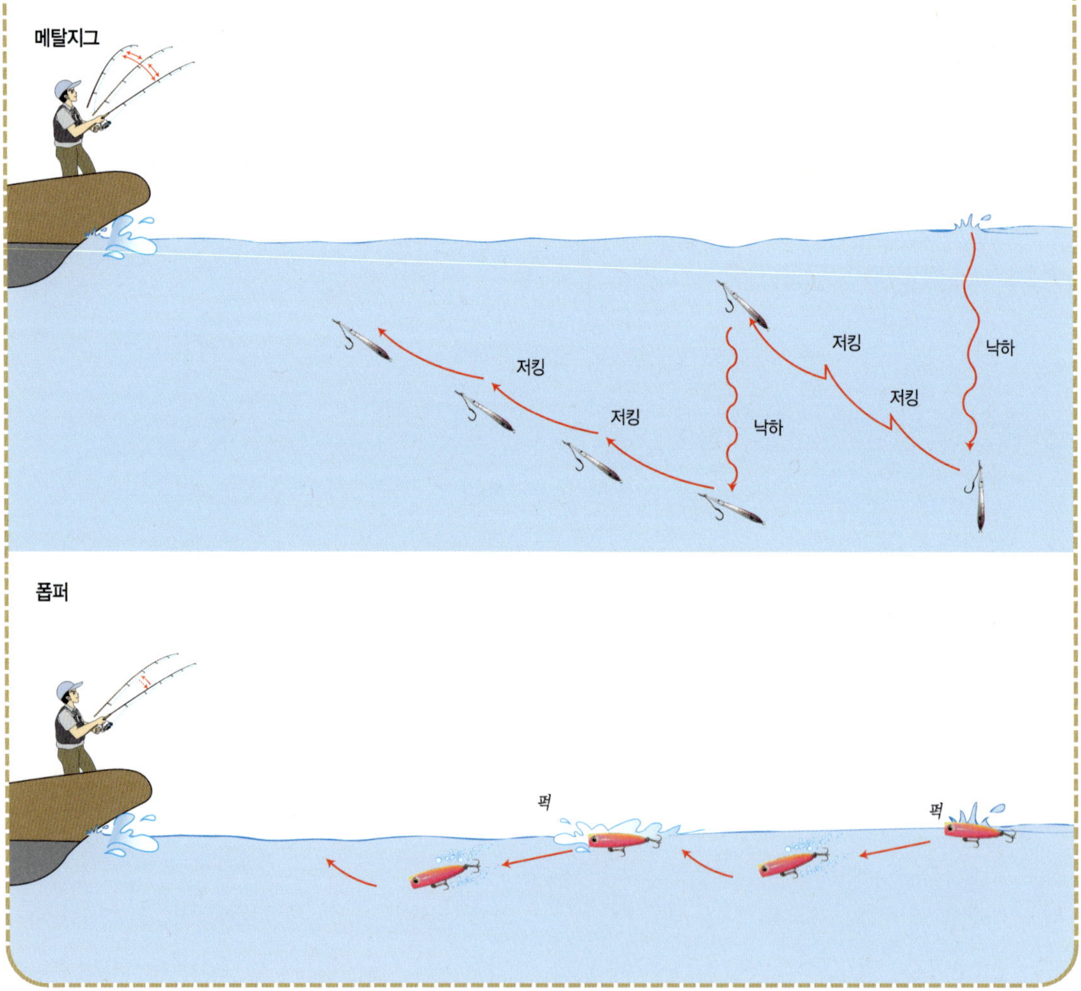

방어 · 부시리 지깅 장비 채비

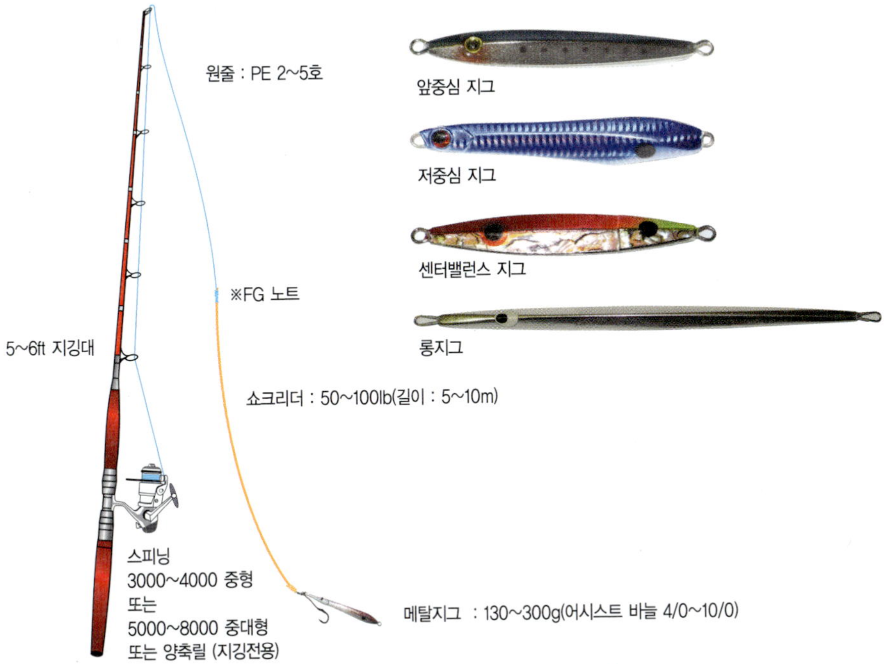

수온이 낮은 동절기에 참맛을 내는 부시리 회.

부시리 머리구이

동해 왕돌짬 지깅에서 부시리를 낚은 꾼의 환호.

방어 · 부시리 지깅 루어 활용법

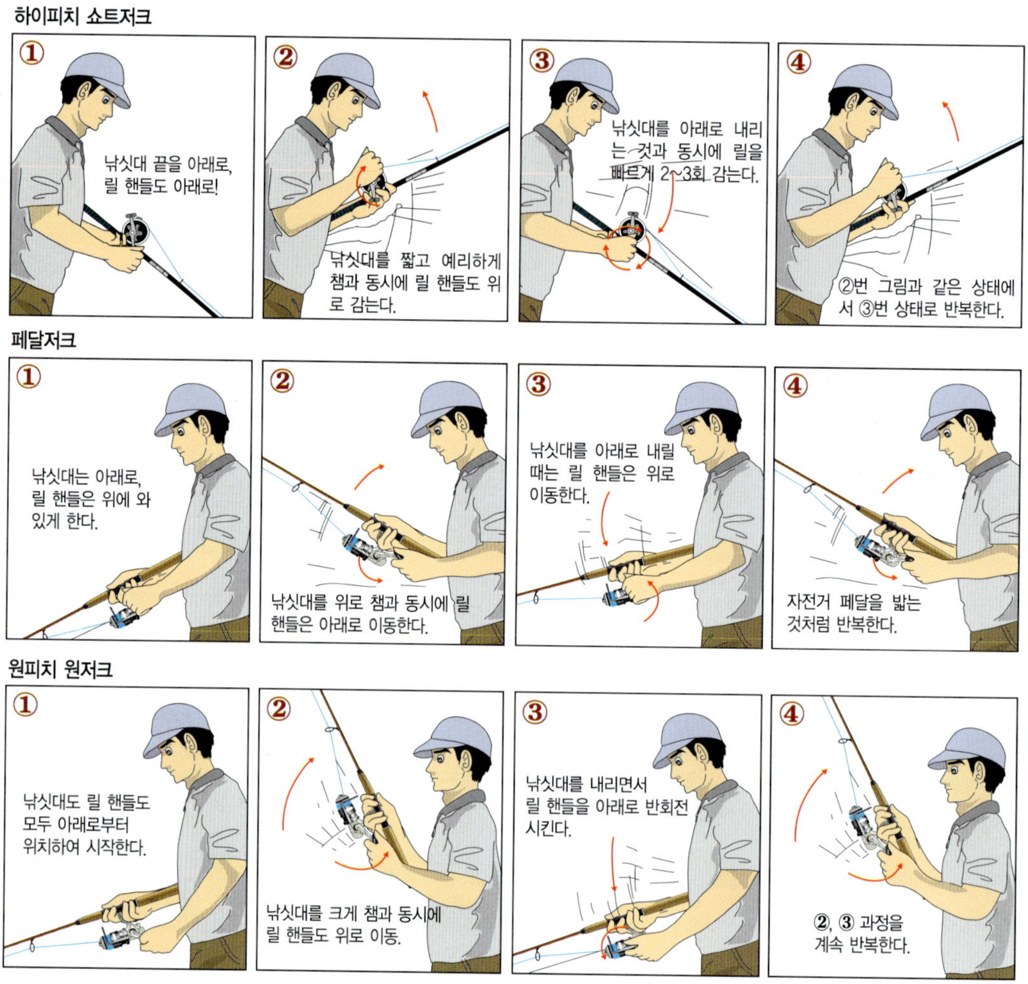

다. 대상어의 식성, 지역 특색, 시기에 따라 효과 있는 지그는 항상 달라진다.

–저중심 지그 : 빨리 가라앉는다.

–센터밸런스 지그 : 무게중심이 5:5 또는 6:4로 기민하게 잘 움직인다.

–앞중심 지그 : 좌우 옆 방향으로 움직이기 쉬운 지그.

–롱지그 : 좌우 슬라이드 액션을 만드는 매우 긴 지그.

■수직 지깅의 루어 활용방법 (그림 참조)

–하이피치 쇼트 저크(Hi–pitch short jerk)

–페달 저크 (Pedal jerk)

–원피치 원저크(One–pitch One–jerk)

상황에 대응해서 적절히 혼합하여 사용할 수 있도록 기본적인 지깅액션을 몸에 익히는 것이 중요하다.

포인트 찾기

갯바위 캐스팅의 경우

부시리와 방어는 농어와 달리 먼 바다까지 대회유를 하는 어류다. 그러므로 갯바위 주변으로 먹이를 따라 회유해 들어오는 것을 확인했을 때 좋은 조과를 얻을 수 있다. 멸치 떼와 같은 먹잇감의 확인방법은 작은 물고기 떼가 수면으로 튀어 오르는 현상이나 갈매기 떼가 나는 모습으로 확인할 수 있다. 갯바위의 부시리 포인트는 일단 수심이 깊어야 하며, 본류가 멀리서 흐르는 곳보다는 갯바위 근처에 붙어서 흘러주는 곶부리가 좋다.

Check Point

★ 무거운 장비와 방어 · 부시리의 힘에 대비해 기초 체력을 길러두어야 한다.
★ 루어는 그 장소에서 실제 먹이가 되고 있는 물고기와 유사한 것을 사용한다.
★ 한 사람이 히트하면 다른 사람들은 채비를 빨리 거두어 트러블을 사전에 예방한다.
★ 갯바위에서는 갯바위 신발과 구명동의, 배에선 구명동의가 필수.
★ 30cm 이하는 채포금지다.
※ 같은 장소에서 낚인다 – 잿방어, 삼치, 가다랑어, 점다랑어, 줄삼치, 능성어

보트 지깅의 경우

암초가 발달된 장소와 같이 복잡한 수중지형이 있는 장소에 먹이가 되는 작은 물고기 떼가 확인되는 장소가 포인트다. 노련한 선장의 안목과 어군 탐지기가 동원되어야 한다. 물론 좋은 수중지형에 먹잇감이 풍부하게 어군탐지기에 나타나도 물때, 조류, 수온, 물색 등과 같은 많은 변수가 있어 무엇인가 맞지 않아 방어나 부시리가 사냥을 개시하지 않는다면 좋은 조과를 거두기는 힘들다.

볼락

Dark banded rockfish

남해안의 최고 인기대상어는 볼락이다.
겨울부터 봄에 걸쳐 내만으로 들어오는
볼락은 야행성 어종으로서 밤에 가로등이
켜진 포구나 방파제에서 잘 낚인다.

시 즌 · 1 2 3 4 5 6 7 8 9 10 11 12

초급 방파제·갯바위·배낚시 록피시낚시

습성과 낚시특성

초미니 웜으로 밤바다의 수면을 끌어라

우리나라 바다 루어낚시의 시초는 농어낚시이고, 그것을 대중화시킨 것은 우럭낚시지만, 본격적으로 불을 붙인 것은 볼락낚시다. 남해안 일대에서 겨울부터 봄에 걸쳐 최고 인기대상어인 볼락! 최근 울트라라이트급의 루어낚시 장비로 볼락낚시가 가능하다는 사실이 퍼져나가면서 새로운 장르로 등극, 우리나라 록피시 루어낚시의 불을 붙였다.

볼락낚시는 밤낚시 위주다. 가로등이 켜진 내항 등이 주 낚시터로서 누구나 손쉽게 다가갈 수 있는 매력이 있다. 한창때의 볼락은 수면을 바라보며 물속에 서서 떠있기도 하는 애교만점의 최고 루어낚시대상어 중 하나다.

볼락에도 3가지 종자가 있다

볼락은 낚인 장소와 지역에 따라 조금 붉은 기운이 도는 개체, 검정색을 띄는 개체가 있는가하면 허여멀건 색의 개체도 있다. 우리나라에선 특별히 구분하지 않고 지역적인 변이나 서식환경에 따른 보호색 차원에서 체색이 바뀐 것으로 생각해 왔지만, 2008년 8월에 볼락이 3가지 종류로 나뉘게 되었다. 일본어류학회는 'DNA 분석결과 볼락에 3가지 종류를 확인했다' 고 발표했다. 이로써 볼락은 빨강볼락(*Sebastes*

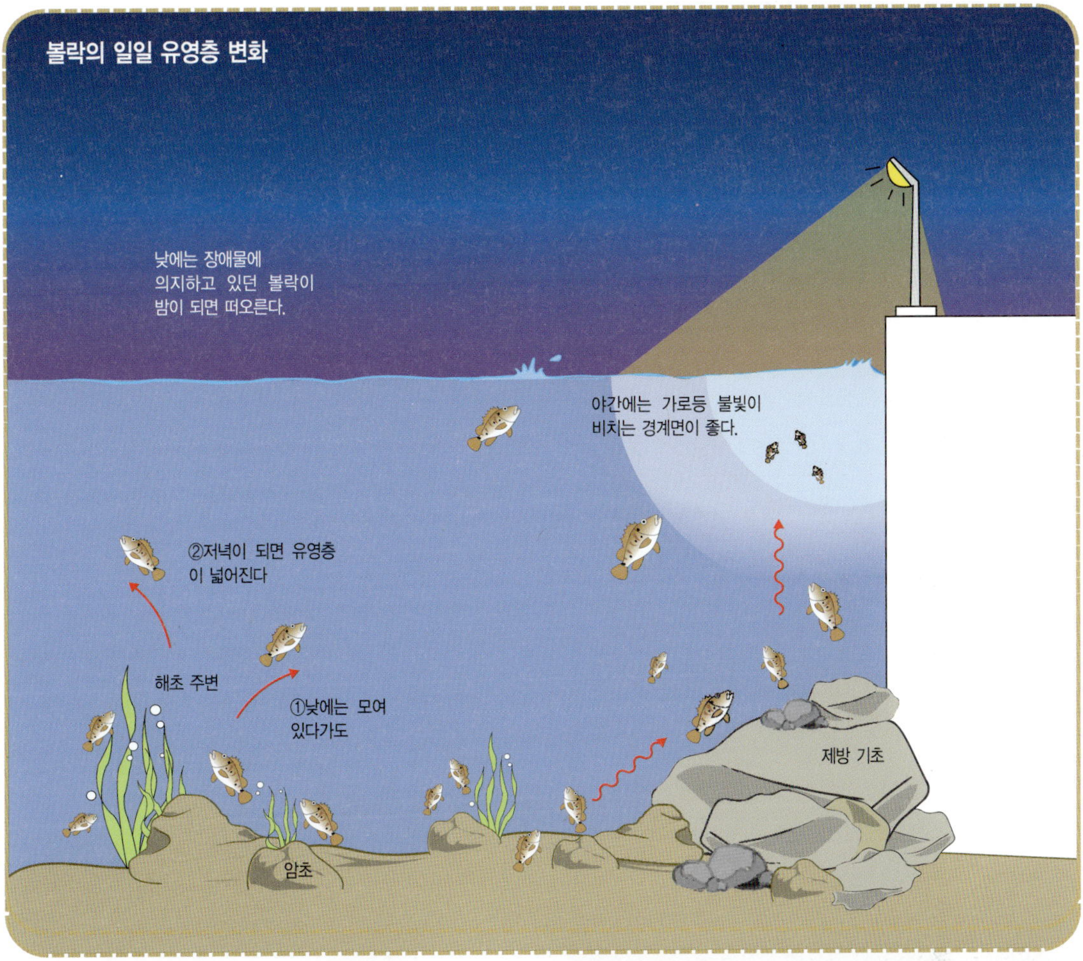

메탈지그에 걸려든 굵은 볼락.

통영 미륵도에서 야간에 지그헤드 리그로 낚아낸 볼락.

볼락전용 지그헤드(왼쪽 위)와 웜.

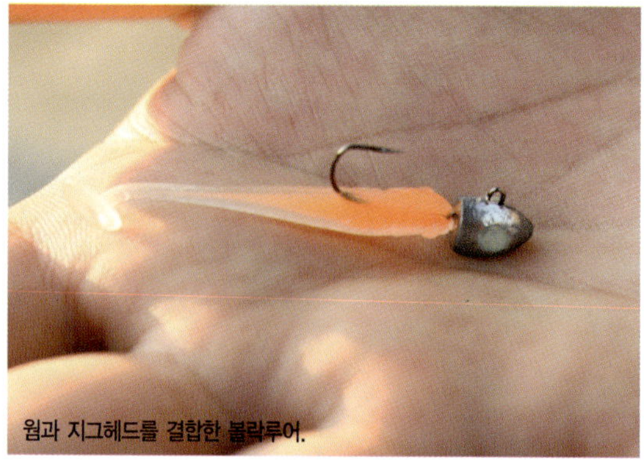
웜과 지그헤드를 결합한 볼락루어.

inermis), 검정볼락(*Sebastes ventricosus*), 하얀볼락(*Sebastes cheni*)으로 나뉘게 되었다. 갯바위와 방파제에서 루어낚시로 자주 낚이는 것이 검정볼락, 수심이 깊은 장소에 서식하여 주로 배낚시에 낚이는 것이 빨강볼락이다. 볼락이면 다 볼락이지 뭐가 다를까하고 말한다면 그냥 특별히 구분하지 않고 낚아도 무관하지만, 방파제에서 잘 낚이는 볼락과 배 타고 나가서 낚는 볼락이 다른 종류라는 것을 알아두자.

함께 낚이는 볼락의 사촌들

개볼락 *Sebastes pachycephalus*

알록달록한 체색과 반점이 특징인데 우럭과 마찬가지로 방파제나 암초 틈에 서식하고 루어에 잘 낚인다. 남해와 동해에 특히 많다.

열기(불볼락) *Sebastes thompsoni*

수심이 깊은 암초지대에 무리지어 서식하는데 서식여건상 루어낚시로 낚기는 어렵다고 봐야 한다. 동해와 남해에 많고 외줄낚시 대상어로 유명하다.

쏨뱅이 *Sebastiscus marmoratus*

흑갈색이나 적갈색 바탕에 줄무늬가 있고 머리와 등지느러미에 가시가 발달해 있다. 암초바닥에 서식하며 루어에 잘 낚인다.

개볼락

열기

쏨뱅이

볼락 장비 채비

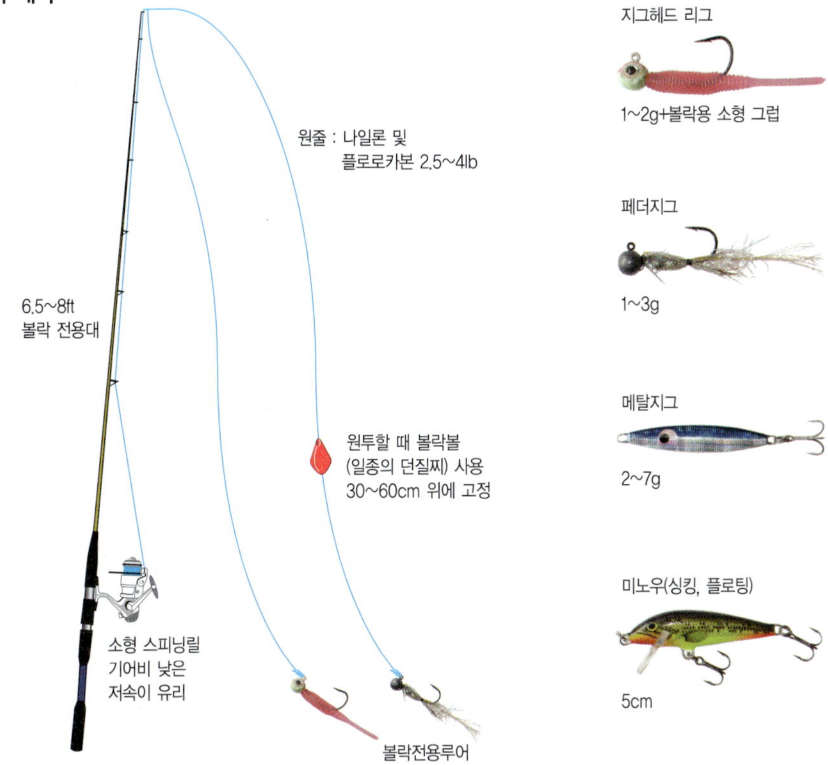

배들이 정박한 항구의 상판 주변은 밤 볼락 포인트다.

볼락은 새끼를 낳는다

볼락류는 난태생이다. 즉 알을 직접 낳는 것이 아니라 알을 뱃속에 품다가 새끼를 낳는 것이다. 우럭(조피볼락), 개볼락, 열기 등이 다 난태생이다. 겨울철에 교미한 암컷은 체내에서 알을 수정시키고 1개월 정도 후에 수 천 마리의 새끼를 낳는다. 새끼들은 성장할 때까지 해조류 사이에서 무리를 지어 생활한다. 볼락의 일급 포인트가 해초지대인 이유는 바로 산란장 및 생활공간이기 때문이다.

연안낚시
볼락 전용도구 아니면 낚기 어렵다!

■태클 & 채비

손쉽고 간단하게 낚을 수 있는 볼락이지만, 들여다보면 의외로 그 수준이 높다. 초미니 루어와 그에 맞는 전용장비가 필요하다.

볼락 루어 활용법

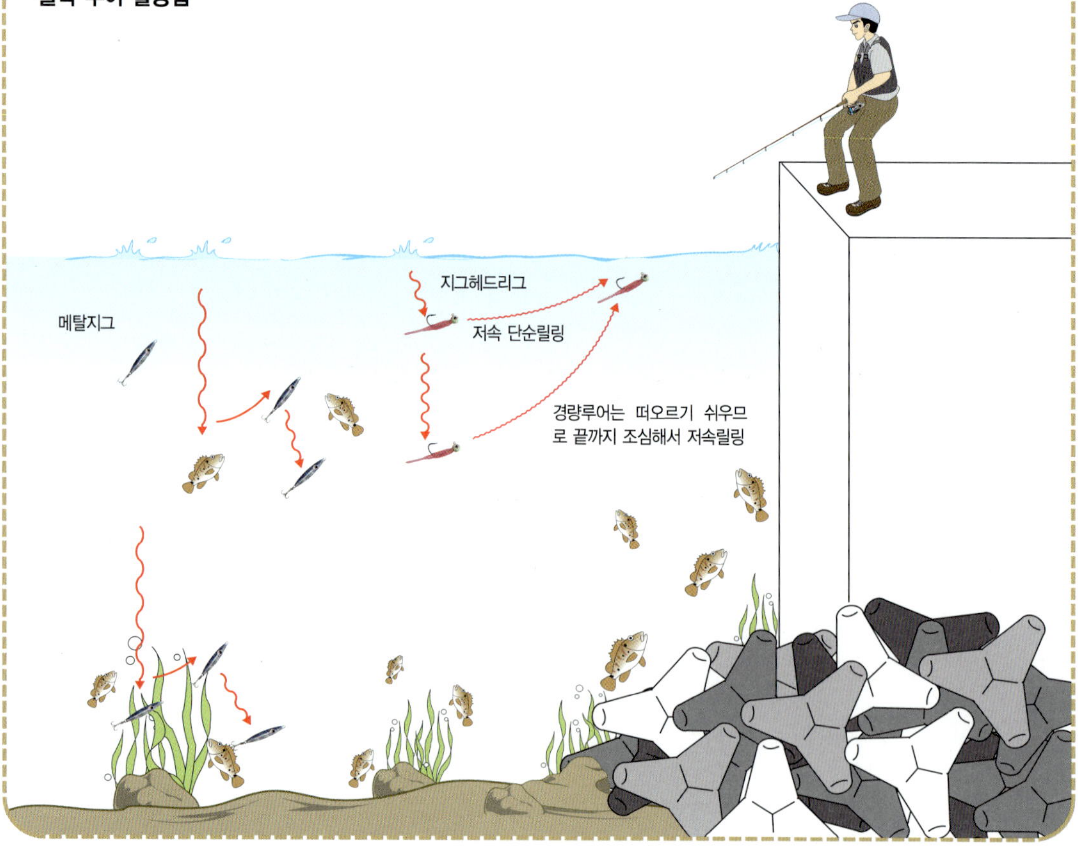

볼락 소금구이와 볼락찜(오른쪽). 한번 맛보면 왜 볼락에 매료되는지 알 수 있다.

낚싯대 : 6.5~8ft 길이의 볼락 루어낚시 전용 낚싯대를 사용한다. 민물의 무지개송어 낚시용과 비슷한 아주 가늘고 유연한 울트라라이트급 낚싯대처럼 보이기도 하지만 엄연히 다른 볼락 전용 루어낚싯대다. 매우 가벼운 루어를 표층~중층의 수심에서 사용하므로 솔리드 구조의 섬세한 초리를 가지고 있지만 대형 볼락도 단번에 들어 올릴 튼튼한 허리힘을 갖고 있다.

릴 : 1000~2500번의 소형 스피닝릴을 사용한다. 가능하다면 릴의 스풀이 얕게 만들어진 형태, 핸들 길이가 짧은 것, 기어비가 낮은 것을 고르자.

라인 : 4lb(1호) 이하의 플로로카본이나 나일론 줄이 기준이다. 2.5~3lb(0.6~0.8호)의 더 가는 줄도 좋다. 아주 가벼운 루어를 사용하므로 낚싯줄이 굵으면 캐스팅도 잘 안되고 입질도 둔해 당연히 조과가 떨어진다. 나일론보다는 플로로카본이 입질감도가 더 좋다.

가로등이 켜진 남해 해안마을의 석축방파제들이 대표적인 볼락 루어낚시 포인트다.

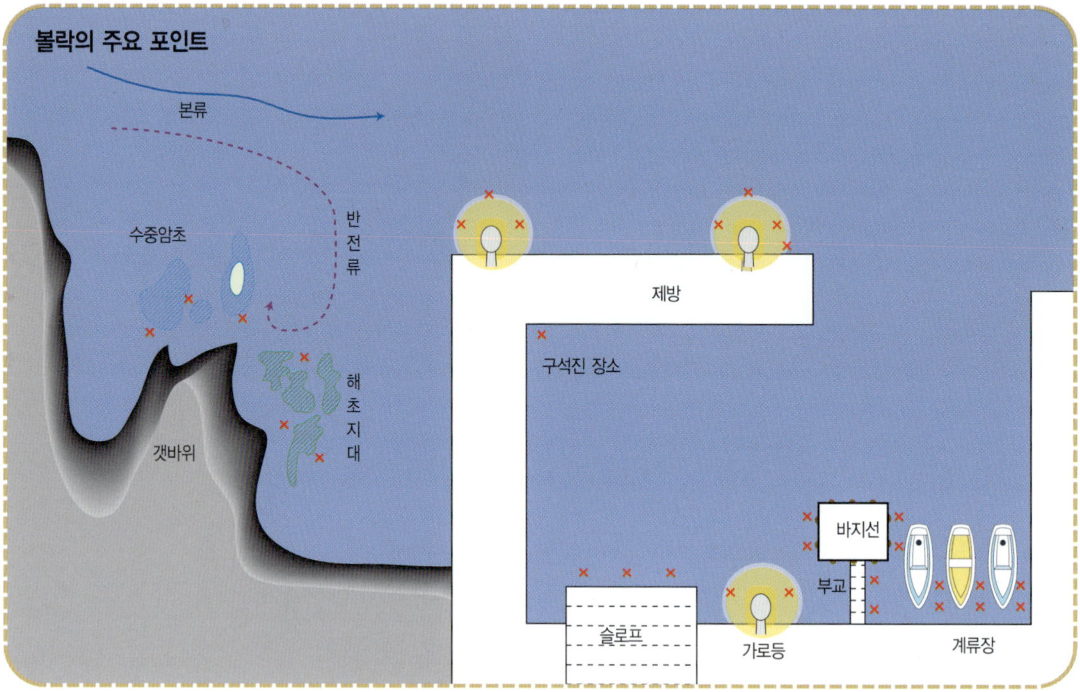

바람 부는 날의 필수품, 볼락볼

바람이 강하게 부는 날이나 극히 가벼운 볼락루어를 멀리 던져야 할 필요가 있을 때는 루어 위 30cm 높이에 '볼락볼'을 단다. 볼락볼은 단순한 던질찌 역할 외에도 다양한 테크닉을 구사할 수 있게 해준다. 얕은 수초대나 암초 주변을 노릴 때 지그헤드만 쓰면 걸림이 잦지만 플로팅이나 슬로우 싱킹 타입의 볼락볼을 달고 낚시하면 걸림이 생기는 지역을 쉽게 빠져나올 수 있다. 반대로 깊은 곳을 노릴 때는 빨리 가라앉는 싱킹 타입의 볼락볼을 쓰면 루어를 원하는 수심층으로 빨리 내릴 수 있다.

볼락볼은 제조사마다 차이는 있지만 물에 뜨는 것(F-플로팅), 천천히 가라앉는 것(SS-슬로우 싱킹), 가라앉는 것(S-싱킹), 빨리 가라앉는 것(FS-패스트 싱킹)으로 나뉜다. 빨리 가라앉는 것이 무거워서 더 멀리 날아간다. 한편 볼락볼을 쓸 때는 지그헤드는 1g 미만의 가벼운 것을 써야 한다. 가끔 릴링을 멈추면 볼락볼 뒤에 따라오던 루어가 자연스럽게 가라앉으며 입질을 유도할 수도 있다.

원투기능 외에도 여러가지 역할을 하는 볼락볼

앙칼진 손맛의 볼락. 밤에는 수면 상층으로 떠올라서 입질한다.

Check Point

★ 볼락은 따뜻한 물을 싫어한다. 수온이 15℃ 이하일 때 얕은 연안으로 나와 활발하게 먹이를 먹는다.
★ 볼락의 특징은 하루 동안 유영층을 크게 바꾼다는 점(낮에는 해저나 장애물에 은신, 밤에는 상층부 활동)을 이해하고 활성이 최고조를 이루는 초저녁과 야간, 새벽을 노리자.
★ 입질이 약한 경우에는 처음 낚인 볼락을 얼마간 물속에서 놀려 다른 볼락을 흥분시킬 필요가 있다.
★ 낚시의 기본은 초경량 루어를 사용하는 초저속 릴링이다. 이를 가능하게 하기 위해서는 볼락 전용루어가 불가피하다.
★ 법적으로 15cm 이하는 채포금지다.
※ 같은 장소에서 낚인다 - 전갱이, 우럭, 개볼락, 쏨뱅이

루어 : 지그헤드리그(1~2g 볼락용 지그헤드 + 1~2인치 볼락용 그럽), 메탈지그(2~7g), 미노우 플러그(싱킹 및 플로팅 5cm)
※원거리 포인트를 노리는 경우에는 던질찌 형태의 보조도구인 '볼락볼'을 세팅.

■루어 활용방법

지그헤드 리그는 던지고 감아 들이는 단순한 조작으로 낚시한다. 릴링속도는 루어가 유영층을 유지할 정도의 느린 속도로 너무 가라앉히지 말고 표층부터 탐색하는 것이 기본이다. 메탈지그는 볼락의 활성이 좋지 않아 깊은 곳을 노릴 때 사용하는데 리프트&폴을 천천히 구사한다. 미노우 플러그는 해초가 많지 않은 장소나 시기에 특효를 발휘한다.

■포인트 찾기

어항 등 각종 항만의 내항이 주 포인트다. 볼락은 방파제 부근, 내항의 암초 주변, 여밭, 자갈밭, 해초대 등에 의지하고 있다. 또 정박 중인 배의 그림자, 바지선의 아래 등도 포인트가 된다. 야행성인 볼락은 낮 동안은 은신처에 숨어 있다가도 해가 지고 어두워지면 수면으로 올라와 하늘을 보며 떠 있기도 하는 등 활성이 높아진다. 방파제의 가로등 불빛 주변의 경계면이 일급 포인트다.

삼치

Spotted mackerel

맛있는 생선구이로 친숙한 삼치는 사나운 육식성 어종이라서 루어에 대단히 잘 낚인다. 무거운 루어를 멀리 던져서 빨리 감아 들이기만 하면 쉽게 낚인다.

시 존 • 1 2 3 4 5 6 7 8 9 10 11 12

초급 방파제 · 갯바위 연안캐스팅

습성과 낚시특성
가을이면 나타나는 난폭한 '이빨왕자'

가을철이 되면 서해, 남해, 동해 곳곳에서 삼치낚시가 활발해진다. 삼치는 회유성 어종 중에서도 물색이 약간 탁한 곳을 좋아하는 듯하다. 남해동부(경상도)보다 남해서부(전라도)에 많고 동해보다 서해에 많다. 꾼들만이 아니라 일반인들도 좋아하는 생선이다. 손맛보다는 입맛으로 선택되는 삼치이지만, 날카로운 이빨에서 볼 수 있듯 강한 어식성을 갖고 있다. 고속으로 회유하며 워낙 시력이 좋아 루어로 낚아내기 위해서는 최고 속도로 루어를 움직여 줄 필요가 있다. 그만큼 요령이 필요한 낚시다.

연안낚시
메탈지그와 스푼으로 속전속결

■ **태클 & 채비**

농어용 장비와 채비를 약간만 변형하여 사용하면 좋은데 무엇보다도 루어 운용의 스피드를 염두에 두도록 해야 한다.

낚싯대 : 길이 8~10ft의 농어 루어낚싯대나 10~13ft 부시리용 쇼어지깅대(루어 무게 90g까지 원투 가능한)를 사용하면 된다. 선택구분의 기준은 사용할 루어의 무게다. 30g 이하의 가벼운 루어라면 농어대, 그 이상 무거운 루어

라면 쇼어지깅대다.

릴 : 3000~5000번의 중형 스피닝릴을 사용한다. 가능하면 스풀 폭이 큰 것, 기어비가 높은 고속회전 모델을 선택하자.

라인 : 일반적인 나일론줄 3~5호를 사용하여도 크게 문제는 없지만 본격적인 루어낚시라면 원줄은 PE 1.5~2.5호로 준비한다. 여기에 쇼크리더는 나일론이나 플로로카본 30~50lb를 낚싯대 길이의 2배 이내 길이로 연결한다. 삼치의 날카로운 이빨이 염려된다면 와이어나 케블러줄을 쇼크리더 끝에 적당히 이어 보강하여도 좋다.

루어 : 메탈지그(15~60g), 스푼(20g 전후)

삼치 장비 채비

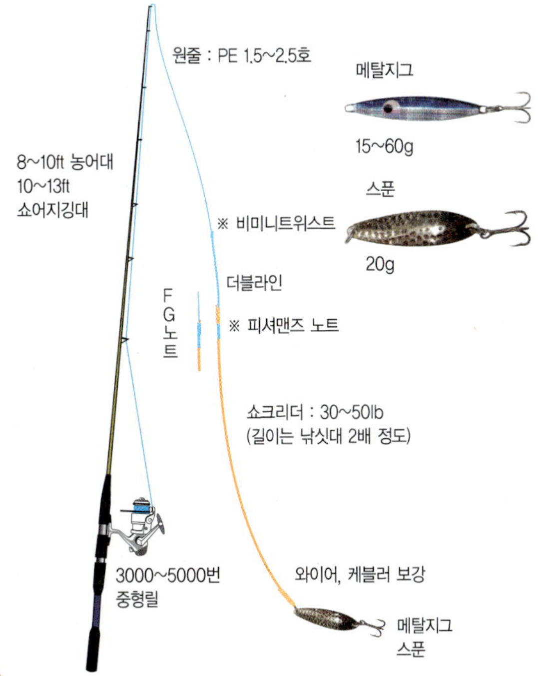

삼치의 날카로운 이빨. 한 번의 공격으로 고등어 같은 작은 물고기를 두 동강 낼 수 있다.

삼치의 사촌, 재방어와 꼬치삼치

재방어(저립)

삼치류 중에서 최대종으로 추자도에서 낚인 2m48cm가 I.G.F.A 기록어로 등재돼 있다. 한때 참치의 일종으로 잘못 알려지기도 한 재방어는 우리나라 남해안부터 대만, 동남아시아에 걸쳐 서식하는 희귀종이다. 1980년대 초에 소수의 트롤링 전문꾼들이 추자도, 관탈도, 제주도에서 재방어를 낚은 바 있으나 워낙 낚기 힘든 물고기라서 최근에는 시도되지 않고 있다.

재방어(저립)

꼬치삼치(꾀저립)

아열대 어종으로 수온이 높은 시기에 제주도 근해에 나타난다. 서양에선 '와후'로 불린다. 역시 2m 이상으로 성장하는 대형종이다.

꼬치삼치(꾀저립)

삼치 루어 활용법

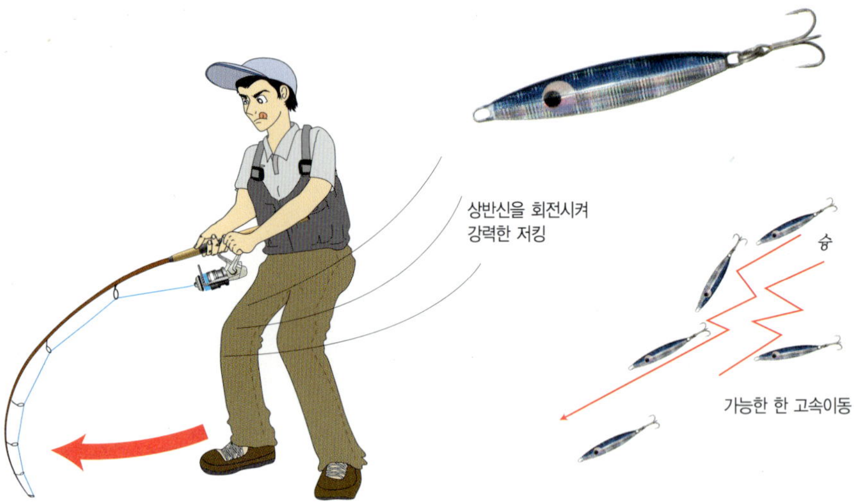

삼치낚시용 루어. 삼치는 루어를 크게 가리지 않고 달려든다.

Check Point

★ 삼치낚시는 첫째도 둘째도 스피드.
★ 떼로 몰려다니는 특성상 적극적인 포인트 이동도 염두에 두자.
★ 무리를 짓는 삼치는 낚다가 놓치면 무리가 다 같이 도망간다. 일단 바늘에 걸린 삼치는 가능한 한 놓치지 말아야 한다.
★ 삼치의 이빨은 거의 면도칼 수준이다. 바늘을 뺄 때는 상처를 입지 않도록 주의하여야 한다.
※ 같은 장소에서 낚인다 – 줄삼치, 물치다래

■루어 활용방법

삼치는 모든 어류 중에서 동체시력(움직이는 물체의 판단능력)이 가장 발달되어 있다. 그러므로 가능한 한 루어를 빠르게 움직여 주어야만 입질이 좋다. 즉 기본은 강한 저킹과 고속 릴링의 연속동작이다.

■포인트 찾기

다른 회유어의 포인트 파악방법과 마찬가지로 삼치의 먹이가 되는 멸치와 같은 작은 먹잇감들의 회유를 확인하는 것이 가장 중요하다. 먹이가 없는 장소에 삼치 떼는 나타나지 않는다. 베이트(먹이)인 멸치나 전어 등이 회유하기 좋은 조건은 역시 외양과 접하는 조류 소통이 좋은 장소다. 이러한 장소에서 수면에 나타나는 베이트의 조짐이나 갈매기가 나는 방향을 참고한다.

서해 고군산군도의 가을 삼치와 신난 표정의 낚시인들.

우럭(조피볼락)

Black rockfish

바다 루어낚시에서 가장 접근하기 쉬운 대상어는 단연코 우럭이다. 우럭은 동해나 남해보다 서해에 많다. 록피시 붐을 타고 낚시터의 확대는 물론 기술, 도구 면으로 날로 발전해가고 있다.

시 존 · 1 2 3 **4 5 6 7 8 9 10 11** 12

연안낚시 · 초급 방파제·갯바위 록피시낚시

배 낚 시 · 중급 배낚시 록피시낚시

습성과 낚시특성

우리나라 록피시의 간판스타

서해안의 대표어종하면 루어낚시와 생미끼낚시에 상관없이 우럭이다. 그만큼 낚시인에게나 식도락을 즐기는 일반인들에게나 인기어류다. 어디서나 간단한 장비로 쉽게 많이 낚을 수 있으므로 바다루어낚시의 입문 어종이며 베테랑도 항상 즐기는 물고기다. 농어낚시나 삼치 · 부시리낚시는 루어를 던졌다가 감아 들이는 반복조작으로 쉽게 피로감이 쌓이지만 우럭낚시는 루어를 던져 바닥에 가라앉힌 다음 톡톡 튕기는 호핑 등의 조작을 천천히 반복하며 끌어오므로 피로감이 적고 입질을 유도해내는 묘미도 더 있다. 서해안의 대형 방조제와 모든 섬 갯바위에서 낚을 수 있고 배낚시를 하면 더 확실한 조과를 누릴 수 있다. 우럭낚시를 마스터한다면 바다루어낚시의 기초를 완성하는 것과 같다.

우럭을 낚기 위한 기본적인 고려 사항

루어 등 기본 장비를 이해하라 → Part 2-42p 참조

낚시터의 수심을 측정하라 → Part 4-134p 참조

포인트의 해저 변화를 알아채라 → Part 4-136p 참조

조류의 흐름을 읽어라 → Part 4-138p 참조

알맞은 무게의 루어를 사용하라
→Part 4-136p 참조
카운트다운을 익혀라 → Part 4-139p 참조
물때 간조 · 만 조시간을 확인하라
→Part 4-141p 참조

작은 우럭은 놓아줍시다

우럭은 록피시낚시의 대표로 잘 낚이고 또 입맛을 즐기기에도 아주 좋은 대상어라서 그만큼 남획이 심각하다. 이만큼 잘 낚이게 된 것은 오랜 기간 지속적으로 벌여온 정부의 방류정책이 한몫을 했

우럭 연안낚시 장비 채비

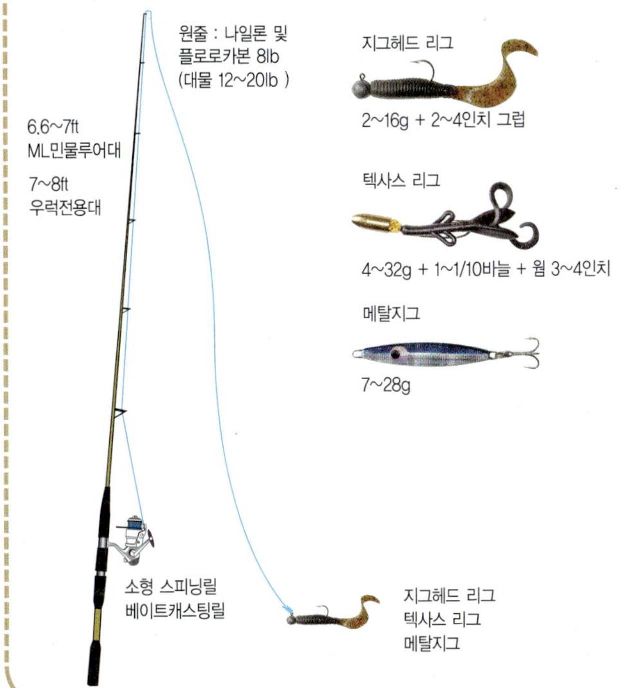

보령 앞바다 배낚시에서 웜으로 우럭을 올린 낚시인. 자원이 풍부하고 쉽게 낚이는 우럭은 록피시의 간판스타다.

다고 할 수 있는데, 우럭의 자원이 무한정한 것이 아니어서 이대로 방치하면 자원이 크게 줄 것이다. 서해안의 대규모 방조제가 완성되고 서해 각 섬들의 포구나 방파제, 갯바위가 낚시터로 개발되면서 낚시인도 그만큼 늘어났다. 이름이 알려진 낚시터는 이미 초창기의 폭발적인 조과는 기대하기 어려워지고 있다. 연안에서 낚이는 우럭은 30cm가 넘는 제법 멋진 크기도 있지만 자주 낚이는 크기는 20cm 이하의 씨알이다. 2007년에 개정된 수산업법에는 채포금지 체장을 15cm에서 23cm로 대폭 상향조정하여 실제로 연안에서 낚이는 우럭의 대부분은 낚아서는 안 되는 크기인 경우가 많다. 이제 다수확보다는 씨알을 선별해 낚는 시대가 되었다. 기준보

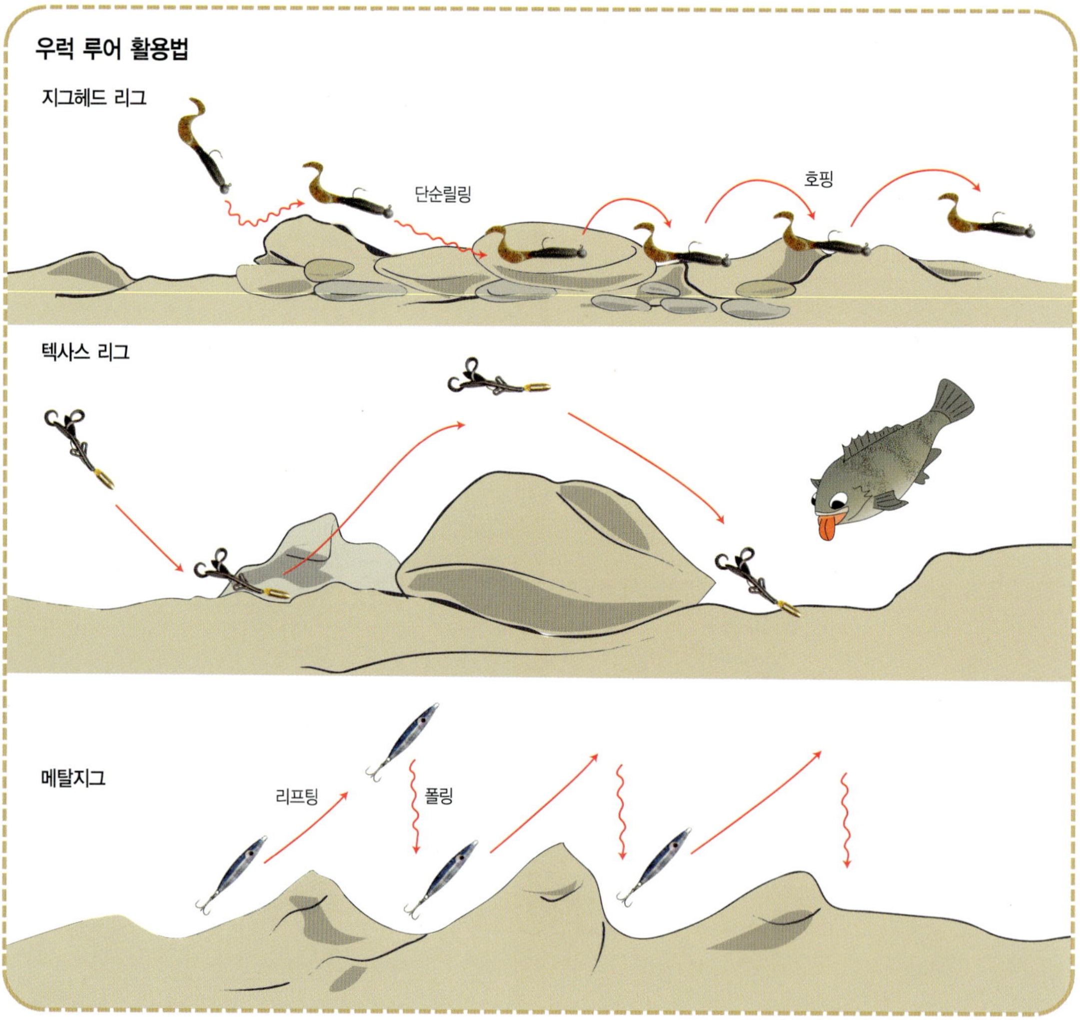

서해 갯바위 우럭 루어낚시. 인천부터 전남 진도 앞바다까지의 무수한 섬과 해안 갯바위에서 모두 우럭을 낚을 수 있다.

다 작은 크기가 낚였다면 바로 놓아주는 자세가 중요하다. 또 우럭으로 기초를 마스터했다면 이제 좀 더 다양한 물고기를 만나러 갈 차례가 되었다.

연안낚시
7~8피트 길이의 우럭 전용 루어대가 편리

■태클 & 채비

낚싯대 : 과거에는 민물용 쏘가리 낚싯대나 배스 낚싯대를 겸용으로 사용하기도 했지만 낚시터의 특성을 참고하고 실용성을 극대화한 전용 장비도 보급되고 있다. 6.6~7ft 라이트(L)나 미디엄라이트(ML) 강도의 민물용 루어낚싯대 혹은 7~8ft 길이의 우럭 루어 전용대를 사용하면 더 편리하다. 원도의 갯바위 포인트나 발판이

높은 방파제, 대물 출몰이 잦은 장소라면 8~9ft 길이의 농어 루어낚싯대가 더 좋다.

릴 : 2500번 정도의 소형 스피닝릴 또는 한 단계 큰 중소형 스피닝릴이 적합하다. 원도 대물 포인트에서는 배스낚시용 베이트캐스팅릴도 사용한다.

라인 : 사용하는 낚싯대와 루어의 무게를 고려하여 정한다. 8lb(2호) 정도의 굵기가 기준이다. 무거운 루어를 사용하거나 원도 갯바위 대물 포인트라면 이보다 굵은 12~20lb(3~5호)를 베이트캐스팅릴에 감아 사용하는 것이 무난하다. 재질은 나일론이나 플로로카본 어느 것도 좋지만 플로로카본이 좀 더 민감하여 우월하다.

루어 : 지그헤드 리그(지그헤드 2~16g +그럽 2~4인치), 텍사스 리그(봉돌 4~32g + 1~1/0바늘 +각종 웜 3~4인치), 메탈지그(7~28g)

■루어 활용방법

우럭은 주로 장애물에 은신하므로 이에 루어를 바짝 붙여 움직이게 하는 것이 기본이다. 장애물 근처의 스위밍, 바닥을 오르내리는 리프팅&폴링, 암초 틈에서의 쉐이킹이 효과적이다.

배에서 메탈지그로 낚은 우럭. 시원스런 입질이 우럭의 매력이다.

■포인트 찾기

물살을 직접적으로 받지 않고 몸을 의지할 수 있는 장소 즉, 암초나 요철부위가 많은 장소가 포인트가 된다. 그러므로 방파제의 테트라포드, 갯바위 여 주변, 암초지대, 자갈밭, 홈통이 여기에 해당한다.

배낚시

무거운 루어를 바닥까지 내려 살살 고패질

■태클 & 채비

낚싯대 : 길이 6ft(1.8m) 전후의 미디엄(M) 강도를 가진 배스낚싯대가 좋다.

릴 : 2500번 정도의 소형 스피닝릴 또는 배스낚시용 베이트캐스팅릴.

라인 : 나일론이나 플로로카본 8~12lb(2~4호)를 사용한다.

루어 : 지그헤드 리그(16~32g(1/2~1oz)지그헤드+3~5인치 그럽), 메탈지그(14~28g), 바이브레이션 및 스핀테일지그(15g)

■루어 활용방법

루어를 바닥의 암초 주위까지 내리는 것이 기본 조건이다. 연안낚시에서와 마찬가지로 수중여와 같은 장애물에 루어를 바짝 붙여야 좋은 조과를 올릴 수 있다.

Check Point

★ 여걸림이 많은 만큼 루어를 넉넉히 준비해야 한다.
★ 동해안은 간만차가 거의 없지만, 서해안은 간만차가 커 물때와 간만조 시각이 조과를 좌우한다. 서해안은 조류가 약한 조금 전후 3~4일 동안이 좋다.
★ 서해의 경우에는 썰물에 진입한 갯바위는 밀물시간 이전에 되돌아와야 안전하다.
★ 갯바위에서는 갯바위 신발을 착용한다.
※ 같은 장소에서 낚인다 – 쥐노래미, 광어, 쏨뱅이, 능성어, 개볼락

낚싯배에서 마련한 즉석 우럭 회.

매운탕의 대명사로 불리는 우럭 매운탕.

■포인트 찾기

수중여, 급심지역 등 수중 장애물이 발달한 장소가 포인트다. 또 조류의 세기에 따라 적합한 장소, 좋은 포인트를 찾아내는 노련한 선장의 실력이 무엇보다 필요하다.

전갱이

Horse mackerel

방파제나 갯바위에서 손쉽게 낚을 수 있는 전갱이는 아주 작은 루어에 반응이 좋다. 볼락용 장비나 민물용 울트라라이트 장비를 갖고 한번 도전해보자.

시 존 • 1 2 3 4 5 6 **7 8 9 10 11** 12

초급 방파제·갯바위 라이트게임

습성과 낚시특성

큰 고기를 능가하는 손맛과 감칠맛

일본명인 '아지' 라는 이름으로도 널리 알려져 있는 전갱이는 옆줄을 따라 모비늘(방패비늘)이 발달해 있는 것이 특징이다. 산란기는 4~7월이고 최대 40cm까지 성장하지만 자주 낚이는 사이즈는 20cm 전후, 하지만 마릿수로 낚인다. 전갱이는 종종 비슷한 크기의 고등어와 비교되지만 고등어보다 훨씬 맛있고 값도 비싼 고급 생선이다. 전갱이 회는 고급 초밥의 재료로 쓰인다. 여름~가을에 잘 낚이며 야행성이라서 해거름~초저녁에 잦은 입질을 보인다. 서해나 동해보다 남해, 특히 남해동부에 많고 수심이 깊은 난바다 섬에서 잘 낚인다.

연안낚시

납작한 꼬리의 섀드테일그럽이 특효

■ **태클 & 채비**

다른 꾼들이 많지 않은 조용한 장소나 나만의 포인트에서는 표준 루어 캐스팅, 시끌벅적한 방파제에서는 다수확 채비로 치고 빠진다.

낚싯대 : 6.5~8ft 길이의 볼락전용 루어 낚싯대나 6~7ft의 민물 무지개송어용 울트라라이트급을 사용한다. 사용하는 루어가 볼락낚시용 지그헤드 정도의 극소형 루어를 사용하므로 연질이

전갱이 장비 채비

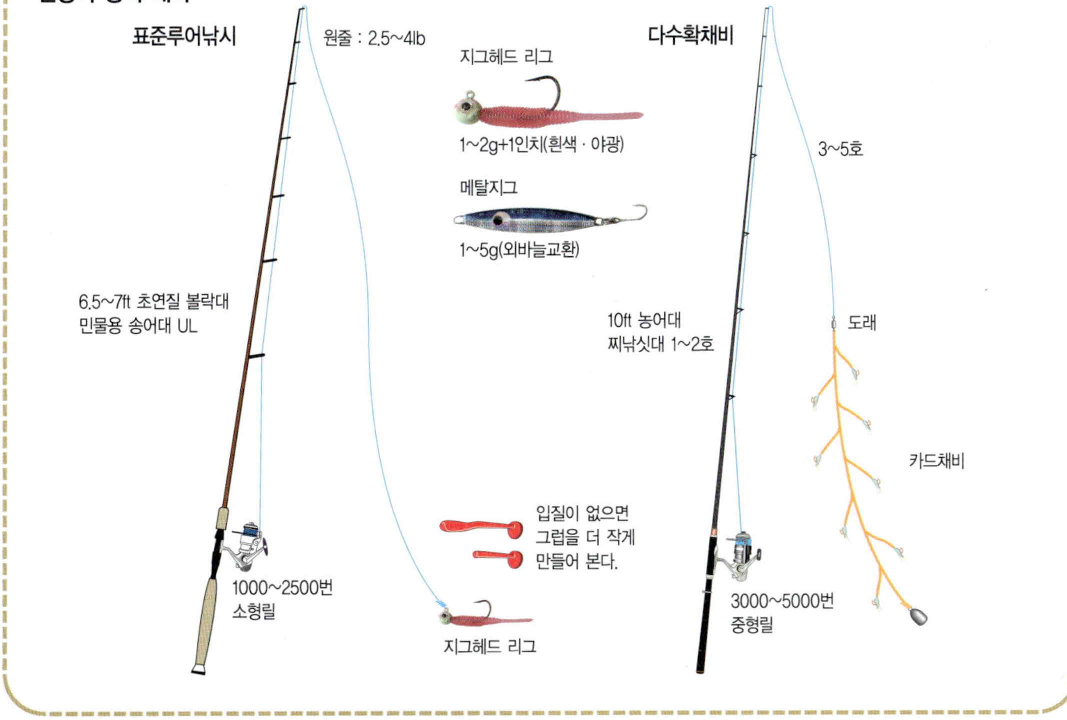

루어를 물고 나온 전갱이. 주둥이가 약해서 살살 다루어야 한다.

앙증맞은 모양의 전갱이용 루어들. 볼락루어에도 잘 낚인다.

전갱이 초밥. 전갱이는 초밥의 고급 재료로 쓰인다.

어야 캐스팅에 무리가 없다.

릴 : 1000~2500번급 소형 스피닝릴

라인 : 4lb(1호) 이하의 플로로카본이나 나일론 줄이 기준이다. 낚이는 사이즈가 20cm 전후라면 2.5~3lb(0.6~0.8호)의 더 가는 줄도 좋다.

루어 : ①지그헤드 리그(지그헤드 1~2g 장축에 바늘품이 좁은 것 +섀드테일 그럽 1인치, 흰색, 야광 또는 반짝이), ②스플릿샷 리그(스플릿샷 또는 소형 조개봉돌 + 망상어바늘 + 섀드테일 그럽 1인치), ③메탈지그(볼락용 1~5g, 민물 무지개송어낚시용 외바늘로 교환)

■루어 활용방법

전갱이는 루어를 잘 따라오지만 바늘에 잘 걸리지 않아 애가 타기도 한다. 그 이유는 전갱이라는 물고기의 식성에서 기인한다. 주요 먹이가 플랑크톤인 전갱이는 성장함에 따라 갑각류나 작은 물고기도 잡아먹게 되는데, 타고난 포식자는 아니라서 먹이를 잡아먹는 방법이 다른 어식어(魚食魚)와 비교하면 단조롭기 때문이다. 그

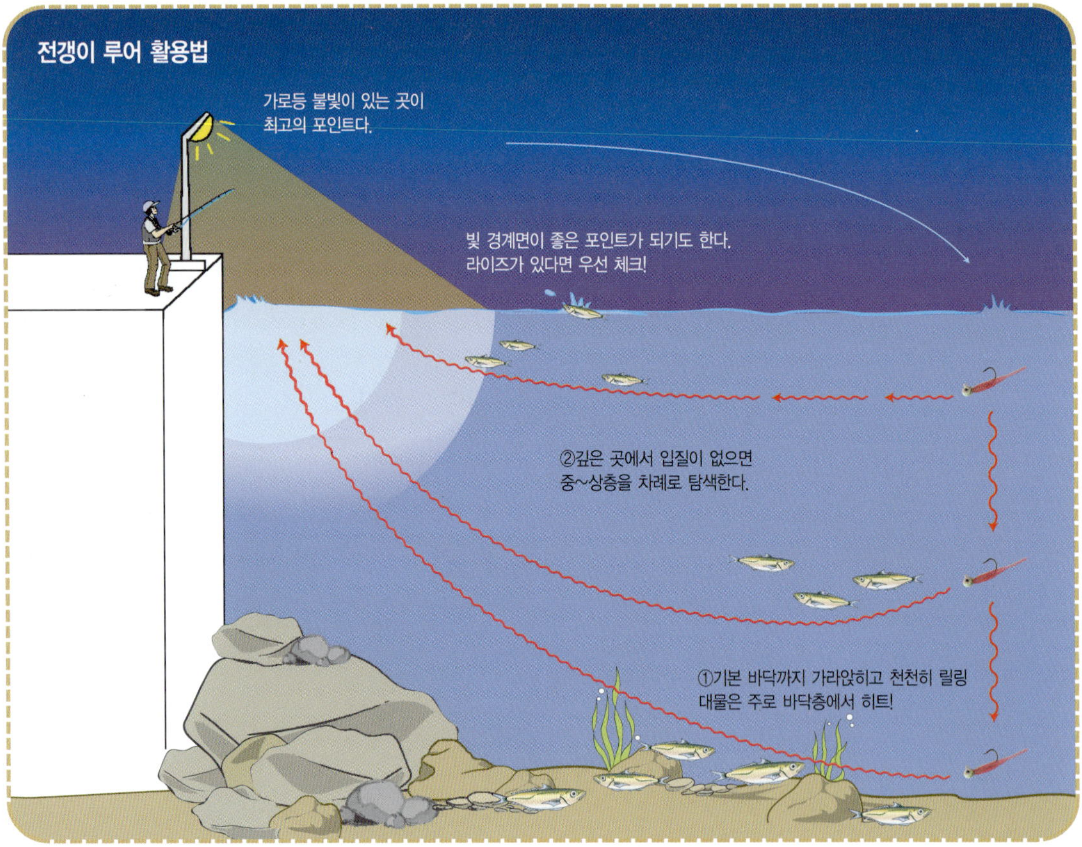

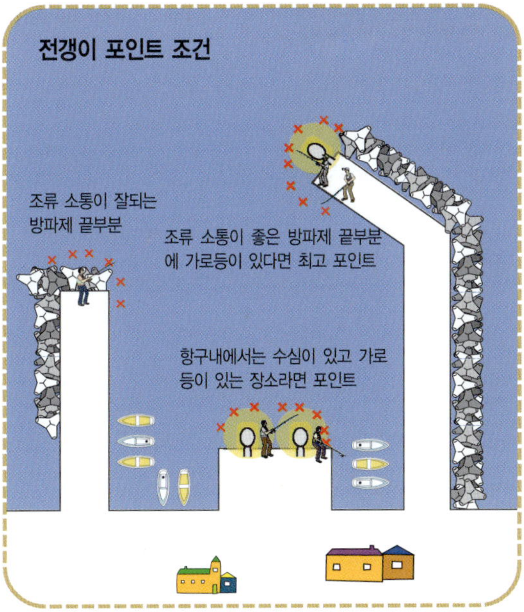

Check Point

★ 전갱이는 작지만 파동이 큰 루어에 반응이 좋으므로 볼락용의 핀테일 그럽보다는 납작한 꼬리형태의 섀드테일 그럽이 더 좋다.
★ 입질은 있는데 훅킹이 잘 안되는 경우에는 더 작은 그럽(실제로 1인치 이하의 그럽은 찾기 어려우므로 머리 부분을 조금 잘라서 작게 만드는 방법밖에 없다)을 세팅하거나 지그헤드를 더 가벼운 것으로 교체해 본다.
★ 한 마리 낚인 수심에는 분명히 전갱이가 무리지어 있으므로 수심 파악에 집중하자.
★ 낚이는 전갱이가 너무 작은 경우에 더 깊은 수심에는 큰 전갱이가 있을 확률이 있으므로 루어를 가라앉혀 릴링해 보자.
★ 전갱이의 입은 매우 약하므로 무리하게 끌면 입이 찢어지기도 한다. 항상 드랙은 헐겁게 해 놓고 파이팅하는 것이 좋다. 25cm가 넘는 크기라면 '들어뽕'은 금물. 뜰채를 사용해야 한다.
★ 다수확 카드채비를 쓸 땐 입질이 오면 낚싯대를 살짝 챔질하고 다시 릴링하며 두 번째 입질을 기다리기를 계속해 바늘마다 줄줄이 엮어 올리는 것이 비결이다.
※ 같은 장소에서 낚인다 – 볼락, 고등어, 갈전갱이, 줄도화돔

러므로 전갱이 루어낚시의 핵심은 입질할 때 조금이라도 더 바늘에 걸릴 확률을 높이는 루어를 생각하는 것이 조과를 높이는 지름길이 된다. 구체적으로는, 루어의 크기(길이), 바늘의 위치 등에 신경을 써 걸림을 좋게 만드는 것이다. 같은 무게의 지그헤드라도 가능하다면 장축바늘에 바늘 품이 좁은 것을 사용하는 편이 걸림 확률이 높다.

기본은 단순한 캐스팅과 릴링의 반복이지만, 전갱이의 회유 수심층을 찾아내는 것이 선결과제다. 바닥층부터 서서히 탐색 수심층을 올려가며 입질이 있는 수심을 찾는다. 루어에는 특별한 액션 없이 천천히 릴링하다보면 전갱이가 있을 경우 일단 문다.

■포인트 찾기

조류소통이 좋은 방파제의 끝부분, 수심이 깊은 장소 등 플랑크톤의 발생, 작은 어패류가 살기 좋은 장소가 포인트다. 또한 수심이 깊은 내항에서 가로등의 불빛이 닿는 장소는 야간의 1급 포인트가 된다. 밑밥을 사용하여 전갱이들을 불러 모으는 미끼낚시는 낮에도 잘되지만 정통 루어낚시의 경우라면 저녁부터 밤에 입질이 많다.

줄삼치 · 가다랑어 · 점다랑어

Striped bonito, Skipjack tuna, Kawa kawa

줄삼치, 가다랑어, 점다랑어는 흔히 '참치' 라고 불리는 대형종의 다랑어와 같은 과에 속하는 '다랑어 패밀리' 다. 쉬지 않고 외양을 내달리는 붉은 근육의 강자들이라 강렬한 파이팅을 자랑한다.

시 존 · 1 2 3 4 5 6 **7 8 9 10 11** 12

연안낚시 · 중급 방파제·갯바위 연안캐스팅

배 낚 시 (라이트트롤링) · 초급 배낚시 트롤링

습성과 낚시특성

급냉 후 썰어내면 참치회 만큼 맛있다

가다랑어와 점다랑어는 입속이 밋밋하지만 줄삼치는 마치 삼치처럼 날카로운 이빨이 줄지어 나 있다. 이름은 줄삼치이지만 삼치 종류가 아니라 다랑어의 일종이다. 가다랑어와 점다랑어는 일본에서는 맛좋은 식재료로도 유명하다. 관서지방 요리에 빠짐없이 들어가는 '카쓰오부시' 는 딱딱하게 말린 가다랑어 살을 대패로 얇게 썬 것이다. 하지만 우리나라의 식탁에서는 별로 인기를 끌지 못하고 꾼들에게만 사랑 받고 있다. 낚아온 가다랑어 등은 냉동시켰다가 천천히 해동시켜 참치회처럼 썰어서 먹으면 맛있다.

줄삼치

학명 ■ *Sarda orientalis*
영명 ■ Striped bonito
일명 ■ ハガツオ(하가쓰오)
속명 ■ 이빨다랑어

가다랑어

학명 ■ *Katsuwonus pelamis*
영명 ■ Skipjack tuna, Bonito
일명 ■ カツオ(카쓰오)
속명 ■ 가다리, 강고등어(경남), 다랭이(포항)

점다랑어

학명 ■ *Euthynnus affinis*
영명 ■ Kawakawa
일명 ■ スマ(스마)
속명 ■ 점다랭이

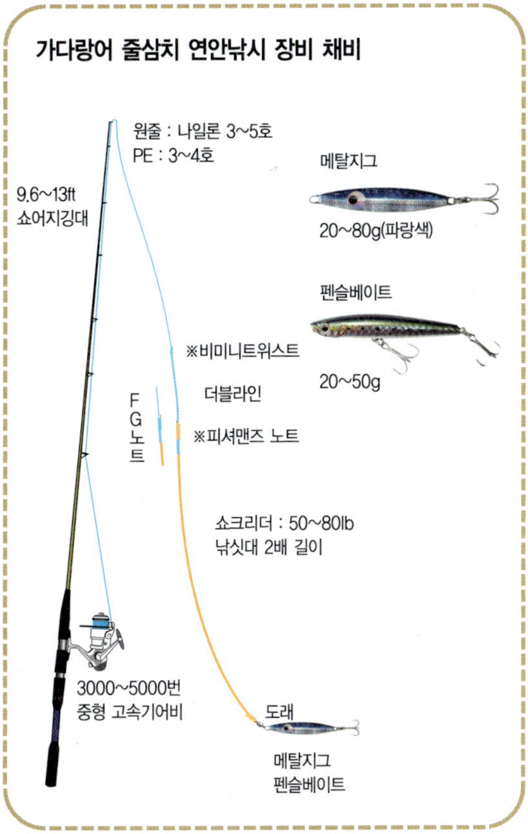

쇼어지깅(갯바위 캐스팅)으로 낚아 올린 줄삼치.

연안낚시
눈 밝은 녀석들, 쏜살같이 감아야 '덥석'

■태클 & 채비

동체시력이 좋고 쉬지 않고 움직이는 다랑어를 낚기 위한 장비는 루어에 스피드를 부여하기에 적합해야 한다. 삼치낚시용 장비와도 일맥상통한다.

낚싯대 : 길이 9.6~13ft, 루어 무게 90g 정도까지를 원투 가능한 허리힘이 강한 부시리 낚시용 쇼어지깅대가 적합하다.

릴 : 3000~5000번의 중형 스피닝릴을 사용한다. 스풀 폭이 큰 것, 기어비가 높은 고속회전 모델이 더욱 사용하기 편리하다.

라인 : 나일론줄 3~5호 또는 PE 3~4호에 쇼크리더로는 나일론이나 플로로카본으로 50~80lb를 낚싯대 길이의 2배 이내의 길이로 연결한다.

루어 : 메탈지그(20~80g, 주로 파랑계열 색상), 펜슬베이트(20~50g)

메탈지그의 어시스트 훅을 삼킨 줄삼치.

가다랑어 줄삼치 연안 루어 활용법

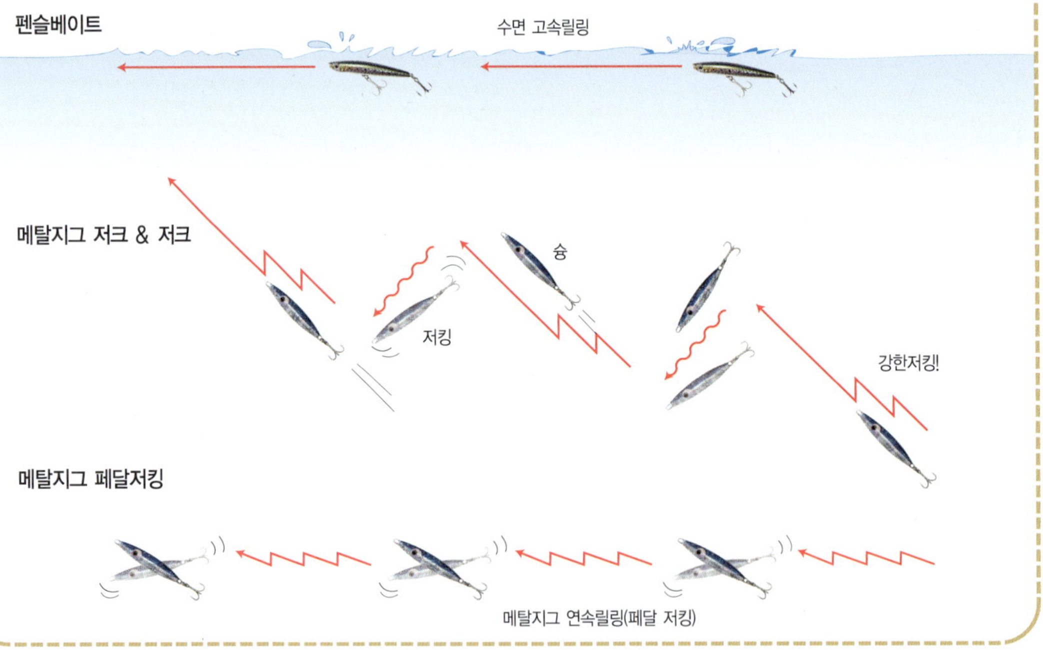

■루어 활용방법

지그를 사용하는 경우라면 기본적으로 낚싯대를 이용한 강한 저킹과 기민한 릴링(저크&저크)으로 루어를 초고속으로 움직여 줄수록 입질이 좋아진다. 펜슬베이트라면 가능한 한 먹이가 되는 작은 물고기 실물과 비슷한 형태와 크기를 선택하여 무리에서 떨어져 나온 작은 물고기를 연출한다. 수면에 대상어의 먹이 활동이 확인되는 상황에서 효과가 높다.

■포인트 찾기

주로 제주도나 남해안 등 수온이 18℃ 이상으로 투명도가 높은 조류가 흐르는 장소로서 다

가다랑어 라이트 트롤링 채비

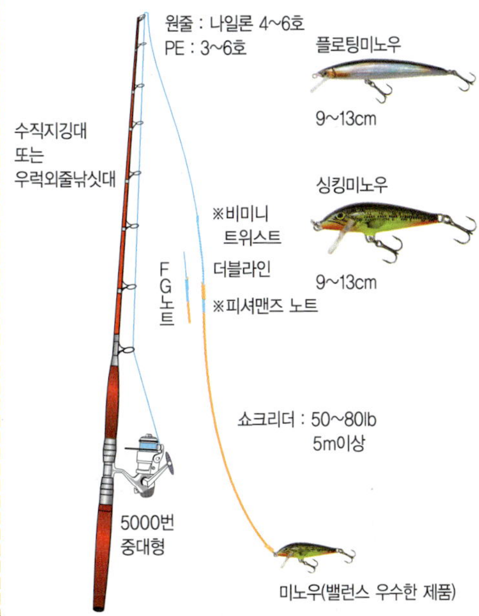

제주 차귀도 지실이섬에서 줄삼치로 손맛을 즐긴 낚시인.

가다랑어 쇼어지깅용 메탈지그.

줄삼치의 보일 현상.

른 회유어와 마찬가지로 캐스팅 거리에 먹잇감이 되는 멸치 등의 회유가 있어야 포인트가 형성된다. 작은 물고기 떼가 수면으로 튀어 오르는 현상이나 갈매기 떼가 나는 모습을 주시한다.

배낚시(라이트트롤링)
제주도에서 성행, 초보자도 식은 죽 먹기

■태클 & 채비

낚싯대 : 본격적인 트롤링이라면 경량급 트롤링 낚싯대를 사용하지만 우럭 외줄낚싯대나 부시리, 대구용의 수직지깅대를 사용해도 무난하다.

릴 : 5000번 이상 중대형 스피닝릴이나 양축 릴을 사용한다. 권사량이 넉넉하여 5~6호 줄이 200m 이상 감기는 것이 바람직하다. 드랙 성능

가다랑어 줄삼치 라이트트롤링 루어 위치

낚싯대를 여러 대 펴는 경우는 뒤쪽으로 2대, 양옆으로 1대씩.
루어의 위치는 각각 거리 차를 두도록 한다.

이 좋고 견고한 것을 선택한다.

라인 : 나일론 16~20lb(4~6호)나 PE 3~6호를 사용한다. 가다랑어와 줄삼치는 다랑어 중에서도 대형종이 아니므로 쇼크리더는 나일론 50~80lb가 적합하다. 쇼크리더의 길이는 5m 이상 넉넉히 사용해도 좋다.

루어 : 미노우(9~13cm, 플로팅 및 싱킹, 고속에도 밸런스가 좋은 제품)

■루어 활용방법

배의 스크루 거품이 잦아드는 정도의 거리에 위치하도록 줄을 풀고 배로 끌고 다닌다. 낚싯대를 2대 이상 펼 때는 루어의 위치가 서로 차이가 나도록 하는 것이 낚싯줄의 엉킴도 예방하고 입질 확률도 높일 수 있어서 좋다.

릴의 드랙은 루어가 물의 저항으로 풀려나가지 않을 정도로만 느슨하게 조여두고 입질이 오면 바로 줄이 풀릴 수 있도록 한다. 그러다 입질이 와 줄이 풀리기 시작하면 낚싯대를 잡고 드랙을 조인 후 릴링을 시작한다. 이때 배는 속도를 낮추되 멈추지 않도록 한다.

■포인트 찾기

조류 소통이 좋은 암초 주변, 조목(潮目)을 따라 배를 진행시킨다. 스크루의 거품은 다랑어의 관심을 이끄는 효과가 있다.

Check Point

★ 성질 급한 다랑어는 낚은 후 바로 죽고 쉽게 상하므로 낚는 즉시 처리해 두는 것이 좋다. 아가미에 칼을 넣어 동맥을 끊고 꼬리자루에 칼집을 넣은 후 양동이에 바닷물을 반쯤 담아 거꾸로 세워두면 피가 잘 빠져 나간다.

★ 무리를 짓는 물고기라서 낚는 도중 놓치면 무리는 동시에 도망가 버린다.

★ 루어는 고속으로 재빠르게 움직여 줘야 입질이 좋다.

★ 트롤링에 사용하는 미노우는 고속에도 뒤집어지지 않는 매우 안정성이 좋은 제품이어야만 한다.

※ 같은 장소에서 낚인다 – 참다랑어 치어, 부시리, 잿방어, 만새기

중량급 장비로 줄삼치를 낚아내고 있다. 다랑어류 쇼어지깅은 갯바위에서 즐길 수 있는 호쾌한 스포츠다.

쥐노래미

Greenling

록피시 낚시에서 또 하나의 중요 대상어인
쥐노래미는 50cm 이상까지 자란다.
세력권을 형성하여 투쟁심이 강한 이 녀석은
록피시 중에서도 첫째가는 파이팅을 자랑한다.

시 존 · 1 2 3 4 5 6 7 8 9 10 11 12

중급 방파제, 갯바위 록피시낚시

습성과 낚시특성

부성애 강한 암초의 왕자, 산란기엔 놓아주자

쥐노래미는 록피시의 대표적인 물고기로 우리나라 전 연안에 분포하는 정착성 어종이다. 우럭이나 개볼락과 같은 복잡한 암초지대에서 살아가지만 항상 암초 틈에 숨어서 사는 것이 아니라 의외로 암초의 맨 꼭대기에 올라타 있는 경우가 많다. 이는 암초의 최상부가 먹잇감도 많고 잡아먹는데 유리한 장소이기도 하거니와 어느 정도 영역권을 형성하는 습성에도 기인한다. 다른 록피시 어종과 달리 대형 루어에도 곧잘 낚이는 것은 식성 외에 이러한 습성과도 관련이 있을 것으로 여겨진다.

쥐노래미의 산란기는 가을에서 겨울로 특히 11월 1일부터 12월 31일까지는 법적으로 채포금지기간으로 설정되어 있을 정도로 자원이 줄어들고 있는 어종 중 하나다. 쥐노래미의 수컷은 암초 틈 등에 암컷을 끌어들여 산란을 시키는데 한 마리가 아니라 여러 마리의 암컷을 차례로 유혹해 산란시킨다. 알은 커다란 녹갈색이나 적자색의 덩어리가 되는데 산란이 다 끝나도 수컷은 알 옆에 남아 적으로부터 알을 지킨다. 수컷의 체색이 노랗게 변하는 시기가 이때쯤으로 만일 노랗게 변한 쥐노래미를 낚았다면 그 자리에서 바로 놓아주는 아량이 필요하다. 물론 금어기간에 낚시를 한다는 것은 범법행위라는 것을 명심하자.

돌밭을 뒤지듯 루어를 바닥에서 쉐이킹

■태클 & 채비

라이트한 우럭 루어낚시 장비나 민물용 쏘가리, 배스 낚시장비로 충분히 즐길 수 있으므로 특별히 전문적인 장비는 필요 없다.

낚싯대 : 발판이 좋은 내항에서는 길이 6.6ft 전후, 라이트(L) 강도의 민물용 루어낚싯대를 사

노래미와 쥐노래미는 달라요

쥐노래미를 흔히 노래미라고 부르지만 노래미(*Hexagrammos agrammus*)는 엄연히 다른 종류의 물고기이다. 매우 유사한 모습을 하고 있지만 노래미가 쥐노래미보다 소형이다. 특히, 쥐노래미가 옆줄을 5개나 가지고 있는데 비해 노래미는 단 한 개의 옆줄만 가지고 있으므로 바로 구분할 수 있다. 노래미가 쥐노래미보다 더 얕은 장소에 서식하므로 조수 간만 차로 물이 빠지고 난 후에 생기는 작은 웅덩이(타이드 풀)에서 찾아 볼 수 있는 것은 쥐노래미가 아니고 이 노래미의 치어인 경우가 많다.

노래미

갯바위 루어낚시로 쥐노래미를 올리고 있다.

쥐노래미 회. 오돌토돌한 식감이 상쾌하다.

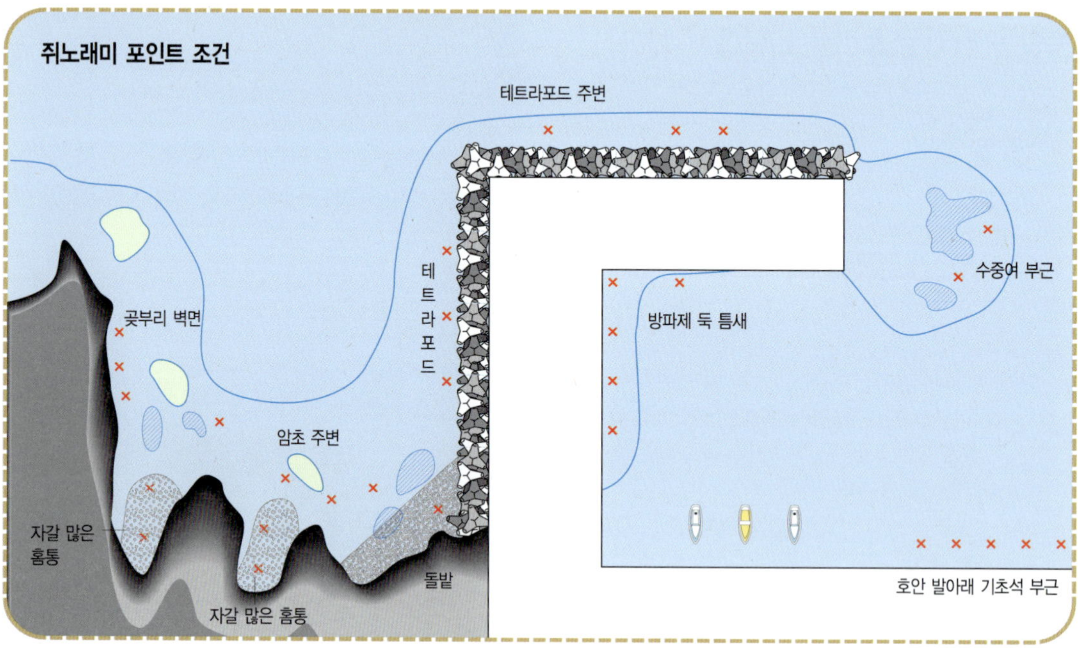
쥐노래미 포인트 조건
테트라포드 주변
곶부리 벽면
테
트
라
포
드
방파제 둑 틈새
수중여 부근
암초 주변
자갈 많은
홈통
돌밭
자갈 많은 홈통
호안 발아래 기초석 부근

용하면 좋다. 갯바위나 방파제에서는 7~8ft 길이의 우럭전용대로 나와 있는 제품이 보다 유리하다.

릴 : 2500번 정도의 소형 스피닝릴이 적합하다.

라인 : 나일론이나 플로로카본 6~8lb 강도가 기준이다. 해저가 특히 거친 장소나 대물 포인트에서는 12lb 정도의 플로로카본 쇼크리더를 30~50cm 정도 짧게 연결하여도 좋다.

루어 : 지그헤드 리그(지그헤드 2~12g +그럽 2~4인치), 메탈지그(7~20g), 미노우(7cm 전후, 플로팅 및 싱킹). 그중 지그헤드 리그가 가장 많이 쓰인다.

Check Point

★ 쥐노래미는 순간적인 초기 저항이 록피시 중에서 으뜸이라 해도 과언이 아니다. 낚싯대를 눕히는 것보다는 45도 정도로 들어 낚싯대의 반발력을 충분히 발휘시켜 초기제압을 하자. 초기제압에 실패하면 암초 틈으로 들어가 버려 빼내지 못하는 경우가 많다.
★ 여걸림이 많은 만큼 넉넉히 루어를 준비해야 한다.
★ 내항과 같은 발판이 좋은 장소에서는 일반적인 운동화로도 문제없지만 갯바위에 오르는 경우라면 필히 갯바위 신발을 착용해야 한다.
★ 18cm 이하는 법적으로 채포금지다.
※ 같은 장소에서 낚인다 – 우럭, 광어, 쏨뱅이

'메로'는 초대형 쥐노래미?

마젤란 쥐노래미는 학명 *Dissostichus eleginoides*의 물고기로 남극해 주변 심해에 서식하는 대형 육식성 어류다. '마젤란 쥐노래미'라는 이름은 일본에서 붙인 이름으로 겉모습이 좀 쥐노래미와 닮았다고 볼 수는 있어도 실제로는 쥐노래미와 전혀 관계가 없는 물고기다. 주요 어획국인 아르헨티나에서는 '메를루자 네그라(Merluza negra)'나 '바칼라오(Bacalao)'라고 부르는데, 우리나라에서는 '메로'라는 이름으로 알려진 바로 그 물고기다.

다 자라면 간단히 1m를 넘고 최대길이 2.15m, 무게 96kg의 기록이 있다. 지방이 많은 물고기로 여러 가지 서양요리에 사용되는데 1980년대부터 은대구의 대용품으로 사용되어 왔다. 미국 일본 등지에서는 다른 어종으로 둔갑해 수입 유통되곤 하여 문제시되고 있다고 한다. 최근에는 남극해양생물자원보존관리위원회(CCAMLR)에서 남획을 방지하고자 마젤란쥐노래미의 어획량을 연간 12,000t으로 제한하고 있지만 실제로는 2배에 가까운 양을 어획하고 있는 것으로 추정되고 있다. 어자원 고갈의 우려는 당연하다. 다른 어종 이름을 붙여 유통하는 원인도 불법어획을 감추기 위한 하나의 편법으로 보고 있다.

마젤란쥐노래미(메로)

참돔

Red porgy

최근 참돔지그(카부라)를 사용한 선상 루어낚시가 보편화하면서 서해는 참돔낚시의 보고로 변하고 있다. 좀처럼 낚기 힘든 참돔이 루어낚시엔 쉽게 낚인다는 게 놀랍다.

시 존 • 1 2 3 4 **5 6 7 8 9 10 11** 12

중급 배낚시 참돔지깅

습성과 낚시특성
나풀나풀 술 달린 지그에 놀라운 집착

귀한 물고기인 도미 중에서도 진짜 도미란 의미의 참돔은 최근에야 루어낚시 대상어로 떠오른 고기다. 메탈지그에 손님고기로 가끔 등장하던 참돔이 훌륭한 루어낚시 대상어로 각광을 받기 시작한 것은 일본의 어구(漁具)인 '카부라'를 응용한 참돔지그(참돔러버지그)가 도입되면서부터다. 특히 여름~가을에 서해 배낚시에선 참돔 루어낚시가 대단한 호황을 보인다. 서해에 뒤이어 남해와 제주도에서도 참돔 루어낚시가 시도되어 잇달아 참돔이 낚이고 있다. 참돔지깅은 액션이 과격하지 않아 의외로 누구나 쉽게 낚을 수 있는 것이 장점이다.

배낚시
아무 액션 없이 천천히 끌어주어야 입질

■태클 & 채비

낚싯대 : 라이트 지깅용 낚싯대(길이 5~6ft, 지그 무게 150g 이하용), 민물 배스낚시용 낚싯대(길이 6~7ft, ML), 또는 참돔지그(카부라 혹은 타이라바) 전용 낚싯대를 준비하면 좋다. 참돔지그 전용낚싯대는 베이트캐스팅릴을 사용하게끔 제작되어 있는데 길이가 7ft 전후로 초리는 부드럽고 허리부분은 상당히 빳빳한 느낌을

참돔지깅 장비 채비

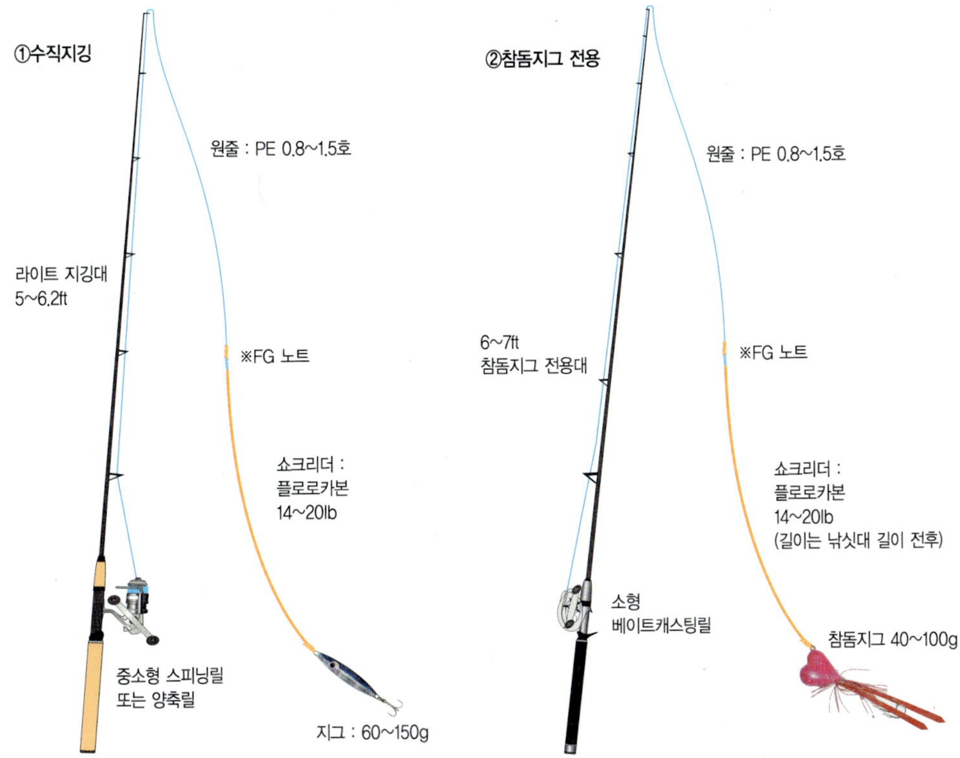

주는 낚싯대다. 참돔러버지그를 움직이기 수월하고 참돔이 입질 시에 이물감이 적지만 대형 참돔을 낚아 올리기에 충분한 허리힘을 갖고 있다.

릴 : 참돔지그 전용 낚싯대를 사용하는 경우가 아니라면 3~4호 줄이 150~200m 정도 감기는 중소형 스피닝릴을 사용하면 된다. 그러나 참돔지그 전용낚싯대를 사용한다면 소형 양축릴(민물 배스낚시용 또는 이를 개조한 전용 베이트캐스팅릴)이 적합하다.

라인 : 원줄은 PE 0.8~1.5호를 사용한다. 쇼크리더는 플로로카본 14~20lb(4~5호)를 연결한다. 길이는 베이트캐스팅릴을 사용하는 경우에 너무 길게 사용하면 쇼크리더 매듭이 릴의 레벨와인더를 통과하기 힘들므로 뜰채를 대기에 불편하지 않을 정도의 길이만큼만 사용하면 된다.

루어 : 일반 메탈지그는 60~150g, 참돔러버지그는 40~100g 정도가 기준이다.

■루어 활용방법

참돔을 낚기 위한 루어 동작의 기본은 '천천히'다. 과격한 액션은 불필요하다. 특히 참돔러버지그는 아무런 액션을 주지 말고 아주 천천히 일정하게 릴링하면 좋다. 참돔은 루어의 뒤를 쫓아오며 입질을 하다가 삼키면서 반전한다. 그러므로 처음에 입질이 느껴질 때 섣불리 챔질하면 놓치고 만다. 입질이 와도 그대로 릴링을 계속하다가 완전히 물고 반전하여 낚싯대에 충분히 무게가 느껴질 때 확실하게 챔질한다.

챔질 이후 돔 특유의 처박는 행동을 되풀이하는데 낚싯줄의 장력변화나 강제집행은 좋지 않다.

참돔 껍질숙회. 껍질에 끓는 물을 부어서 익힌 다음 살과 함께 썰어내면 한층 맛있다.

참돔 뼈와 머리로 우려낸 맑은탕(지리).

참돔지그 사용방법

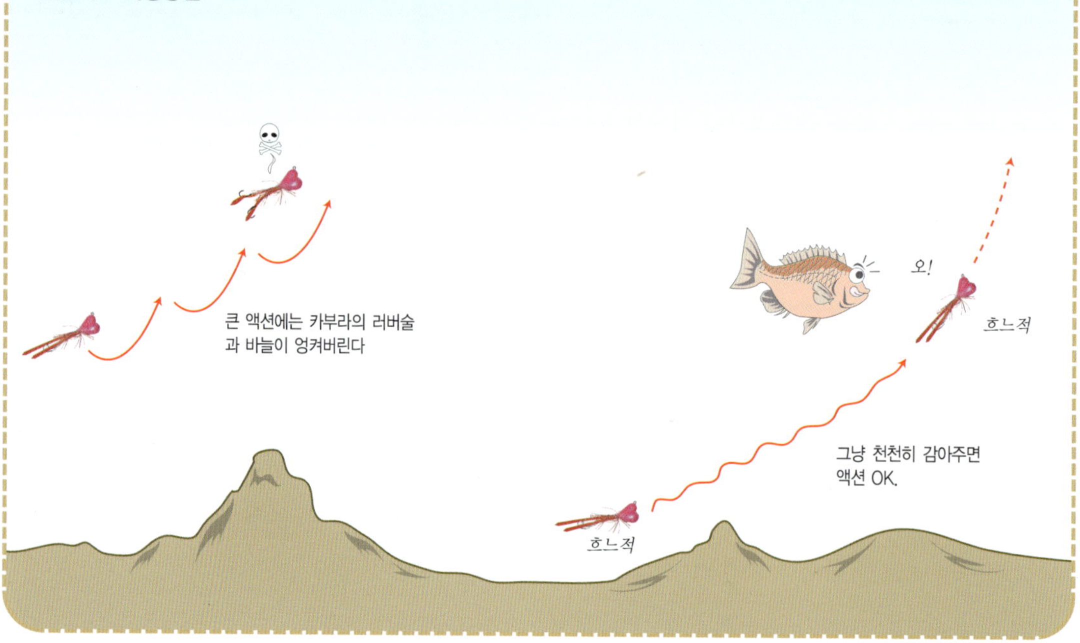

낚싯대의 각도를 유지하고 낚싯대 자체의 탄성에 의존한 채 일정한 속도로 끌어올리는 것이 좋다.

■**포인트 찾기**

참돔낚시에 적합한 장소는 해저가 주로 암반으로 이루어진 장소, 크고 작은 암초가 발달한 여밭이나 물골이다. 참돔은 아주 깊은 수심에도 있을 수 있지만 소형 지그나 참돔지그를 가라앉히고 사용할 수 있는 수심 20~60m권이 주요 포인트가 된다. 참돔낚시 수심이 꼭 바닥층에 국한되는 것은 아니다. 참돔은 루어의 움직임에 이끌려 중층까지 따라 나오므로 저층에서 중층까지가 다 공략범위가 된다.

Check Point

★ 참돔낚시는 루어가 움직이는 속도(릴링 스피드)에 의해 조과의 차가 난다. 사용하고 있는 릴의 핸들을 얼마만큼 감으면 루어가 얼마만큼 움직이는지를 미리 파악해 두어야 그날의 입질에 맞는 속도를 가늠하기 쉽다.
★ 참돔지그 사용에 있어서 기본은 가능한 한 천천히 움직이는 것이다.
★ 참돔은 바닥에 머물다가도 루어의 움직임에 호기심이 발동하여 중층까지 따라 나와 입질하기도 한다. 루어를 회수할 때까지 주의를 게을리 하지 말자.
★ 원줄을 굵게 사용하면 조류에 밀리기 쉬우므로 가늘게 사용하는 것이 좋다. 이때는 끊어지지 않도록 라인시스템에 충분히 주의를 기울인다.
※ 같은 장소에서 낚인다 – 넙치, 양태, 부시리, 황돔, 쏨뱅이

참돔지그 챔질 타이밍

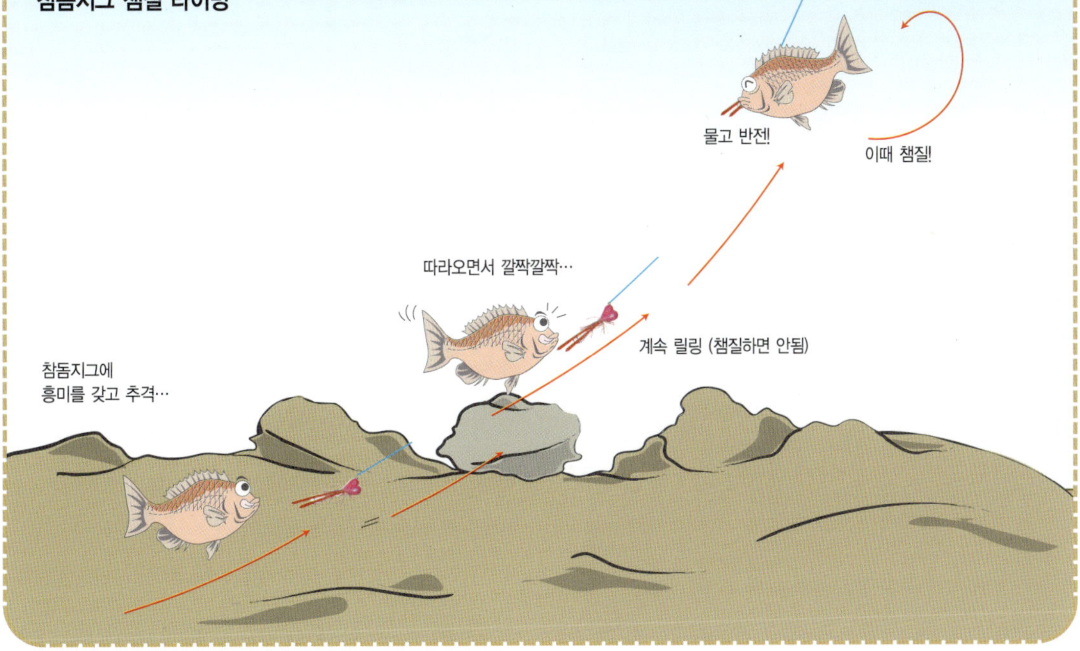

황어

Searun dace

잉어과의 물고기로는 색다르게 민물과 바다를
오가는 생활을 하는 황어. 기수역은 물론
항포구의 내만이나 방파제 부근,
모래사장 등에서 잘 낚인다.

시 존 · 1 2 3 4 5 6 7 8 9 10 11 12

중급 방파제 라이트게임

습성과 낚시특성

강한 탐식성으로 루어를 공격하는 동해의 봄맞이 애교꾼

황어는 연어처럼 바다에서 살다가 강으로 올라가서 산란하는 모천회귀성 어종이다. 남해안에선 섬진강에만 황어들이 소상하며 대부분 동해안의 각 하천들로 황어가 소상한다. 그래서 황어는 동해안 고기라고 해도 크게 틀린 말은 아니다. 봄철 산란기를 맞이하면 암수 모두 주황색과 검은색 줄무늬의 선명한 혼인색을 띠고 얕은 강을 거슬러 오르는 장관을 연출한다. 동해 백사장의 원투낚시나 강 하구의 대낚시로 많이 낚지만 루어낚시에도 아주 잘 낚이는 물고기다. 탐식성이 있어 루어를 쉽게 공격하는 동해의 애교꾼이다.

연안낚시

황어의 작은 입에 맞는 소형 루어로 다소곳이 릴링하자

■ **태클 & 채비**

민물의 쏘가리낚시용 장비나 우럭낚시용 장비를 그대로 활용하면 좋다.

낚싯대 : 6ft 전후의 길이에 울트라라이트(UL)~라이트(L)가 적당하다. 발판이 높은 방파제에서는 7~8ft 정도로 조금 더 긴 우럭용 루어낚싯대

민물낚시용 스피너를 물고 나온 황어.

황어 장비 채비

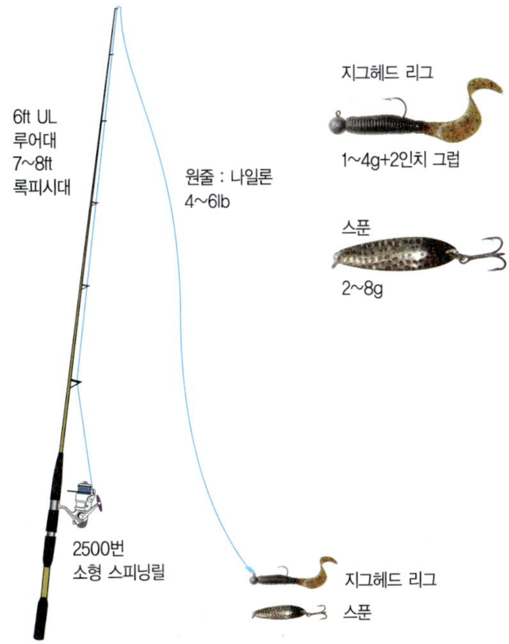

동해로 흘러드는 오십천에서 황어의 손맛을 즐기고 있다.

가 편리하다.

릴 : 2500번 정도의 소형 스피닝릴을 준비한다.

라인 : 나일론이나 플로로카본 4~6lb(1~1.5호)가 기준이다. 추운 계절에는 뻣뻣해지는 플로로카본보다는 역시 값싸고 부드러운 나일론이 적합하다.

루어 : 지그헤드 리그(1~4g +2인치 그럽), 스푼(2~8g)

■루어 활용방법

복잡한 액션이나 고속 릴링 등은 무의미하다. 단순한 릴링으로 루어 고유의 동작을 꾸준히 지

황어 루어 활용법

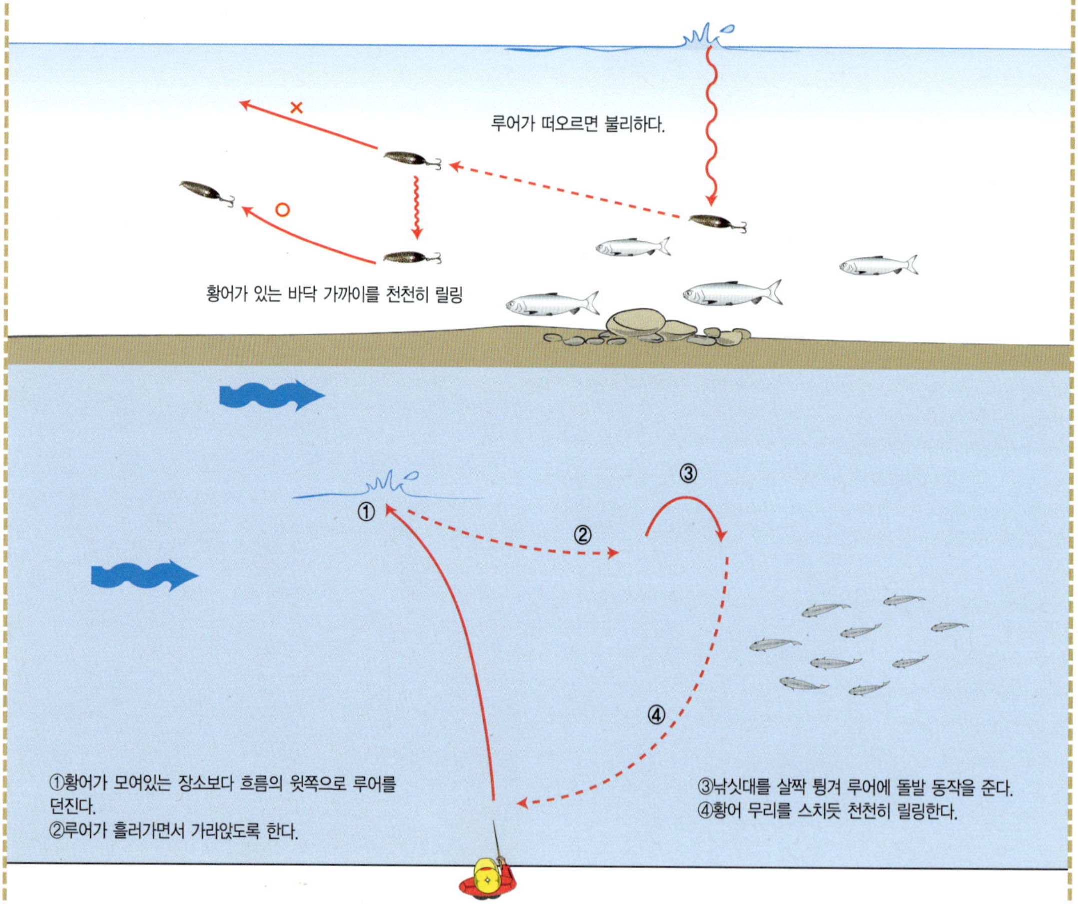

황어는 일단 한 마리가 낚이면 연타로 입질을 받을 수 있다.

Check Point

★ 황어는 완벽한 육식어류가 아니고 잡식성인데다 입이 작기 때문에 루어를 잘 물지 못하기도 한다. 즉, 작은 크기의 루어가 효과적이다.
★ 황어가 강으로 소상하는 봄철에는 훌치기꾼들이 많이 모이기도 하므로 항상 안전사고에 주의를 기울이자.
★ 산란소상이 최고조인 시기에는 강을 거슬러 오르다 수중보에 막혀 수많은 무리가 우왕좌왕하는 경우가 있다. 그렇다고 주워 담는 남획은 금기.
※ 같은 장소에서 낚인다 – 우럭, 황대, 임연수어.

속하는 방법이 기본이다.

■포인트 찾기

파도가 이는 외항이나 백사장은 포인트가 매우 멀리에 형성되므로 가벼운 루어채비로는 낚시가 어렵다. 이보다는 내항 쪽의 어판장, 어물 가공장, 기타 유기물이 버려지는 장소가 포인트다. 또한 강의 하구에 인접한 기수역이 좋은 포인트다. 봄철에는 산란을 위해 민물로 거슬러 올라가 있으므로 유속이 완만하고 주위보다 수심이 깊은 소가 포인트가 된다.

부드럽고 단백한 황어 회.

흰오징어(무늬오징어)

Big fin Squid

에깅이란 낚시장르를 정착시킨 주인공, 흰오징어! 루어처럼 생긴 '에기(餌木)'를 놀려 흰오징어를 낚아내는 것이 에깅의 유래다. 언제부터인지 '무늬오징어' 라는 이름으로도 불리고 있다.

시 즌 • 1 2 3 4 5 6 7 8 9 10 11 12

중급 방파제 · 갯바위 에깅

습성과 낚시특성

에깅 붐을 일으킨 최고급 낚시어종

흰오징어는 마른 오징어를 만드는 일반적인 오징어(살오징어)와는 외형 차이가 크다. 지느러미가 크고 몸통에 복잡한 무늬가 있다. 남방계의 오징어로서 남해안 일부나 제주도에서만 볼 수 있다고 여겼지만, 최근 동해는 물론 서해에서도 서식이 확인되었다. 흰오징어(무늬오징어)가 예전부터 이렇게 우리나라에 많이 서식하였는가에 대해서는 의견이 많다. 다만 연안 해수온의 상승에 따라 따뜻한 물을 좋아하는 흰오징어가 서식조건이 좋아져 수가 늘어났다는 것에 대해서는 이견이 없다. 제주도에서도 귀하게 여기고 고가에 거래되던 오징어인데 이제는 누구나 에기를 들고 나가 직접 낚는 시대로 바뀌어 버린 것이다. 흰오징어가 과거에 우리나라 연안에 있었든 없었든 최근에는 낚시로 즐길 수 있는 충분한 자원이 확보되어 있다는 사실. 제주도나 섬들은 물론 남해안과 동해남부, 서해남부는 어디든지 흰오징어를 만날 수 있는 장소가 되었다.

시즌은 한 해에 두 번

모든 오징어는 단년생이다. 태어나서 성체가 되어 산란하면 죽어버린다. 이 과정이 1년 동안에 이루어지는 것이다. 흰오징어도 마찬가지다. 교과서적인 생태를 보면, 봄철에 산란하고 어미는 죽는다. 갓 부화된 흰오징어는 열심히 먹이를 먹어 몸을 키워가고 가을철이 되면 꽤 성장하여 어른이 된다. 수온이 낮아지는 겨울이 오면 보다 따뜻한 깊은 곳을 찾아가서 생활하며 계속 성장한다. 다시 봄철이 오면 산란을 위해 연안으로 돌아온다. 이와 같이 봄철에는 흰오징어들이 산란을 위해 연안에 모여들므로 잘 낚이는 시즌이다. 가장 크게 자란 시기이므로 대물도 이때 가장 많다. 산란 후인 여름엔 살아있는 개체가 없으므로 전혀 낚이지 않다가 부화한 흰오징어가 어느 정도 성장한 가을철에 다시 좋은 시즌이 된다.

그러나 연안의 수온이 상승하였고 지역에 따른 편차도 크고 흰오징어 자체가 동시에 일률적으로 산란하는 것이 아니라 1차, 2차 등 무리가 나뉘어 산란하므로 겨울철에 대물이 낚인다거나 한여름에 알을 품은 개체가 낚이는 등 시즌이 교과서적으로 딱딱 맞아떨어지지는 않는다.

흰오징어의 유영.

오징어는 색맹인가?

문어낚시 채비를 보면 목줄에 빨간색의 비닐을

흰오징어의 세찬 먹물 공격. 에깅을 할 땐 먹물 세례를 받지 않도록 조심해야 한다.

묶어 문어를 유혹하는 장치가 있다. 어부들은 오징어 역시 빨간색을 좋아한다고 믿어 의심치 않는데 최근의 연구에 의하면 오징어나 문어가 형태는 인식하지만 색채를 식별하지는 못한다는 것이 정설이 되었다. 오징어나 문어가 빨간색을 좋아해서 달라붙는 것이 아니라 물속에서 일렁이며 흔들리는 모습이 좋아서 낚이는 것인지도 모른다. 스페인의 저 유명한 투우에서 마타도르가 휘두르는 새빨간 망토는 색맹인 소를 흥분시키기 위한 것이 아니라 관객을 좀 더 흥분의 도가니로 몰아가기 위한 것이라는 것은 이미 잘 알려진 사실이다.

흰오징어 낚시용 에기를 고를 때, '기본은 분홍, 주황이고 입질이 저조할 때는 진짜 먹이와 같이 자연스런 색인 파랑이나 갈색이 좋다' 고 말하지만 오징어가 색맹인 것이 확실하다면 의미가 없어진다. 가장 많이 사용하는 기본색상이 분홍이나 주황인 것은 투우에서와 마찬가지 맥락은 아닐까?

여러 오징어 중에서 맛이 으뜸

살이 부드럽고 씹으면 단맛이 도는 흰오징어는 맛에 있어서 최고로 손꼽힌다. 낚는 재미도 일품이고 먹는 맛도 일품인 이와 같은 오징어가 또 어디 있단 말인가? 하지만 혹자는 창오징어(제주한치)가 맛에서는 단연 으뜸이라 하기도 한다. 오징어는 종류마다 씹히는 감촉이나 맛이 조금씩 다르다. 또 사람마다 생각이나 입맛이 다르기 때문에 그 가치판정은 달라진다.

식감으로 판단하기 쉬운 것은 참오징어(갑오징

흰오징어 데침(좌)과 회. 흰오징어는 날것으로 썰어서 먹어도 맛있지만 살짝 데쳐서 먹는 것이 한결 쫀득하고 맛있다.

거제도 구조라 방파제에서 낚인 흰오징어.

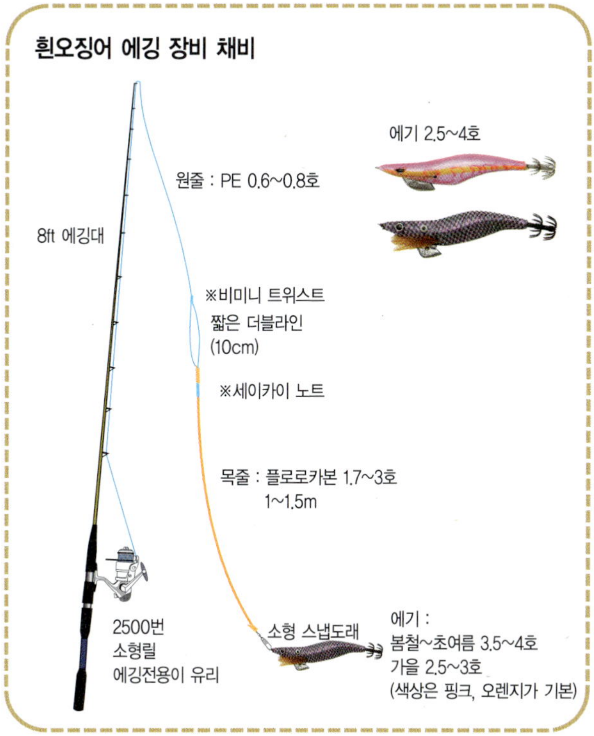

어)와 살오징어다. 두 종류 다 익혀도 살의 두께가 1cm 정도 되는 오징어로서 회로도 먹고 튀김을 하기도 한다. 그러나 참오징어의 살은 두꺼워도 씹히는 감촉이 부드럽고 좋아 먹기 쉬운데 비해 살오징어는 살에 질긴 막이 붙어있어 씹히지 않아 먹기가 어렵다. 살오징어류(빨강오징어과)는 외양 한바다에 사는 활동성이 큰 오징어이기 때문에 몸통 내부 외투막이 잘 발달되어 있는데, 그 안쪽에 질긴 층 즉 껍질이 얼렸다 녹이거나 또 불에 구어도 연해지지 않는 것이다. 이에 비해 참오징어는 이런 질긴 층이 없고 살이 매우 치밀하여 씹는 촉감이 좋다.

연안낚시
에기를 바닥까지 가라앉힌 뒤 강하게 채올린다

■태클 & 채비

제대로 된 에깅을 즐기기 위해서는 전용 장비를 준비하는 것이 효과적이다. 어중간한 장비로서는 좋은 결과를 얻기 어렵다.

낚싯대 : 길이 8ft(약 2.4m) 전후의 에깅 전용대로 허리힘이 강한 것이 필요하다. 에기의 무게도 의외로 무겁고 사용법도 만만치 않게 강한 허리힘을 요구하므로 흘렁대는 낚싯대로는 에기의 액션 구사가 어렵기 때문이다. 에깅 전용

낚싯대는 외관은 얼핏 농어용 루어낚싯대와 비슷하지만, 가이드가 더 소형이고 많이 부착되어 있는 점에서 차이가 난다.

릴 : 2500번급 소형 스피닝릴로 드랙 성능이 우수한 제품을 선택한다. 스풀이 얕아서 가는 낚싯줄을 감아 쓰기 좋은 스풀이 장착되어 있다면 금상첨화. 에깅용이라는 전용모델도 있지만, 중상급 이상 소형 스피닝릴이라면 아무런 문제가 없다.

라인 : 원줄로 PE 0.6~0.8호를 사용한다. 특수한 처리를 통해 비중을 높여 잘 가라앉도록 만든 에깅전용 PE줄도 있다. 가격이 비싸지만 원줄 선택에는 신경을 쓰도록 하자. 길이는 100~150m로 충분하므로 스풀에 미리 허드렛줄을 감아두고 그 위로 PE줄을 감는 것이 경제적이다. 목줄은 플로로카본 1.7~3호, 길이는 1~1.5m 정도를 연결한다.

에기 : 에기는 루어라기보다는 일본의 독특한 어구(漁具)라고 이해하자. 크기 단위도 일반 루어와는 차이가 많다. 에기의 크기는 낚시터 현장의 먹잇감의 크기, 낚이는 오징어의 크기를 고려해 2.5~4호(2.5~4치)를 골고루 갖춘다. 색

에기 활용법(올려치기 동작 해설)

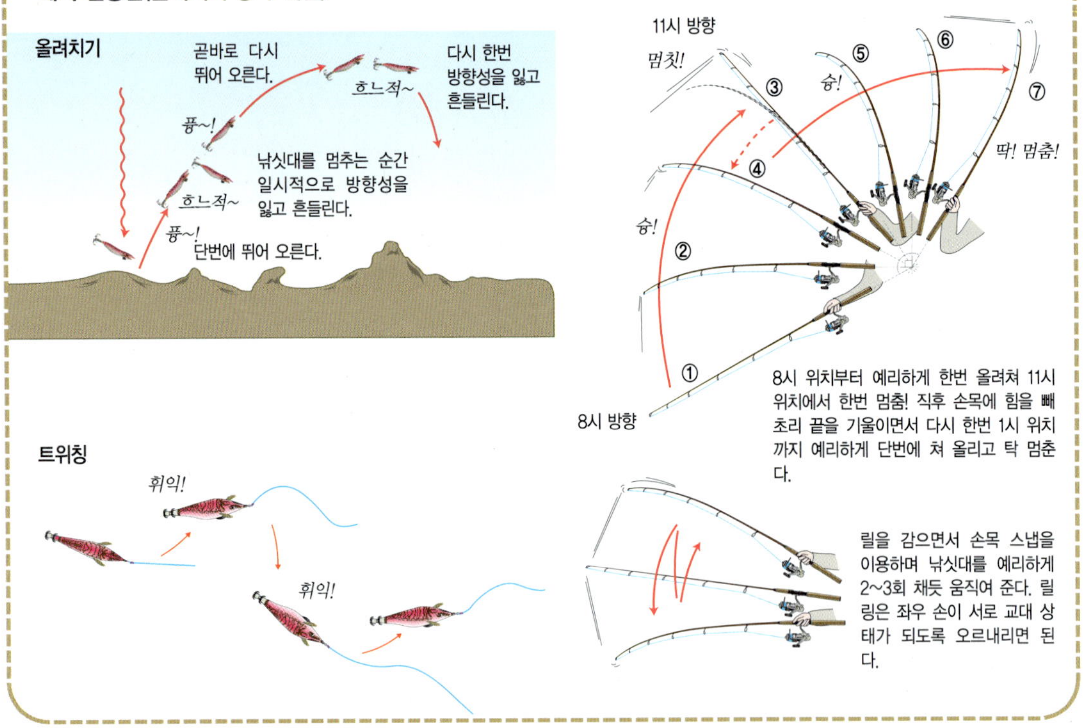

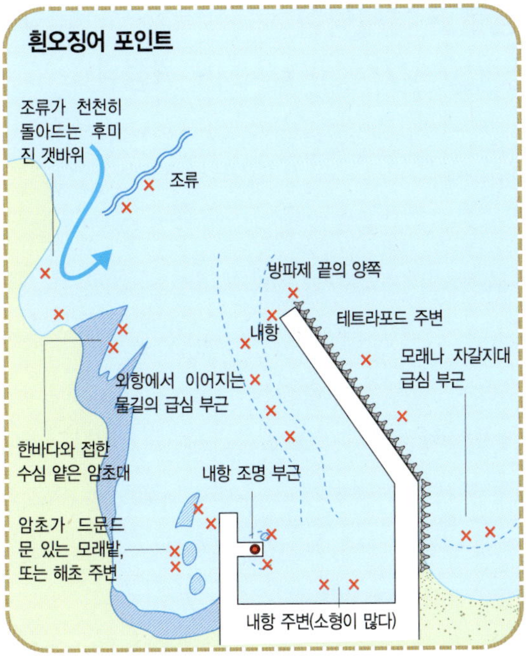

상은 눈에 잘 띄는 핑크, 오렌지가 기본.

■에기(餌木) 활용방법

에기를 우선 바닥까지 가라앉힌 후 낚싯대를 빠르고 강하게 치켜 올리면서 에기를 물속에서 뛰듯 움직이는 것이 기본동작이다. 갑작스런 큰 동작을 흰오징어는 좋아한다.

올려치기 중간 중간에 멈춤 동작을 넣은 응용동작인 2단 올려치기나 3단 올려치기를 연습하자. 응용방법으로 에기를 마치 미노우처럼 살짝 살짝 움직여 주는 트위칭도 유효하다.

에기가 솟구쳐 오를 때보다 가라앉을 때 주로 입질하므로 쳐올린 뒤 릴줄이 너무 느슨하지 않게 잡아주며 가라앉히는 게 좋다.

■포인트 찾기

방파제, 테트라포드, 갯바위의 암초 주변, 해초밭의 경계면이 주요 포인트다. 기타 수심 깊은 내항의 제방, 가로등 조명 주위, 작은 물고기가 잘 모이는 곳, 낚시꾼이 밑밥을 투여했던 장소가 좋은 포인트다. 흰오징어는 낮에도 낚이므로 잘 낚이는 시간대는 특별히 지정하기 어렵지만 밤이 되면 조과가 향상된다.

Check Point

★ 산란기인 봄철에는 대물이, 가을철에는 마릿수로 잘 낚인다. 그러나 장소나 수온에 따라 시기가 매우 유동적이다.

★ 오징어용 가프를 준비하자. 오징어 팔에만 바늘이 살짝 걸려있다거나 조금 실한 사이즈라면 그대로 들어 올리는 것은 무리.

★ 에기의 여걸림은 다반사. 그렇다고 세게 당기면 가는 낚싯줄이 끊어져 에기를 분실하기 쉽다. 천천히 은근한 힘으로 당기면 갈고리바늘은 의외로 물러 펴지면서 회수되기도 한다.

★ 오징어는 위급한 상황에서만 먹물을 뿜는다. 즉, 먹물이 에기에 묻어있으면 오징어는 경계하므로 조과가 떨어진다.

★ 에기는 천천히 가라앉도록 만들어져 있지만 경우에 따라 침강속도를 조절해 줄 필요가 있다. 실납을 휴대하여 에기에 감아주면 상황에 맞춰 침강속도는 물론 침강자세도 조절할 수 있다.

★ 아무리 좋은 포인트라도 바람 부는 날, 물이 탁한 장소, 비 온 직후, 민물이 유입되는 부근은 최악.

※ 같은 장소에서 낚인다 – 주꾸미, 창오징어, 넙치

참오징어(갑오징어)

Edible cuttle fish

서해에서 많이 낚이는 참오징어는 에깅 대중화의 주역이다. 흰오징어보다 쉽게 마릿수로 낚이기 때문에 남녀노소 누구나 즐길 수 있는 것이 참오징어 낚시다.

시 존 • 1 2 3 **4 5 6** 7 8 **9 10 11** 12

초급 방파제 · 갯바위 배낚시 에깅

습성과 낚시특성

맛있고 낚기 쉽고 낚시터도 광범위

남해에 흰오징어가 있다면 서해에는 참오징어(갑오징어)가 있다. 흰오징어보다 물색이 탁한 내만에서 잘 낚이는 참오징어는 남해에서도 뻘이 많은 남해서부에서 많이 낚이며, 남해동부에서는 외해보다 내만에서 주로 낚인다. 몸통 안에 흰 색의 큰 뼈가 있어 '갑오징어' 라고도 불린다. 에기를 격렬하게 움직여야 입질하는 흰오징어와 달리 갑오징어는 에기를 살살 끌어주기만 하면 덤벼들기 때문에 쉽고 간편하게 풍성한 조과를 올릴 수 있다. 초보자라도 마릿수 재미를 보려면 참오징어 만한 것이 없다. 서해의 태안 · 안면도, 보령 · 오천, 홍원항, 군산 내해와 남해의 삼천포, 남해도, 여수, 고흥 내만이 대표적인 참오징어 낚시터다.

연안낚시 & 배낚시

에기를 바닥에서 끌어주기만 하면 '덥석'

■ **태클 & 채비**

낚싯대 : 연안낚시냐 배낚시냐에 따라 길이를 다르게 사용하는 것이 좋다.

연안에서는 길이 7~9ft의 에깅 전용대나 농어용 루어낚싯대가 적합하다. 배낚시라면 길이 6~7ft의 민물 배스용 루어낚싯대가 적합하다.

갑오징어 장비 채비

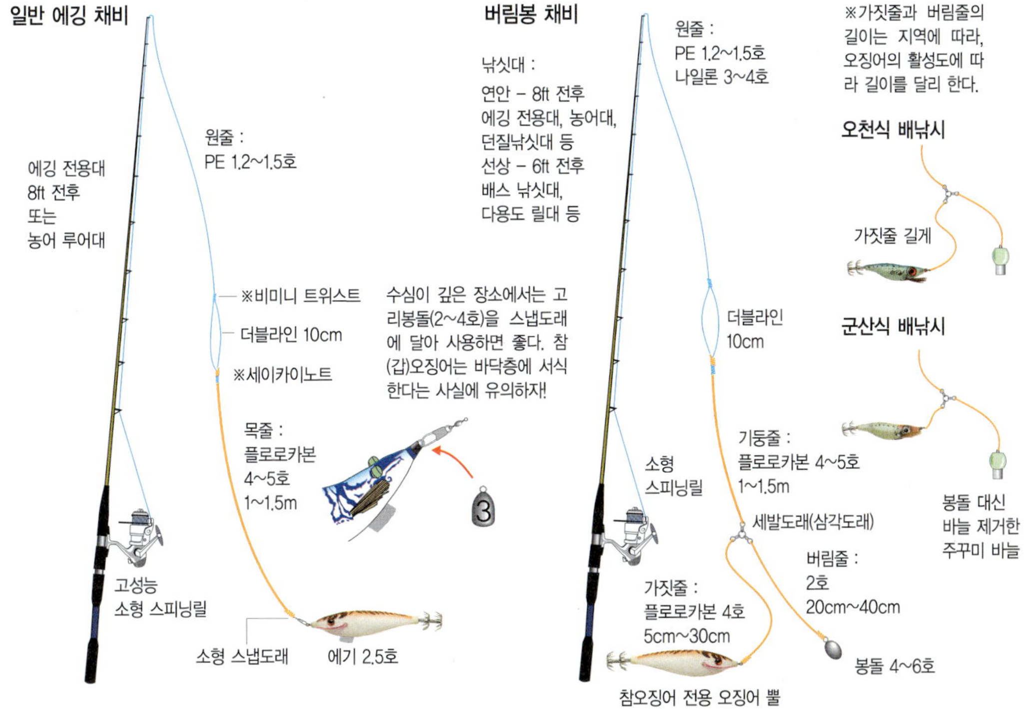

참오징어 볶음.

참오징어 회와 데침.

에기 바늘에 걸린 참오징어의 세상 구경.

릴 : 2500번대의 소형 스피닝릴이면 된다.

라인 : 원줄은 PE 1.2~1.5호를 사용한다. 바닥을 더듬어가므로 PE보다 좋은 원줄은 없다. 여기에 기둥줄로 플로로카본 4~5호를 1~1.5m 연결하고 끝에 삼각도래나 T자도래를 단다. 버림줄은 2호, 20~40cm 연결하고 끝에 고리봉돌 4~6호를 단다. 배낚시에서는 봉돌 대신에 갈고리바늘을 제거한 주꾸미 바늘을 연결하기도 한다.

목줄은 플로로카본 4호를 5~30cm 정도로 연결한다.

오징어뿔 : 참오징어 전용 오징어뿔 또는 에기 2.5호. 색상은 형광핑크, 형광오렌지가 기본.

■루어 활용방법

캐스팅하고 천천히 바닥끌기가 기본이다. 특별한 액션 없이 살살 끌어들인다. 내항, 제방과 같이 발 앞에 수심이 있는 장소에서는 채비를 풀어 바닥까지 내리고 봉돌이 바닥에 닿는 느낌을 확인하면서 천천히 이동하며 입질이 들어오는

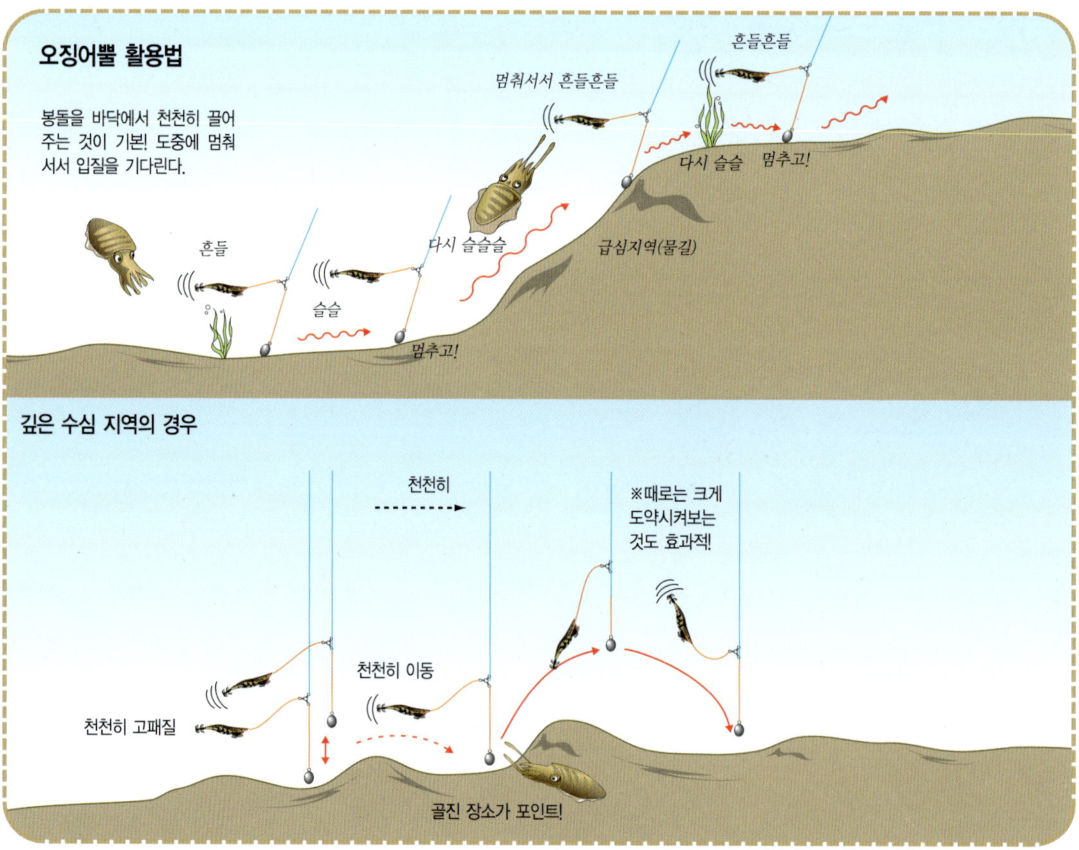

장소를 찾는다. 가끔 낚싯대를 가볍게 털어 봉돌로 바닥을 두드려 주는 듯한 액션도 좋다.

■포인트 찾기

참(갑)오징어는 모래를 파서 먹이를 찾으므로 모래바닥을 찾는다. 해초가 듬성듬성 나 있는 암초 주변의 모래바닥이 최고다. 선박 왕래가 있는 물골, 제방 주변과 같이 수심이 깊은 장소, 어시장이 인접한 방파제나 배수구 주위도 좋은 포인트다. 밤이 되면 불빛이 비추는 장소에 모이므로 가로등 불빛 아래가 최고 포인트가 된다.

Check Point

★ 모래를 파며 사는 참(갑)오징어는 풍랑으로 바닥이 뒤집어지면 낚이지 않는다.
★ 몸속에 있는 뼈 때문에 가프가 잘 찍히지 않으므로 오징어용 가프를 사용하지 말고 꼭 뜰채를 사용하자.
★ 먹이를 천천히 당겨 잡아먹는 참(갑)오징어는 챔질을 서두를 필요가 없다. 무거워지더라도 한숨 쉬고 나서 강하게 챔질하는 것이 확실하다.
★ 참(갑)오징어는 항상 3~4마리가 모여 있다는 것을 잊지 말자. 낚인 자리에서 또 낚인다.
★ 참(갑)오징어는 웬만큼 놀라도 도망가지 않으므로 낚는 도중 바늘에서 떨어졌다 하더라도 그 근처에 있을 확률이 높다.
※같은 장소에서 낚인다 – 주꾸미, 넙치

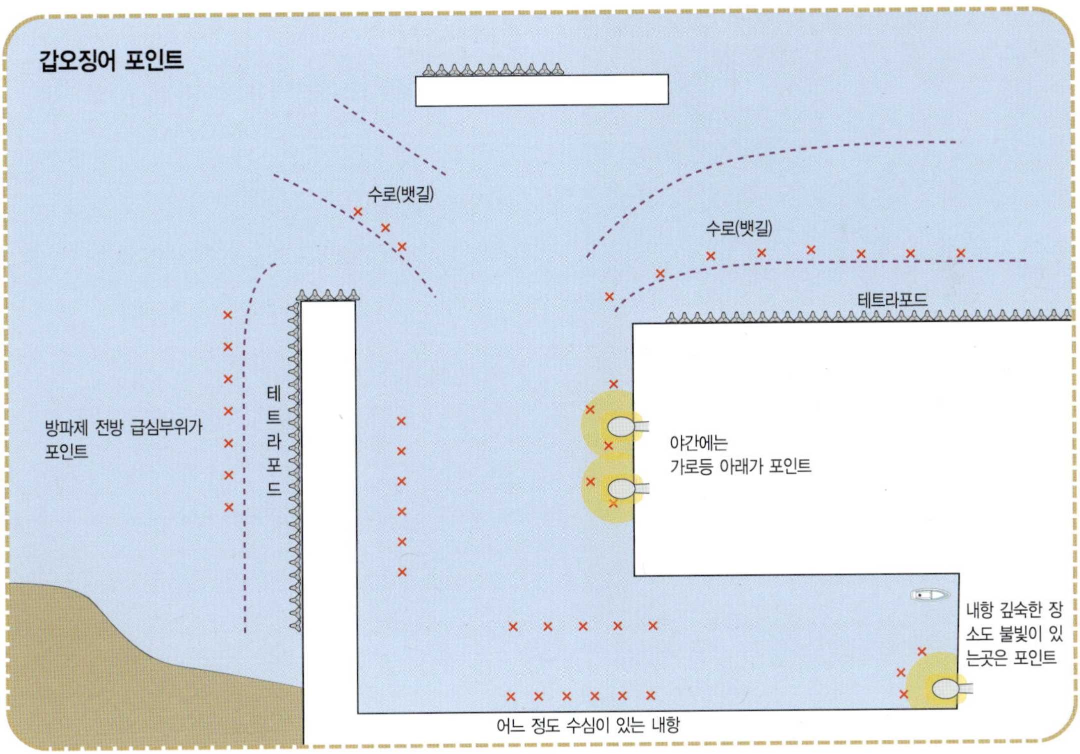

창오징어(한치)

Sword tip squid

창오징어의 대표적인 산지는 제주도. 제주도에서 '한치'라고 부르는 맛있는 오징어가 바로 창오징어다. 밤에 활동하는 창오징어는 에기를 중층에서 살살 끌어주면 쉽게 낚인다.

시 존 • 1 2 3 4 5 6 **7 8 9 10** 11 12

연안낚시 • 초급 방파제 에깅

배 낚 시 • 초급 배낚시 에깅

습성과 낚시특성

철저한 야행성, 모래바닥에서 주로 활동

창오징어는 맛이 뛰어나서 제주도 사람들은 창오징어가 아니면 오징어 취급을 하지 않는다. 밤바다를 환하게 밝힌 창오징어 낚싯배는 제주도의 대표적인 풍경의 하나다. 물론 창오징어가 제주도에서만 낚이는 것은 아니고 거제도 등 남해안에서도 자원이 속속 확인되고 있다. 일반 오징어와 다른 차이점은 다리(사실은 팔)가 짧다는 것. 에기를 크게 움직이지 말고 중층 수심에서 살살 끌어주면 쉽게 입질을 받을 수 있다.

연안낚시

특히 잘 낚이는 항만과 방파제 따로 있다

■ **태클 & 채비**

낚싯대 : 길이 8ft(약 2.4m) 전후의 에깅 전용대 또는 비슷한 길이의 농어 루어낚싯대

릴 : 2500번급 소형 스피닝릴

라인 : 원줄로 PE 0.8~1.5호를 사용한다. 주로 밤낚시이므로 흰오징어보다 조금 굵게 사용해도 무방하다. 목줄은 플로로카본 2~3호를 1~1.5m 길이로 연결한다.

에기 : 흰오징어용보다 조금 작은 2.5~3호를 기준으로 사용한다. 색상은 오렌지나 핑크 등 기본 색상 외에도 여러 가지를 준비한다.

■ 에기 활용방법

창오징어는 중층을 유영하므로 먼저 낚시하는 장소의 수심을 파악한 후 에기가 중층에서 움직이도록 주의하며 에기를 끌어들이는 것이 기본이다. 에기 동작은 크고 빠르게 움직여줄 필요 없이 가볍고 부드럽게 너무 떠오르지 않도록 움직여준다. 또 창오징어는 에기가 제자리에서 머리를 상하로 움직이는 동작에 잘 유혹되므로 에기를 살짝살짝 제자리에서 흔들어주는 방법도 효과가 크다.

창오징어 장비 채비

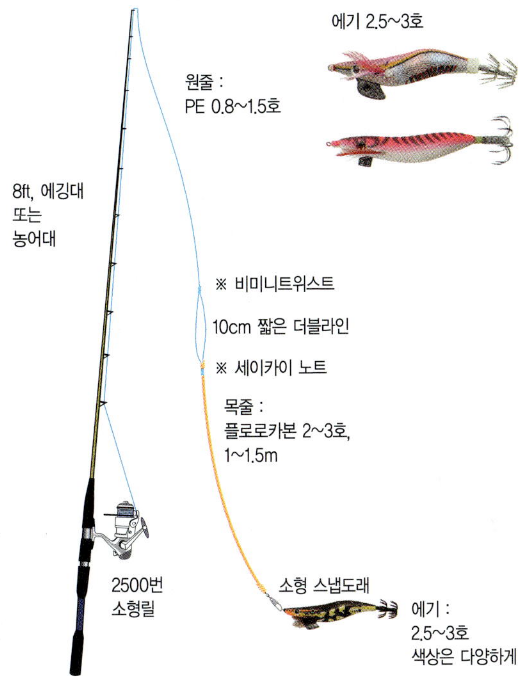

■ 포인트 찾기

창오징어는 야행성이므로 해 지기 전에 미리 낚시터에 도착해서 암초와 모래밭 등 지형을 익혀두는 것이 좋다. 특히 창오징어는 모래밭에 나와 노니는 것을 좋아하므로 바닥이 모래밭인 장소를 먼저 노린다.

배낚시
집어등 달린 전문 오징어배 타야

■ 태클 & 채비

낚싯대 : 2.1~2.7m 길이의 연질 외줄낚싯대

릴 : 중형 양축릴이나 스피닝릴

라인 : 원줄 PE 3~4호, 목줄 플로로카본 4~5호를 도래로 연결한다. 여기에 70~80cm 간격으로 5~10cm 길이의 가짓줄(3~4호)을 3~4개 연결한다.

오징어뿔 : 가짓줄 끝에 각각 오징어뿔을 부착한 다음, 목줄 맨 아래에 조류 세기에 맞춰 적당한 무게의 고리봉돌을 단다. 또는 3개의 오징어뿔을 직결한 일명 '오징어 삼봉채비'를 구입하여 도래에 바로 연결하여도 좋다.

창오징어 포인트

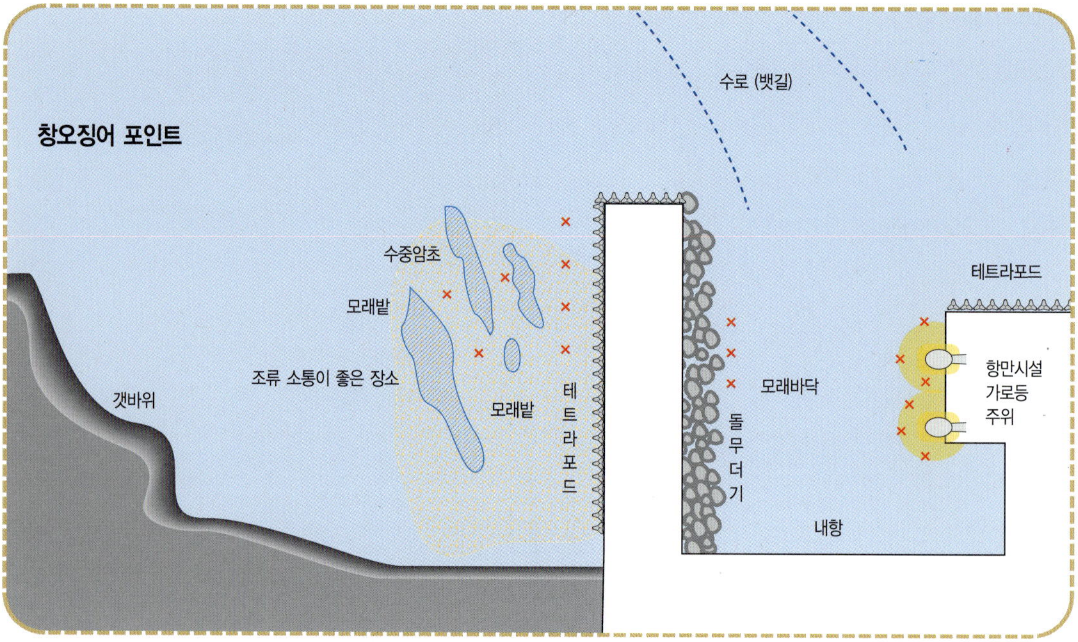

창오징어 에기 활용법

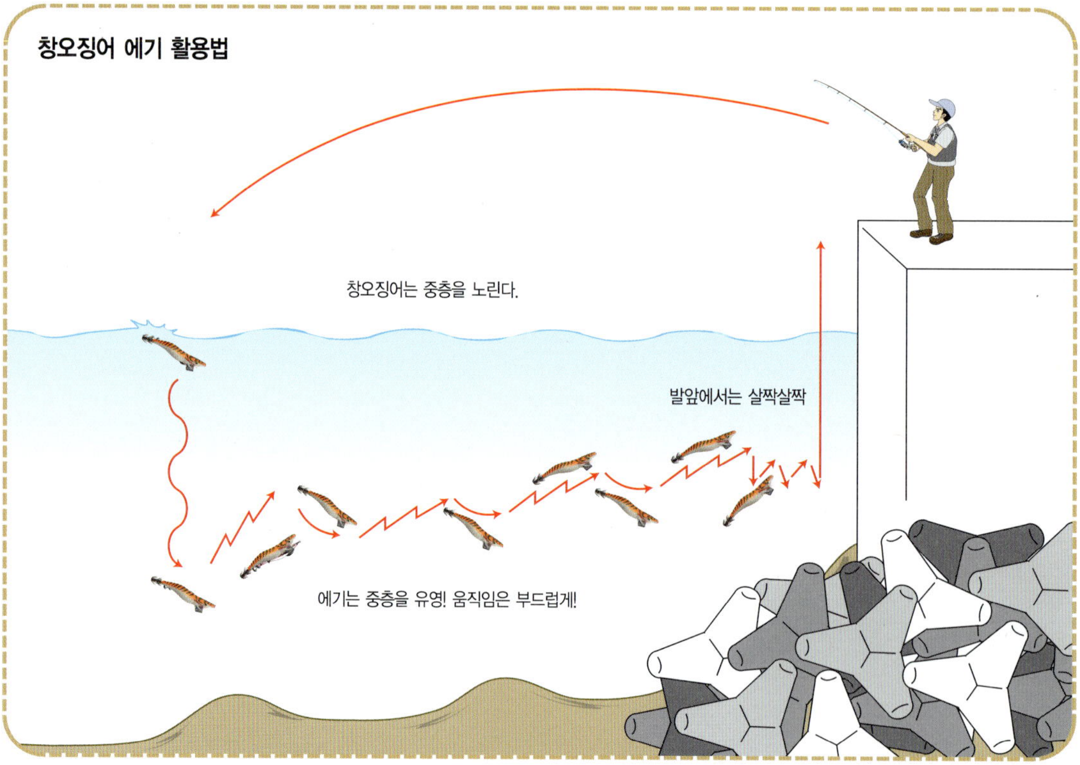

이런 채비는 낚싯배에서 제공하기도 하므로 선장에게 미리 문의해서 필요한 채비를 갖추는 게 좋다.

■ 에기 활용방법

좋은 조과를 얻는 지름길은 제대로 된 낚싯배를 타는 것이다. 밤낚시이므로 집어등은 물론 편의시설이 갖춰진 전문 낚싯배를 선택하자. 포인트에 도착하면 조류의 방향을 확인하고 채비를 내린다. 채비가 바닥에 닿으면 낚싯줄을 한두 바퀴 감아 채비가 바닥에서 1m 정도 뜨게 한 뒤, 상하로 고패질을 시작한다. 시간이 지나도 입질이 없다면 수심을 1~2m 올리고 다시 고패질을 시작한다. 이를 반복하다보면 입질이 들어오는 수심층을 확인할 수 있다.

창오징어로 만든 순대.

제주에서 '한치 물회'로 불리는 창오징어 물회.

Check Point

★ 창오징어는 몸이 유연해서 흰오징어처럼 강하고 날카로운 액션을 가하면 발이나 몸통이 찢어져 놓치는 경우가 많다.

★ 파도가 있는 날은 창오징어가 머무는 수심층이 일정하지 않고 이리저리 오르내리므로 낚시가 어려워진다.

★ 일반 에기에서 보기 힘든 레드헤드(Red head) 색상에 입질이 좋은 경우가 있다.

★ 포인트의 수심을 빠르게 확인하고 에기가 적당한 수심에서 움직이도록 해야 입질을 받을 수 있다.

★ 배낚시의 경우 창오징어의 주 낚시터가 모래지형이다 보니 창오징어 무리가 몰려있는 바닥층에는 이들을 노리는 대형 참돔이 붙어 있는 경우도 많다.

창오징어 배낚시 장비 채비

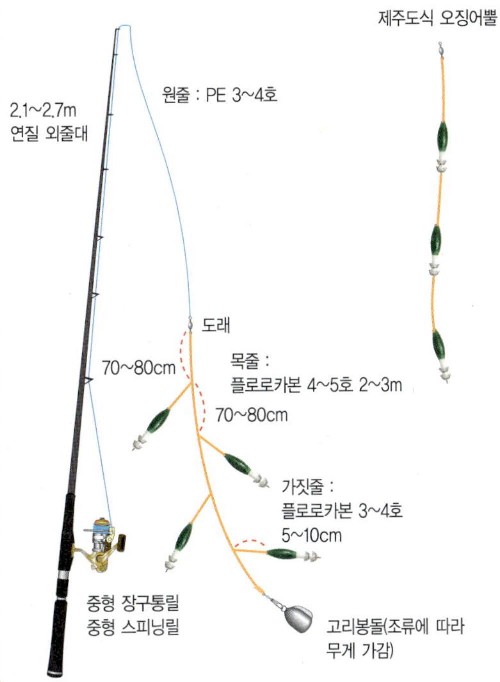

주꾸미

Ocellated octopus

쫄깃쫄깃한 맛으로 사람들의 입맛을 사로잡는 주꾸미. 남해 내만에서도 낚이지만 주로 서해에서 많이 낚여 수도권 가족낚시인에게 폭발적 인기를 누린다.

시 존 • 1 2 3 4 5 6 7 8 **9 10 11** 12

초급 방파제 · 배낚시 에깅

습성과 낚시특성

봄주꾸미보다 가을주꾸미가 맛있다

주꾸미는 봄에는 소라껍질을 사용한 미니통발로 잡아내고 가을에는 낚시로 잡는다. 봄철의 것이 더 크지만 맛에 있어서는 가을이 낫다. 특히 가을철 서해에서 참(갑)오징어 배낚시를 하다 보면 심심찮게 주꾸미가 올라오고 심지어 망둥이를 노리는 해안가의 투박한 원투채비에 주꾸미가 낚이기도 하지만 언제나 손님대접만 받을 수는 없다. 이미 서 · 남해에서는 주꾸미를 대상으로 본격적인 낚시를 즐기는 낚시인들도 많다. 맛있는 주꾸미는 여성과 어린이도 쉽게 낚을 수 있어 패밀리피싱의 최적코스라 할 만하다.

연안낚시

민물 릴대에 값싼 주꾸미바늘이면 오케이!

■ **태클 & 채비**

에깅용 장비를 그대로 사용해도 좋고 굳이 전문장비를 구비하지 않고 안테나식 민물 릴대를 사용해도 충분히 즐길 수 있다.

낚싯대 : 길이 8ft(약 2.4m) 전후의 에깅 전용대 또는 비슷한 길이의 안테나식 낚싯대.

릴 : 에깅 대라면 2500번급 소형 스피닝 릴, 일반 릴대에는 중소형 스피닝릴.

라인 : 원줄은 PE 1~1.5호 또는 나일론 3~4호, 목줄은 플로로카본 3~4호를 1m 길이로 쓴다.

주꾸미바늘 : 구슬바늘이나 전용 주꾸미바늘을 사용한다. 주꾸미는 흰색을 선호하는 습성이 있으므로 흰색이라면 뭐든지 부착해도 좋지만 주로 흰색 플라스틱 조각, 흰색 비닐 파이프 등을 부착시킨다.

■주꾸미바늘 활용방법

먼저 캐스팅한 주꾸미바늘을 가라앉힌 다음, 낚싯줄을 팽팽히 하여 바닥을 더듬어 가는 식으로 진행한다. 주꾸미바늘을 바닥에서 끌다가 예상 포인트에서 멈추고 입질이 없으면 다

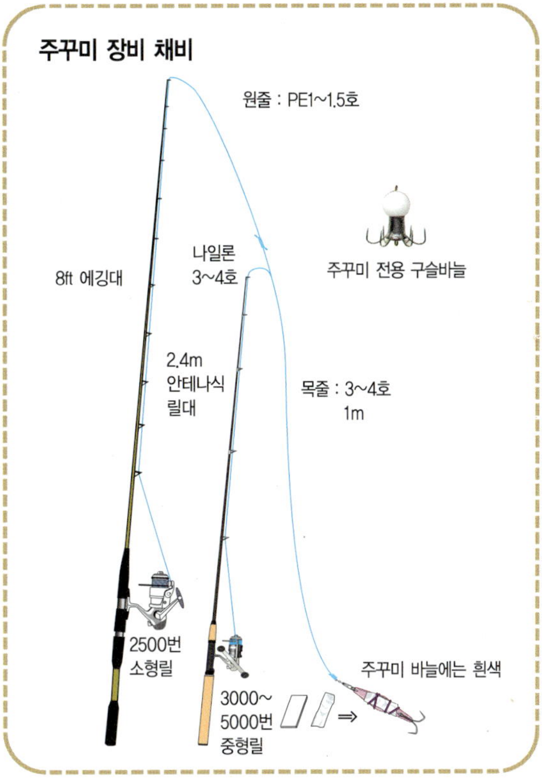

7~10월 서해바다는 주꾸미가 있어 즐겁다. 배낚시에서 연신 주꾸미를 낚아 올리며 즐거워하는 모습들.

서천 홍원항 방파제에서 에기에 낚인 주꾸미.

주꾸미바늘 활용법

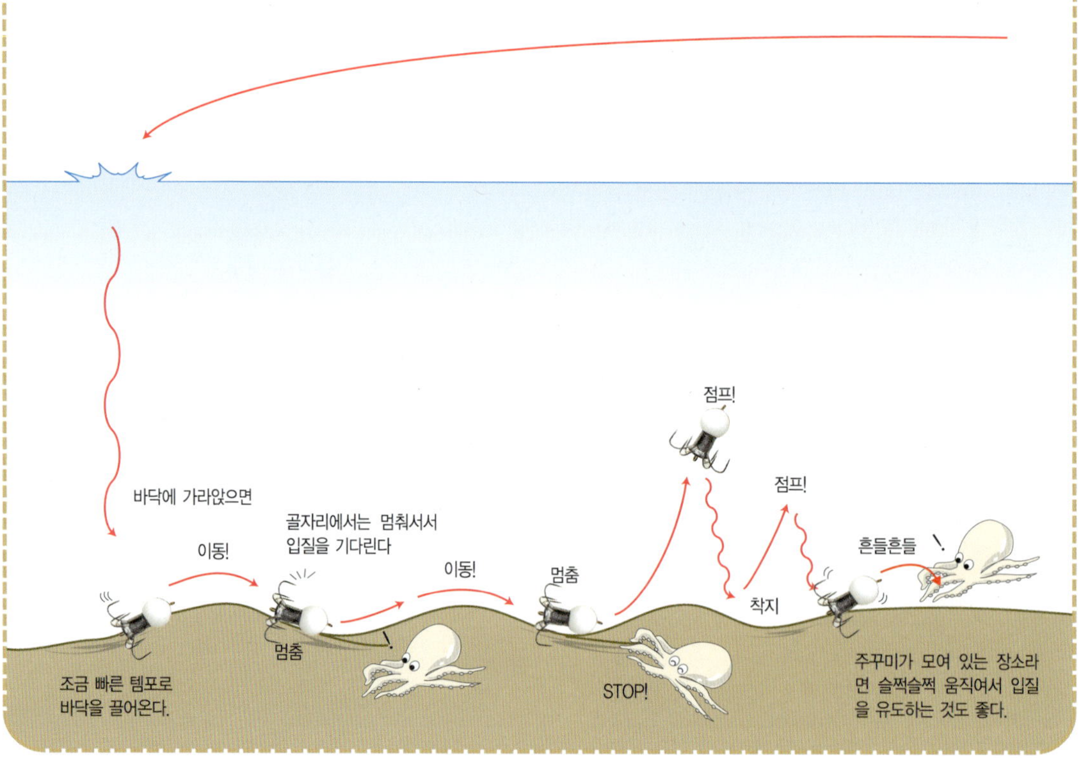

시 바닥을 더듬어 간다. 멈췄을 때 1분 정도씩 입질을 기다린다. 이때 낚싯대를 가볍게 흔들어 주꾸미바늘을 제자리에서 움직여 주어도 좋다. 입질은 낚싯대가 가볍게 휘어들기도 하지만 손에 꿈틀대는 느낌이 전해지기도 한다. 당겼을 때 낚싯대가 펴지지 않고 은근히 휘어진 그대로라면 주꾸미가 바늘을 붙들고 있는 상태다. 처음부터 끝까지 낚싯줄의 장력을 유지하면서도 빠르게 감아올리면 된다.

Check Point

★ 주꾸미는 맑은 날씨가 계속되고 바다도 잔잔한 날, 또한 물이 맑은 장소에서 잘 낚인다.
★ 암반이나 진흙 펄에는 거의 살지 않는다. 깨끗한 모래펄을 찾아야 한다.
★ 한낮에는 소라껍데기나 돌 틈에 들어가 숨어있는 습성을 갖고 있지만 자신의 영역 안으로 들어온 먹이는 과감히 공격하는 습성이 있으므로 주꾸미바늘을 가만 놔두지 말고 1분 정도 기다려도 입질이 없다면 바로 1~2m 이동시킨다.

■포인트 찾기

주꾸미는 수심 1~15m 정도로서 거친 조류가 흐르지 않는 내만, 장애물이 비교적 적은 모래펄에 산다. 암반이나 진흙 펄에는 거의 살지 않으므로 바닥 지형을 보고 낚시터를 찾아야 한다. 조개류가 풍부한 장소가 좋은 포인트가 된다.

주꾸미로 연출하는 다양한 일품 요리

봄철의 알 밴 주꾸미

주꾸미 데침

주꾸미 철판볶음

주꾸미 고추장볶음

주꾸미 라면

주꾸미 맑은탕

문어(왜문어)

Octopus

문어는 에기에도 곧잘 낚이지만 크고 힘이 세기 때문에 문어 전용 지그로 낚아내는 것이 좋다. 통칭 문어라 부르지만 우리가 낚시로 잡는 중소형 문어의 정식이름은 '왜문어'다.

시 존 · 1 2 3 4 5 6 7 8 9 10 11 12

중급 방파제 · 배낚시 에깅

습성과 낚시특성

에기에도 달려들지만 문어지그가 더 효과적

문어(왜문어)는 오징어 에깅이 시도되면서 루어낚시 대상어로 떠오른 어종이다. 종종 에기에 오징어 대신 문어가 걸려들었기 때문이다. 특히 2007년 가을엔 서해 고군산군도 일대에서 문어 에깅 대호황이 빚어졌고, 근래에는 진해 앞바다와 여수 내만에서 문어낚시가 호황을 보이고 있다. 문어는 에깅으로도 잘 낚이지만 정식으로 노리자면 문어 크기나 힘으로 볼 때 문어용 채비를 제대로 갖출 필요가 있다. 즉 에기보다는 전문적인 문어바늘 채비를 갖추는 게 입질을 받아 실패 없이 끌어올릴 수 있는 확률이 높다.

연안낚시 & 배낚시

큰 문어의 저항 견딜 수 있는 장비 필요

■ **태클 & 채비**

주꾸미 사이즈를 갓 벗어난 소형 문어라면 에깅 장비로 문제없이 낚을 수 있지만 성장을 마친 육중한 몸집의 문어를 강제집행으로 끌어올리려면 그에 맞는 좀 더 육중한 장비가 필요하다.

낚싯대 : 포인트가 가깝거니 배낚시를 한다면 길이 2.1~2.4m, 추부하 100호 정도의 외줄낚싯대가 좋다. 포인트가 멀어 원투가 필요하다면 길이 3m 이상인 원투대를 사용한다.

문어 장비 채비

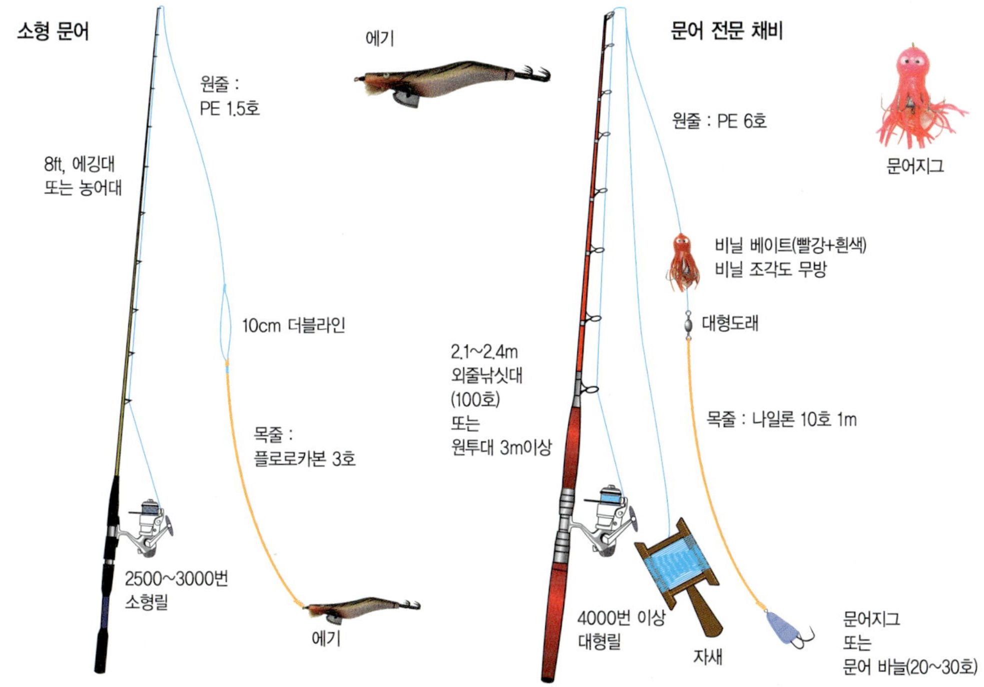

문어 숙회. 팔팔 끓는 물에 살짝 데쳐서 뜨끈뜨끈할 때 썰어 먹는다. 너무 오래 삶으면 질겨지고 맛이 없다.

릴 : 4000번 이상 대형 스피닝 릴

라인 : 원줄은 PE 6호 이상, 목줄은 나일론 10호 이상 굵은 줄을 1m 길이로 하여 대형 도래로 연결한다.

문어바늘 : 문어용 지그 또는 큼직한 갈고리가 달려있는 문어 전용 바늘 20~30호가 적당하다. 여기에 모형 게나 산 꽃게, 돼지비계를 부착한다. 일본에선 문어 전용 바늘에 산 꽃게를 묶어서 쓰고 있으며 한국의 진해 앞바다에선 돼지비계를 많이 쓴다.

■문어지그(문어바늘) 활용방법

문어의 출몰이 잦은 제방이나 방파제 안쪽과 같은 곳을 찾아 채비를 내리고 낚싯대를 아래로 기울인 상태로 낚싯줄을 팽팽히 하여 문어바늘을 10~20cm씩 슬쩍슬쩍 바닥에서 들썩이게 한다. 입질이 없으면 서서히 이동해 간다. 도중에 마치 물속에서 비닐포대라도 걸린 듯한 느낌이 든다면 문어의 입질이므로 릴을 감으면서 단번에 낚싯대를 세워 챔질한다.

Check Point

★ 일반적인 왜문어 외에 동해안에는 최고 30kg이 넘는 거대한 문어(물문어)도 있다.

★ 입질을 느꼈다면 강력한 챔질로 문어를 순간적으로 바닥에서 떼어놓아야 한다. 빨판으로 바닥에 붙어버리면 끌어낼 방도가 없다.

★ 문어가 일단 떠오르면 릴링의 반동을 이용해 바로 뽑아 올리듯 들어내는 것이 중요하다. 멈칫거리다가는 제방의 벽이나 암초에 문어가 달라붙어 곤란한 상태가 된다.

■포인트 찾기

문어는 정착성이어서 그다지 이동을 하지 않는다. 서식처는 암초의 틈이나 구멍 등이지만 이와 같이 복잡한 암초대에서는 여걸림이 잦아 낚시가 곤란하므로 실제 낚시는 암초와 모래밭이 적당히 혼재하는 곳이다. 조류 소통이 좋은 항구의 제방·방파제의 기초 부근이 좋은 포인트다.

전용루어와 중량급 장비로 끌어낸 대형 문어.

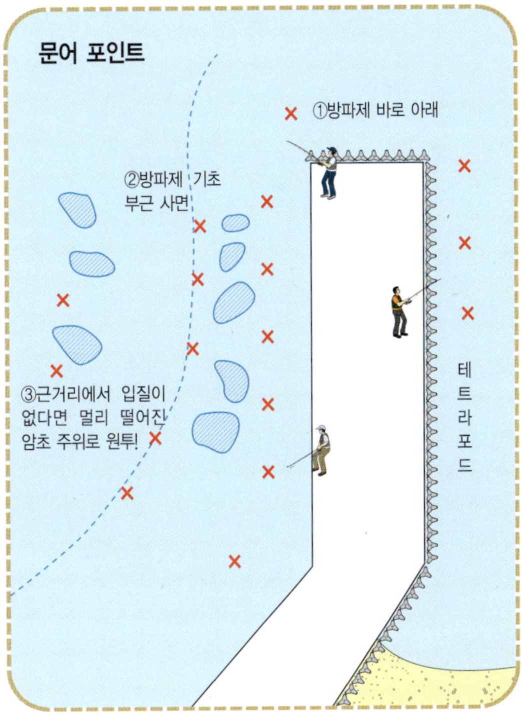

예조원이 펴낸 장르별 단행본으로 낚시서가(書架)를 꾸며보세요

루어낚시 이론서

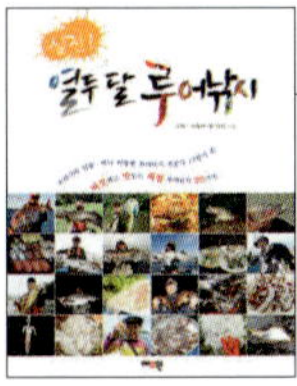

실전! 열두 달 루어낚시

우리나라 민물 · 바다 어종별 루어낚시 전문가 13인이 책임 소개한 제철 루어낚시 20가지. "무엇을, 언제, 어디서, 어떻게, 가장 푸짐하게 낚을 수 있을까?"에 대한 궁금증을 풀어준다.

김욱 · 신동만 외 11인 | 올컬러 548쪽 | 20,000원

루어낚시 첫걸음 – 민물편

쏘가리 · 배스 등 루어로 낚이는 모든 담수어종의 장비 · 기법을 망라. 실전을 방불케 하는 해설, 방대한 사진과 그림 중심의 민물 루어낚시 입문서.

조홍식 | 올컬러 444쪽 | 18,000원

루어낚시 첫걸음 – 바다편

볼락 · 우럭 · 광어 · 오징어 등, 맛있는 바닷고기를 간편한 루어 하나로 손쉽게 낚아 먹는 재미와 비결을 담은 바다 루어낚시 입문서.

조홍식 | 올컬러 244쪽 | 13,000원

배스낚시 100문 1000답

배스용 루어 선택과 연출, 계절별 · 상황별 하이 테크닉에 이르기까지, 풍부한 사진과 그림을 곁들여 해설한 배스낚시 전문 이론서.

낚시춘추 편집부 | 올컬러 332쪽 | 17,000원

루어낚시 100문 1000답

스포츠피싱의 총아로 각광받는 루어낚시의 모든 것. 쏘가리 · 배스 · 볼락 · 우럭 · 오징어 등, 국내 대상어는 물론 해외 원정낚시까지.

조홍식 | 올컬러 520쪽 | 20,000원

Essay etc.

지구촌 괴어 대탐험

정글과 사막, 습지와 초원 등 지구촌 오지를 누비며 그곳에 도사린 괴어 · 괴수를 차례로 정복해 가는 한 낚시꾼의 피싱 어드벤처!

다케이시 노리타카 | 올컬러 440쪽 | 18,000원

은어낚시 첫걸음

은어의 독특한 습성을 이용, 은어로 은어를 낚는 '놀림낚시'의 원리와 기법을 초심자의 눈높이에 맞춰 가장 쉽게 해설한 책.

히라이 칸지 | 올컬러 268쪽 | 15,000원

바다낚시 이론서

바다낚시 첫걸음(上)

입문자와 경험자를 위한 바다낚시 2종 세트. 우리나라 바다낚시 대상어 50여 종의 생태 및 습성, 멋지게 낚아 맛있게 먹는 법까지를 상 · 하 두 권의 책에 담았다.

예조원 편집부 | 올컬러 360쪽 | 17,000원

바다낚시 첫걸음(下)

상 · 하 각권 기초편과 실전편으로 구성된 이 책은 바다낚시 전반을 이해할 수 있는 다양한 기초 상식과 어종별 실전 기법을 사례별로 소개해 누구나 적시적소에 활용할 수 있게 하였다.

예조원 편집부 | 올컬러 352쪽 | 17,000원

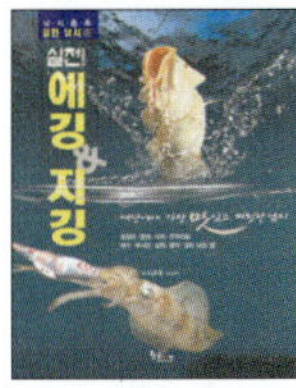

실전! 에깅 & 지깅

'세상에서 가장 맛있고 짜릿한 낚시'라는 부제가 달린 이 책은 '에깅낚시'와 '지깅낚시'의 이론과 실제를 동시에 터득하게 해준다.

낚시춘추 편집부 | 올컬러 316쪽 | 15,000원

바다낚시터 안내

한국의 名방파제 100+100선

국내 최초의 항공사진 및 초정밀 포인트 지도로 분석한 입체형 가이드 북. 名방파제 200선과 전국 1,000여개 방파제 색인 수록!

낚시춘추 편집부 | 올컬러 336쪽 | 15,000원

한국의 名방파제 낚시터 – 동해편

'짜릿하고 맛있는' 동해 방파제 190개소와 인근 갯바위 · 백사장 포인트까지 망라하였다. 낚시터마다의 연락처와 지번주소가 수록돼 있어 조황 문의와 길 찾기도 쉽다.

예조원 편집부 | 올컬러 348쪽 | 17,000원

한국의 名방파제 낚시터 – 남해편

울산~여수 지역에 소재한 유명 방파제 낚시터 190개소에 대한 어종과 시즌, 포인트 분석은 물론 방파제 고유의 지번주소를 수록해 내비게이션과 휴대폰 길찾기 검색을 완벽케 하였다.

박경식 | 올컬러 392쪽 | 17,000원

한국의 名방파제 낚시터 – 서해편

서해의 특수성에 맞게 방파제와 함께 선착장 · 방조제 · 갯바위 워킹 포인트를 총 망라하였고, 육로는 물론 여객선으로 떠나는 섬 낚시터까지 포함되었다. 낚시터별 지번 주소도 수록되었다.

예조원 편집부 | 올컬러 286쪽 | 17,000원

예조원 Tel.**02-2272-7272**, Fax.**02-2272-7275**, 블로그:blog.daum.net/yezowon72

- 본사로 주문하시면 택배로 우송해 드립니다.
- 농협 351-0118-5345-63 | 예금주 : 김국률

낚시 첫걸음 3

루어낚시 첫걸음 – 바다편

1판 12쇄 인쇄 2021년 8월 10일
1판 12쇄 발행 2021년 8월 20일

지은이 조홍식

발행인 김국률
발행처 예조원

출판등록 제301-2010-184호

주소 서울특별시 중구 퇴계로 180-3
전화 (02)2272-7272 팩스 (02)2272-7275

값은 표지에 있습니다.
ISBN 978-89-94129-13-6 (04690)
ISBN 978-89-94129-23-5 (세트)

이 도서의 국립중앙도서관 출판시도서목록(CIP)은
e-CIP 홈페이지(http://www.nl.go.kr/ecip)에서 이용하실 수 있습니다.
(CIP제어번호: CIP2011004217)